西学大家系列

黄忠晶 编译

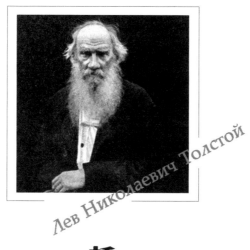

Лев Николаевич Толстой

托尔斯泰 自述

[俄]托尔斯泰 著

天津出版传媒集团

天津人民出版社

图书在版编目(CIP)数据

托尔斯泰自述 / (俄罗斯) 托尔斯泰著；黄忠晶编
译. -- 天津：天津人民出版社，2018.8
(西学大家系列)
ISBN 978-7-201-13772-8

Ⅰ.①托… Ⅱ.①托… ②黄… Ⅲ.①托尔斯泰(
Tolstoy, Leo Nikolayevich 1828-1910)-自传 Ⅳ.
①K835.125.6

中国版本图书馆 CIP 数据核字(2018)第 142591 号

托尔斯泰自述
TUOERSITAI ZISHU

出　　版　天津人民出版社
出 版 人　黄　沛
地　　址　天津市和平区西康路 35 号康岳大厦
邮政编码　300051
邮购电话　(022)23332469
网　　址　http://www.tjrmcbs.com
电子信箱　tjrmcbs@126.com

责任编辑　岳　勇
装帧设计　汤　磊

印　　刷　高教社(天津)印务有限公司
经　　销　新华书店
开　　本　880 毫米×1230 毫米　1/32
印　　张　11.25
字　　数　295 千字
版次印次　2018 年 8 月第 1 版　2018 年 8 月第 1 次印刷
定　　价　58.00 元

目　录

前言/1

一、我的心灵历程
1.我少年时代的信仰/1

2.我青年时代的信仰/3

3.给姑妈的信/7

4.我中年时期的信仰/11

5.我想自杀/15

6.知识不能解答生命意义问题/18

7.在生活中找不到生命问题的答案/22

8.我因皈依宗教而获救/25

9.宗教中真理与谬误同在/29

10.我是一个基督徒/32

11.要认清自己的位置/36

12.为什么我给人钱还遭人恨/40

13.我为什么不能接近穷人/44

二、我看爱情、婚姻和妇女
1.我对爱情的体验/49

2.情书/52

3.我的婚后生活/58

4.夫妻之间的一次争吵/63

5.最后只给自己看的日记/68

6.我最后的出走/73

7.婚姻和妇女/79

8.我看妇女的劳动/84

三、我看人生

1.人生的意义何在/89

2.爱是人生最大的幸福/92

3.生命的矛盾——理性的力量/95

4.人生的意义就在于自由地承认真理/97

5.为什么手工劳动是人生幸福的前提/100

6.体力劳动与人生/105

7.我们应该怎样安排一天的劳动/108

四、我的政治态度

1.不要杀人/112

2.我不能沉默/116

3.我反对政府暴力和革命者的暴力/121

4.个别自由和一般自由/126

5.我们不应该参加任何暴力/129

6.人类没有政府能否生活/132

7.怎样消灭政府/136

8.致亚历山大三世/140

9.抗议政府对我的迫害/145

五、我看当代奴隶制度

1.为什么说存在着当代奴隶制度/150

2.金钱只是奴役的工具/153

3.法律是奴隶制度的原因/156

4.所有权只是一种占有他人劳动的手段/161

5.生产三要素能够成立吗/164

6.现代科学是维护奴隶制度的/169

7.新科学教义是为不劳而获者辩护/173

8.伪善学说的毒害作用/178

9.暗示对民众的作用/183

10.三种剥夺人生命的暴力/185

11.所有的特权都是建立在鞭笞和屠杀之上/188

12.为什么在暴行中他们不受良心的谴责/192

13.士兵为什么愿意去镇压老百姓/196

六、俄罗斯民族解救之道

1.不能走西方的路/200

2.俄罗斯变革的两个外因/204

3.俄罗斯民族应该怎么办/207

4.没有政权的社会生活是可能的吗/209

5.农业生活的重要意义/212

6.日本人胜利和俄罗斯革命运动的意义/215

7.我看中国人的解救之道/219

七、我们怎样看待历史

1.现代历史学是怎样回答问题的/227

2.是什么力量推动各民族前进/231

3.个人权力与群众意志/235

4.命令的作用/239

5.用连续性的观点看历史/243

6.意志自由是无法否定的——自由与必然（一）/247

7.两者的限度是怎样变化的——自由与必然（二）/250

8.两者的结合才有真正的人类生活——自由与必然（三）/254

八、我看战争

1.一场大战发生的原因是什么/258

2.任何人都不会预料到战争的后果/261

3.统帅不过是战争最不自由的工具/265

4.战争不是按照统帅的命令进行的/269

5.统帅的意志总是被士兵群众所支配/273

6.拿破仑在莫斯科的表现说明什么/277

7.怎样看待切断法军、活捉拿破仑的说法/282

8.库图佐夫在战争中的作用/286

9.拿破仑和亚历山大(一)/291

10.拿破仑和亚历山大(二)/295

九、我的文学艺术观

1.我写《战争与和平》/300

2.我看莎士比亚/303

3.我看莫泊桑/308

4.我看屠格涅夫/312

5.由伯伦茨的《农民》所想到的/316

6.我看瓦格纳的音乐/320

7.艺术家的社会分工是否合理/324

8.老百姓需要怎样的出版物/328

9.什么是真正的艺术品/331

10.艺术是人们交往的手段/334

托尔斯泰年表(俄历)/339

前　言

　　列夫·尼古拉耶维奇·托尔斯泰(1828—1910)是 19 世纪后半叶到 20 世纪初俄罗斯最伟大的思想家和作家。他的作品和思想对后世产生了巨大而深远的影响。

　　托尔斯泰一生都在不断地追求精神上的完善，尽管各个时期具体的目标并不相同，正所谓"路漫漫其修远兮，吾将上下而求索"。在少年时代，他丧失了宗教信仰，却仍然有一种相信完善的模糊信念。在青年时代，他信仰诗的意义和生命的发展，尽管不久就开始怀疑这种信仰，却仍然过着十分惬意的放荡生活，并醉心于写作。人到中年时，他的信仰转为相信人类和社会进步，然而随着后来他在巴黎看到执行死刑的场面，以及跟他关系最好的哥哥之死，他对这一信仰产生了动摇。由于结婚后有较长一段时间家庭生活十分幸福，他也就中断了对生命总目的的探究，以单纯追求家庭最大幸福代替了对进步的信仰。在这之后托尔斯泰的精神世界面临极大危机，他痛感自己生命毫无意义，时时刻刻想着用自杀来了结这一生。他试图通过探求人类知识来获得对生命意义问题的解答，结果是一无所获。他又希望在生活中寻找生命问题的答案，结果也让他失望。

　　后来他因皈依宗教而获救。他认为自己的生命没有任何意义，只有宗教信仰才能赋予它意义。同时他又注意到宗教中真理与谬误同在。他想做的是把宗教教义中的真理和谬误明晰地区分开来，尽管这样做难度很大，让他战战兢兢，心怀恐惧。托尔斯泰认为基督教的全部教义就在于让一个人清楚自己的位置；如果他不清楚自己的位置，无论怎样追求自己的幸福都不会有结果。

托尔斯泰早期热心慈善事业,常常施舍给穷人金钱,却发现这样做反而会遭他们的敌视或仇恨,在施舍时越是表现出关心就越遭人恨,而且他深深感受到无法接近这些城市里的穷人。后来在一位农民的启发下,他认识到,自己的行为实际上不是在真正的行善和帮助穷人,而是借此避免他们的干扰和打搅。富人之所以无法接近穷人,是因为在两者之间有一堵墙,这堵墙就是富人用自己的财富造成的所谓清洁卫生和教养,等等。为了帮助这些穷人,他和其他富人必须首先推倒这堵墙,也就是把穷人领回自己的家,同自己一起生活。托尔斯泰一生都在锲而不舍地追求自身完善,敢于直面现实,敢于否弃昨日的我,毫不自欺,是一个真正坦诚对待自己和这个世界的人。

托尔斯泰还谈到了他对爱情、婚姻以及妇女的看法。他认为,爱情跟宗教一样,是一种纯洁崇高的感情。爱情在其诞生之初是完全纯洁和崇高的,以后的现实才会毁坏它的天真无邪。他一生中有过多次爱情体验,其中最重要的是对埃赛尼耶娃的爱,当时他几乎成了她的未婚夫,两人已经到了谈婚论嫁的地步。托尔斯泰年轻时有过一段放纵的生活经历,包括沉迷于卑下的情欲、与人通奸,等等,这里谈不上有什么真正的爱情。不过即使在这一时期,他仍然具有一种在污泥浊水中追求纯洁的愿望。

托尔斯泰的婚姻生活较为复杂。一方面,他和妻子是真心相爱,而且这一爱情持续的时间也是长久的;另一方面,两人的理想信念不尽相同,彼此在心灵的沟通上有着一些障碍,从而影响两人的关系和婚后的生活,由此造成托尔斯泰内心的矛盾以及他和妻子之间的冲突,有时甚至十分激烈。到了生命的最后时刻,由于无法忍受妻子的状态和作为,托尔斯泰选择了离家出走,3天后患上肺炎,一星期后去世。他的婚姻生活可以说是一场悲剧。

托尔斯泰认为,人们结婚的目的是产生后代,而生育孩子是妇女的天性,也是她们主要的工作。他坚决反对妇女为了谈情说爱、舒适闲散、文化修养和社会交际等,而把生育视为令人讨厌之事,只是由于偶然的原因才生下孩子;认为妇女作为母亲,放在首位的事情就是给孩子喂奶,洗衣做饭,教育孩子,陪孩子睡觉,跟他们说话,等等。正是这些知道自己职责的妇女,养育了一代又一代的人,造就了社会的风气,由此把握了把人们从种种罪恶中拯救出来的最高权力。托尔斯泰的观点对于我们深入探究两性在社会上的合理分工是有启发意义的。

托尔斯泰一生都在探究人生的奥秘。他认为,由于死亡会降临到我们每个人身上,而我们的所有功绩到最后都会化为乌有,人生的意义不在于我们肉体的存在,也不在于我们的建功立业,而在于时时刻刻去做那个让我们来到这个世界的力量要求我们做的事情, 就是效力于天国,让人类在真理的基础上尽可能地联合起来。

在谈到身体与生命的关系时,托尔斯泰指出,我们可以利用身体这一生活条件,但不能把它当成生活的目的;不否弃身体,但否弃身体的幸福,不再把身体当成生命,这就是一个人为了他的幸福生活所应该做的。

托尔斯泰还谈到体力劳动在一个人生活中的重要意义。他认为,为了获得生活资料而同大自然做斗争,这是人类最为重要的职责,因为这是生命的法则,如果不这样做就会在肉体和精神上遭到毁灭。如果一个人单独生活,他放弃这个最重要的职责,马上就会遭到毁灭生命的惩罚。如果他自己放弃这一职责,同时却强迫他人以毁灭生命为代价来为他履行这一职责,那么他生活的合理性就被彻底破坏。只有履行这一职责,他才能让自己种种肉体和精神需要获得满足。

托尔斯泰的政治态度十分明确,就是反对一切暴力。他既反对政府的暴力,也反对对抗政府的革命者的暴力。不过他认为,首先要反对的是政府的暴力,因为它在程度上要比后者严重得多,在种类上也比后者多得多;再就是它的目的是保持现状,而后者是为了变革;而且后者是它的产物,没有政府的暴力也就不会有反对政府的暴力。

托尔斯泰认为,要想让人们不遭受恶劣的社会制度的伤害,只有一种方法,就是禁止暴力,禁止个人暴力,禁止对暴力的任何宣扬和辩护。这种方法还符合当代每个人的道德原则。

由于托尔斯泰的这种政治态度,他多次遭到政府的迫害。1862年7月6日,宪兵和政府官员搜查了托尔斯泰的庄园,并逮捕了他的几位客人,他们是大学生和社区的教师,当时托尔斯泰不在庄园。为此托尔斯泰特别致信给沙皇亚历山大二世,抗议对自己的迫害。托尔斯泰反对暴力的思想有其合理内核,值得我们进一步深入挖掘。

通过详尽而深刻的分析,托尔斯泰指出,当代俄罗斯社会存在着奴隶制度。他说:"在当代,奴隶不仅是指所有的那些工厂的工人,还指几乎所有的农民。这些农民在他人的土地上干活,把收获的所得交到他人的粮仓里,或者即使耕种自己的土地,也得偿还银行难以计数的债务和利息。此外那些听差、厨子、女仆、妓女、杂工、车夫、澡堂工、跑堂等也是奴隶,他们终其一生都在干着违反其本性的劳动。"托尔斯泰分析了这些人被奴役的三个原因:缺乏土地、缴纳赋税和养成习惯性的需要。他认为,在所有存在金钱的社会中,金钱之所以用于交换,仅仅在于充当暴力的工具,为暴力服务,也就是为奴役他人服务。他指出,法律是当代奴隶制度的根本原因;现在人们制定的法律是不准使用他人的土地、必须缴纳赋税、不得享用他人的私有财产,从而有了当代的奴隶制度。托尔斯泰对于当代奴隶制度的种种分析可谓一针见血,揭示了掩盖在现代文明外衣下的剥削和压迫的本质。

托尔斯泰极为关注自己祖国和人民的命运,终其一生不断地探索俄罗斯民族的解救之道。他明确表示,俄罗斯不能走西方民族的老路,也就是与政权斗争,让它更多地转移到人民手中。他认为这条路并没有让西方民族达到自己的目的,并没有避免它们希望躲过的灾难。俄罗斯民族应该选择的解救之道说起来也很简单,就是既不承认也不服从任何一种暴力政权。

托尔斯泰曾分别给中国的辜鸿铭和张庆桐回过信,谈到中国人的解救之道。他认为中国人应该像俄罗斯人那样,首先,不服从现行政权,但也不像改良派所说的那样去仿效西方,制定宪法,用君主政体或共和政体来代替现行政体,因为这样做会落入跟西方民族一样的灾难境况之中;其次,过一种和平农耕生活,容忍可能遭受的暴力,不以暴抗暴,不参加任何暴力活动。这样,中国人就有可能从欧洲人的抢掠中获得解放,因为欧洲民族对中国的侵占和抢掠,都是源于存在一个中国政府,如果这个政府不存在了,它们就没有任何理由借口国际关系问题来实施其暴行。

托尔斯泰对历史观问题进行了深入探讨。他指出,历史学首先应该回答的问题是"推动各个民族前进的力量是什么"。现代历史学对此有三种回答:第一种认为是那些英雄人物或统治者的权力,第二种认为是各种不同力量互相作用的结果,第三种认为是文化或智力活动。然而后两种回答仍然把权力放在最重要的地位。这就有必要搞清楚权力的实质。托尔斯泰认为,权力是一个历史人物跟其他人之间的关系;在这种关系中,他对正在进行的集体活动发表的意见、言语和辩护越多,直接参加的行动就越少。从精神层面上说,权力是引发事件的原因;从物质层面上说,服从权力的人是形成事件的原因。没有物质活动,精神活动是不可想象的,因此,引起事件的原因是两者的结合,或者换句话说,原因这一概念对于历史学所考察的对象并不适用。各个民族的运动不是由于权力引起的,也不是由于智力活动引起的,甚至也不是由于两者的结合引起的;它们是由所有参加事件的人们的活动引起的,而这些人总是这样联合在一起的:直接参加事件最多的人,承担的责任最小;直接参加事件最少的人,承担的责任最大。

托尔斯泰深入探讨的另一个重要问题是自由与必然的关系。整个人类历史过程都会遇到人的意志自由问题。许多历史学家观点的模糊和矛盾,都是由于这一问题得不到解决。托尔斯泰认为,人的每一个行动都是自由与必然的一定结合。在任何一个行动中,我们都可以看到一定的自由和一定的必然,而且自由越多,必然性就越少;必然性越多,自由就越少。尽管自由和必然的多或少要视考察行动时的观点而定,这两者的关系总是成反比的。然而无论是哪一种情况,我们都无法想象出某一行动是完全自由的或完全必然的。当我们把两种不同的认识来源分割开来时,就得出了互相排斥和无法理解的自由和必然这两种概念;只有把它们结合在一起,才可能得出关于人类生活的明确概念。在历史学中,我们把已知的东西称为必然性法则,把未知的东西称为自由意志;自由意志只是我们对人类生活法则中那些未知东西的一种称呼而已。托尔斯泰对于历史有其深刻、独到的见解,可以给予我们许多启迪。

　　与历史观相联系,托尔斯泰还深入探讨了战争问题。他认为,我们是无法知晓战争真正原因的,因为任何一场战争的原因都是数不胜数,尽管每个原因或每一系列原因单独地予以考察时似乎都很正确,然而与事件的重大程度相比,又显得微不足道,并不足以引发这一事件,因此是不正确的,不是真正的原因。在他看来,人们通常认为在战争中起决定作用的是统帅,这一看法是错误的;任何人都无法预料到战争的后果,以1812年俄法之战为例,拿破仑也好,亚历山大一世也好,更不用说其他某个战争的参加者,都不可能对其历史后果有任何预料。在托尔斯泰看来,在任何时候都没有比人们进行你死我活的搏斗时更为自由,难以计数的自由力量影响着整个战争的趋势,而这一趋势从来都是不可预测的,也从来不会跟任何一种力量的趋势相一致。

　　托尔斯泰还对此次战争中最高统帅的行为作了评价,其看法与通常的评价正好相反。托尔斯泰充分肯定了俄军统帅库图佐夫在战争中的作用,认为库图佐夫是唯一理解博罗季诺战役企图的人;在法军整个退却期间,只有他一个人坚决主张不进行无益的战斗,不发动新的战役,俄军不跨过边境作战;他对人民拥有十分强烈而纯真的感情,在居于总司令的高位之后不是去屠杀和残害人们,而是竭尽全力同情和拯救他们;他朴实谦和,因此才是真正的伟大,完全不同于那种历史虚构的统治人民的欧洲英雄。至于拿破仑和亚历山大一世,托尔斯泰认为，完全没有必要从这两人的性格中去找他们独特的天才，也不必把他们看成跟其他人有什么不同；同时也不必用偶然的机会来解释促使他们行为改变的那些细小的事情，因为这些小事是必然要发生的。

托尔斯泰本人参加过战争，负过伤，体验过死亡的威胁，他的有关论述是真正懂得战争的人才可能讲出来的，具有极高的思想价值。

托尔斯泰有着自己十分明确的文学艺术观。在他看来，一部好的文艺作品应该具备三个条件：(1)在内容上，作者对于事物具有正确的也就是道德的态度；(2)在形式上是优美的，也就是作者能够清晰地表达自己的意思；(3)作者对于所描述的事物具有真诚的爱憎之情。简而言之，也就是必须具有"善、美、真"的特点。他也是据此来评判那些文艺人士的作品的。例如他一反人们公认的评价，对英国著名戏剧作家莎士比亚的作品持否定态度，认为它们根本算不上是真正的艺术品。其理由是，从内容上看，莎士比亚作品体现了一种庸俗低下的世界观；在形式上除了个别场景外，没有任何合情合理的地方，人物没有自己的语言，也就是缺乏分寸感；从作者态度上看，其作品都是矫揉造作的，作者不是认真的，而是在逢场作戏。与此相反，他对一位名不见经传的德国作家伯伦茨的作品《农民》大加赞赏，称之为真正的艺术品，因为它满足了一部优秀作品应该具备的三个条件。

托尔斯泰认为，艺术不是某种神秘观念、美或上帝的表现，不是人们为消耗多余精力的游戏，不是令人愉悦的东西作用的结果，也不是一种享乐，而是人们互相交往的手段，它把他们相同的感情联系在一起，从而迈向幸福之路。因此他反对那种"艺术可以不被人民大众所理解"的说法，认为好的艺术品总是可以被人们所理解的，而有无感染力是区别真假艺术和衡量艺术价值的标准。据此他对名噪一时的德国音乐家瓦格纳的作品持否定态度，认为其作品并不是真正的音乐，而只是音乐的模仿品，只是一些音符堆积在一起，并不能对听众的情感产生作用。

　　就托尔斯泰本人的文学活动而言,他是实践了自己的文艺观,以"善、美、真"的完美结合来要求自己,创作了许多不朽的传世之作。读他的小说,给人的感受就像是在读生活本身;尽管跟书中的人物在时代背景、生活环境、社会地位等方面有很大的不同,读者却能产生十分强烈的共鸣。许多年前读过高尔基关于托尔斯泰的回忆录,其中有一句话的大意是:托尔斯泰在他心目中就像一座不可逾越的高山,正所谓"高山仰止,景行行止"。我读托尔斯泰也有同样的感受。

　　托尔斯泰是一位多产的作家,其作品十分丰富,本书从他的大量作品中选译了那些最能反映其生活和思想的内容,分为九大主题编排而成,希望能够满足读者的需要。

黄忠晶

2018 年于无锡静泊斋

一、我的心灵历程

1.我少年时代的信仰

从童年开始,接着是整个青少年时期,我接受的都是东正教的教育。但在我 18 岁时,也就是读大学二年级,我开始怀疑所学的这一切。现在想起来,其实我从来没有真正相信过这些教义,只是单纯地相信那些教我的人,因此这种相信是不可靠的。

记得我 11 岁时,有个叫沃罗津卡的孩子,是个中学生(后来他很早就去世了),在一个星期天来到我们家,告诉我们学校里的一个大新闻:上帝并不存在,我们学的全都是没有根据的东西。我还记得,几个哥哥对此很感兴趣,也把我叫上一起讨论;我们十分兴奋,认为这是完全可能的。

哥哥德米特里上大学时,因为性格的缘故,突然一心信教,参加所有的礼拜和吃斋,生活淡泊。于是家里人包括那些大人都拿这来取笑他,还给他取了一个"诺亚"的绰号。记得喀山大学督学常常邀请我们去参加他家的舞会;他竭力劝说拒绝跳舞的哥哥,说大卫当年也在方舟前跳过舞。当时我跟大家一样,对哥哥持嘲笑的态度,还得出结论说:教义应该记住,教堂应该去,但不必把这些太当回事。当时我还读过伏尔泰的作品,他对宗教的嘲讽并未引起我的反感,反而让我高兴。

　　我离开了宗教,就像那些受过类似教育的人的情况一样。我们生活着,但我们的生活原则跟宗教教义不仅没有任何共同的地方,而且与之对立。人们的社会交往跟教义一点关系都没有,在个人生活中也从不根据教义的原则办事。如果说人们还信奉宗教教义,那也是将它高高挂起,远离实际,与生活毫不沾边。

　　我们无法根据一个人的生活、工作和事业情况来判定他是否信仰宗教。有些人尽管公开宣称信奉东正教,他们大都愚蠢、冷酷、缺德、自负;而那些宣称不信教的人反而大都聪明、坦诚、善良、高尚。

　　从读小学起,学生们就要学习教义问答,并且去教堂。当地官员还得提供领圣餐的证明。然而现在像我们这样的人,由于不再学习,也不担任公职,几十年来几乎忘记了自己还信奉基督教,而且是东正教的信徒。

　　因此,宗教教义本来是建立在人们信任并有外力支持的基础上,却由于与之对立的知识和生活经验的影响而逐渐式微;然而那些年岁较长的人自以为还保留着童年接受的教义,却不知它已经消失于无形之中。

　　C先生十分聪明,待人诚恳,他对我说了是怎样不相信宗教的。大约二十六岁时,一次他打猎后宿营,在睡觉前开始做晚祷,这是他从小就养成的习惯。同他一起打猎的哥哥躺在干草上看着,待他做完这一切后问他:"你还一直做这个吗?"他俩没有就此继续谈下去。在这以后,C先生就再也没有做祷告和去教堂了。这并不是因为他知道了哥哥的想法并且同意,也不是因为自己有了某种新的决定;而只是因为哥哥的那句问话,就像在一个本来就要倒的墙上再轻轻地推了一下,墙就轰然倒塌了。哥哥的话表明,他的祈祷、画十字、礼拜等都是毫无意义的,而这意思本来就蕴藏在他心中。一旦被点破,他就再也不能继续这样做了。

　　在我想来,大多数人应该都是这样的,我所说的是像我这样有教养的人,也就是心口如一、言行一致的,而不是那种把信仰当作牟利手段的人,他们并不是真正相信宗教。对于我们这样的人来说,宗教信仰就像一座冰雕的大厦,在知识和生活的阳光照耀下,很快就融化掉了。我们有些人已经发现了这一点,而另一些人则以为这座大厦还存在。

我跟其他人一样,丧失了童年学得的宗教教义;不过有一点区别:由于我开始阅读和思考的时间很早,我对教义的否弃是完全自觉的。从 16 岁开始,我就不做祷告了,也从不主动去教堂,不做斋戒。我不再相信小时候学到的一切;我仍然有着某种信仰,但说不清楚它是什么。我也相信上帝,或者更为准确地说,我不否定上帝的存在,然而我并不清楚这是怎样的一个上帝。我也不否定基督及其学说,但我也不清楚它的实质是什么。

现在回想起来,当时我的信仰,也就是除了动物本能之外推动我前进的力量,就是相信完善。但这种信仰仍然比较模糊,对于完善的本质和目的,我都是不清楚的。当时我尽力在智力上完善自己,只要做得到的和生活所要求的,我什么都去学。我还通过培养意志来完善自己:制定生活规则,增强体能,做各种体操,锻炼灵活性和耐受力。在我看来,这些都是完善。当然,最根本的是道德上的完善,然而不久就被所谓的一般完善所代替,那不是在上帝面前表现自己,而是想在他人面前表现自己,最后发展为想要出人头地,也就是要比他人的名气更大,地位更显赫,财产更富有。

——《忏悔录》

2.我青年时代的信仰

我对自己说,有了机会我要谈一谈自己青年时代,10 年的生

活经历,那是十分感人又很有教育意义的。其实许多人都有跟我
一样的体验。我确实想当一个好人,但我还年轻,各种欲望冲击着
我。当我想追求美好事物时,形单影只,孑然一身。只要我坦诚待
人,追求道德,就会遭到轻视和嘲讽;而在我沉迷于卑下的情欲
时,却会受到赞扬和鼓励。虚荣心、权力欲、自私自利、荒淫无度、
傲慢自大、勃然大怒、恶意报复,所有这些都会受到他人的敬重。
沉迷于这些欲望,我感到自己是个成年人了,人们对我十分满意。
我的姑妈抚养过我,她为人善良,心地单纯,却总是对我说,希望
我跟有夫之妇发生性关系:"一个年轻人要显得有教养,最应该做
的是跟一个体面的女性发生性关系。"她希望我做的另一件事是
当一个副官,最好是皇帝的副官,认为这会给我带来幸福。而最大
的幸福是我跟一位富有的姑娘结婚,由此可以获得许多奴隶。

　　只要想到这些年的生活,我就感到恐惧、厌恶和发自内心的
痛苦。我打仗时杀过人,向人提出决斗为的是把他打死,赌博、酗
酒,挥霍无度,剥夺农民的劳动成果并处罚他们,坑蒙拐骗,与人
通奸,荒淫无度……没有哪种罪恶是我没有犯过的,然而我却为
此受到称赞,我周围的人都一直认为我是一个道德高尚的人。我
就这样生活了 10 年。

　　那时我开始了写作,是出于虚荣心、自私自利和骄傲自大。我
的写作生涯跟实际生活并没有什么区别。我写作的目的是为了获
取名利,为此我不得不把美隐藏起来,而将丑恶表现得淋漓尽致;
我就是这样做的。在我的作品中,我经常以略带嘲讽的笔法来掩盖
自己内心深处对善良的追求;我的目的达到了,人们一致称赞我。

　　战争结束时我 26 岁,我回到彼得堡,跟作家们有了来往。他
们视我为圈子里的人,对我奉承有加。很快我就接受了他们的人
生观,将自己身上还剩下的一点好东西也都抛掉了。作家们的观
点为我的放荡生活提供了理论上的依据。他们的观点是:生命总
会往前发展的, 而我们这些有真知灼见的人是这种发展的主动

力,其中最有影响的就是艺术家和诗人。我们的使命就是教育人们。他们避开了一个十分自然的问题:"我们知道些什么,能够教给人们什么?"声称这个问题已经在理论上获得解决,不必再探究下去,而艺术家和诗人是在潜移默化之中教育人们的。他们认为我是一个杰出的艺术家和诗人,因此我自然而然地接受了他们的理论。我是艺术家、诗人,我写作,以此来教育人,但自己也不知道教的是什么。由此我得到大笔的钱,可以吃美食,住豪宅,玩美女,迎高朋,扬名世界。这样看来,我的教育效果还是很不错的。

这一时期我完全相信诗的意义和生命的发展,这也是一种信仰,我愿意为之献身,从而过着十分愉快的生活。然而一两年后我就开始怀疑这种信仰,对它进行了深入探究。导致我怀疑的第一个原因是,我发现,有此信仰的人彼此不一致,甚至是对立的。他们一些人说,只有我们教的东西才是真正有用的,其他人教的都不对;另一些人说,我们才是真正的老师,别人都教错了。他们吵吵闹闹,彼此攻击,钩心斗角;其实他们并不真正关注是非问题,只是想凭借写作来达到自己的个人目的。这让我怀疑这种信仰的正确性。

此外,我进一步观察那些作家朋友,发现他们几乎都是不道德的人,品行十分卑劣,比我以前过放荡生活和在军队时见过的人还要低下。然而他们十分自负,自我感觉良好;能够这样感觉的,要么是完美无缺的圣人,要么是完全不知纯洁为何物的人。我厌恶这样的人,也厌恶自己,最后我明白了:这种信仰是骗人的东西。

令人奇怪的是,尽管我很快就清楚了这一信仰的虚假,并否弃了它,但我没有否弃那些人给予我的种种称号:艺术家、诗人、导师。我还认为自己是诗人、艺术家,能够教育所有的人,虽然我自己也不知道是教的什么。这是由于我跟那些人的交往而导致的缺陷:一种疯狂病态的自大和自信。回想这段时间,我觉得当时自己的情绪以及那些人的情绪类似于疯人院里的情况，令人好笑，让人害怕，也值得同情。

当时我们都认为，我们应该尽可能多地谈话、写作、出版，因为这是人类幸福所必需的。我们这一大帮子人，一边互相争斗攻击，一边不停地出书、写作、教导他人；我们并不觉得自己无知，尽管我们连最简单的人生问题即"什么是好的，什么是坏的"都无法回答。我们这伙人一起讲话，只顾自己讲，不管他人说什么；有时也去原谅和奉承他人，为的是他人可以这样来回报自己；有时则争吵得不可开交，面红耳赤，就像疯人院里发生的那样。数以万计的工人昼夜不停地工作，排字、印刷，我们的作品通过邮局发往全国各地。但我们还在没完没了地说教，总嫌自己说得太少，总嫌人们听得太少。

这种现象确实十分奇怪，不过现在我已经能够理解它。当时我们内心深处的想法是，获得尽可能多的金钱和名声。为了这个目的，我们除了写书和出版报刊，别的什么也不去做。为了能够心安理得地做这种无益之事，我们还需要一种能够为之辩护的理论，于是就想出了这样的观点：凡是存在的都合理，凡是存在的都会发展，而发展又要通过教育，而教育的效果是通过书籍和报刊的出版来衡量的。我们写书、出版报刊，获得稿酬，还获得人们的尊重，因此我们是最有益于人类的人。如果我们这些人的看法都是一致的，上述观点就是毋庸置疑的；然而一些人的看法跟另一些人不同甚至完全相反，这就不能不引起我们的重新思考。但我们没有发现这一点。我们获得稿酬，获得同行的称赞，因此我们每一个人都认为自己是完全正确的。

现在我终于明白了：当时我们的情况就跟疯人院一样，我已经模模糊糊地意识到这一点，然而只是看到别人是疯子，而把自己排除在外，其实所有的疯子都是这样做的。

————《忏悔录》

3.给姑妈的信

亲爱的姑妈：

快有 4 个月(差 8 天)没有收到你的来信了,不过我还在想,也许你的信已经到了格拉德科夫老镇,只是我不在那里而未能收到。在前一封信中,也就是 10 月 24 日寄的那封,我说过第二天将要去第比利斯;那天我们确实出发了,经过一星期的旅行,在 11 月 1 日到达第比利斯。一路上的驿站都没有马匹,不太方便,不过沿途的景色不错,让人心旷神怡。到第比利斯的第二天我就去拜访伯利美将军,把图拉来的公文呈交给他,并作了自我介绍。尽管作为德国人,伯利美将军为人善良、热心快肠,他还是拒绝了我的呈文,因为我提供的材料不全,缺少彼得堡的公文。我决定在这里等待补齐这些材料。不过大哥的假期已满,他 3 天前就走了。亲爱的姑妈,你可以想见,在这里等待下去,对我来说是很难受的。首先,如果一个月后还收不到公文,我入伍的计划就会泡汤,因为我无法赶上冬季的进军了,而这正是我想参军的原因。其次,这里物价很贵,我住的时间也许会超过一个月,此外还有往来的路费,要花掉不少钱。最后,我已经习惯了同大哥在一起,现在同他分别,哪怕是短暂的,也让我很难受。我不得不深感惭愧,因为直到现在我才知道哥哥对我的珍贵,以及我对他的爱恋之情。亲爱的姑妈,现在我想起了你曾对我的劝告:我在谈到大哥时说了一些不得体的话,你制止了我,你做得是对的。我觉得大哥在各个方面都比我们强,我这样说绝不是假装谦虚。在这里我偶然遇到一个彼得堡的熟人,巴格拉津公爵,对我来说这是意外之喜。他人很聪明,颇有教养。总的来说,第比利斯这座城市文明化程度还是较高的,给人以小彼得堡的印象,上等阶层的社交活动很多,还有俄罗斯剧院和意大利歌剧,尽管我的财力有限,也会去尽情享受。我住在德侨区,处于城郊;这里环境优美,周围都是花卉和葡萄架,这里更像农村而不是城市,天气温暖而晴朗,没有结冰,也没有下雪,我住在这里感到非常舒适。这里的房租十分便宜:两个十分干净的房间,一个月只要 5 个银卢布,而在城中心区这至少要 40 个银卢布。此外,在这里我还可以不用花钱就能练习德语。我在这里有书看,有事情干,也有闲暇时间,没有任何人来打搅我,因此我并不感到有多寂寞。亲爱的姑妈,你还记得吗?你曾劝我写小说。现在我听从了你的劝告,我所说的有事干,就是指的写作。我不清楚自己写的东西将来能否出版,但这种工作让我很快乐,而且我做这事已有很长时间了,我想坚持下去,不打算放弃。以上就是我近来的一些情况。如果以后不能入伍参军,我就打算找个文职工作,以免让人说我什么事都不干,不过不是在俄罗斯,而是在这里。不管怎么说,我都不会后悔来到高加索,这个灵机一动的决定对我总是有好处的。再见了,吻你的手,盼望着你的来信。地址写格鲁吉亚第比利斯我收即可。

(1851 年 11 月 12 日)

亲爱的姑妈:

　　我无法为自己这么长时间未给你写信辩解,只得请你原谅。这次行军后我和大哥在格拉德科夫老镇待了两个月。像往常那样,我们打猎、阅读、谈话、下棋。这期间我去里海旅游了一次,玩得很开心。如果不考虑我害过一场病,这两个月的生活是十分完美的。不过灾难和幸福总是联系在一起的,由于患病,我来到五山市过夏天,现在就是在这里给你写去这封信的。

　　我来这儿有两星期了,行为规矩,与世无争,我对自己的生活很是满意。我凌晨 4 点就起来了,喝着矿泉水一直到 6 点,然后洗澡,再回到住所。接下来是阅读,或者在喝茶时跟一位军官聊天(他就住在我隔壁,我们合起来包饭),然后是写作,一直到 12 点,再去吃午餐。饭做得不错,而且价格便宜。我午睡直到下午 4 点,然后下棋或者阅读,然后再去喝矿泉水。回到住所后,如果天气晴朗,我就在花园里喝茶,待几个小时,想象我的亚斯纳亚庄园,想象我在那里度过的美好岁月,并且特别想念我亲爱的姑妈,我越来越想念你。随着时间的推移,我的这些回忆越来越珍贵。尽管在回忆中不免有伤感之情,有些未能珍惜幸福生活的遗憾,但我在这些伤感和遗憾中体会到一种美妙的心境。

从第比利斯回到这里,我的生活方式一切照旧,尽量避免接触陌生人,对于熟人也保持一定距离,对此人们已经习以为常,不过在他们的心目中,我无疑是一个古怪和高傲的人。其实我不是高傲,而是自然而然就这样了。我跟这里的人在教养、情感、思想等方面差距甚大,根本就说不到一块去。而大哥却有办法跟他们搞好关系,显得很谈得来的样子,尽管他跟这些人也有很大差距。因此大家都很喜欢他。我很羡慕他这一点,但我自己做不到。说实话,这种社交生活毫无乐趣可言,我早就不在意这些,只是希望处于一种内心宁静和自足的状态。现在我开始阅读历史书籍了,以前你常常劝我读这方面的书,我一直拒不听命,现在我完全同意你的看法。我的写作活动仍在进行中,尽管我并未打算去发表什么。很早就着手写的那篇东西已经改过三遍了,为了让自己感到满意,我还打算改写一次。看来这活儿似乎永远也干不完,不过我并不着急,因为我写作不是出于虚荣心,而是由于爱好。我是乐在其中。

尽管我说过,我不在意于那些游乐社交活动,但我也不感到寂寞,因为我有工作,而且我还体会到一种比社交活动更为美妙而崇高的快乐,这就是内心宁静、深切反思、意识到自身善良而产生一种满足感。长时间来我都是以自己的聪明、社会地位和贵族门第而自豪,现在我感受到,如果说上帝恩赐给我什么,那就是我还能保持至今的关爱人的善良之心,由此我才能够体会到快乐和幸福。我入伍已近五个月了,也许再过一个月我就会得到晋升,再过半年可能获得军衔。不过说实话,我并不在意这些。只有一件事让我发愁:我必须去彼得堡,但手中没钱。不过我想起了你的告诫:没有绕不过去的坎。

　　亲爱的姑妈,再见。时间有限,信就写到这里。不过信件两天后才能送出去,而我又一直想念着你,这信我还会继续写下去。好吧,再见。波利娜姑妈的情况怎样?身体还好吧?还跟以前那样满足于自己的生活状态吗?我很想念她,常常想起她那苦难而奇特的一生。遗憾的是,多年来实际上我已同她断绝了往来,尽管不是我有意而为之。我对自己说,一定要给她写封信,然而要开始断绝多年的通信往来是很难的。

(1852 年 5 月 30 日)

　　只要重读我写给你的信,就忍不住想把它撕掉,因为它有时显得十分冷淡,有时又很愚蠢,有时又太狂热,总之,没有我满意的时候。我总是怕这些信在无意中冒犯了你,让你产生误会和不安的情绪,我总是希望它们能让你感到高兴。

　　从安德烈的来信中获悉,你将去亚斯纳亚庄园,这让我太高兴了。我觉得这样一来,你离我就更近了。我想象你就住在那间小屋里,坐在那个装饰着人面狮身像的小沙发上,面对你喜欢的那个小桌,身旁是那个小橱柜,里面的东西一应俱全。当我们想要什么而求索不得时,我和大哥总是说:"就连姑妈的小橱柜里也没有。"

　　在给安德烈的信中附有我需要的法文书的清单,让他给你,请你按清单把书寄来。另外请你给他说一下,让他把替我借的 100

卢布寄到五山市卡巴津镇 252 号我收。我很不满意安德烈；我已给二哥写信，想让他帮我管理亚斯纳亚庄园，这事要尽快定下来。从安德烈的来信以及其他信息看，我发现安德烈除了喝酒和偷窃，什么事也干不了。二哥直到现在还没有回信，不知是不是由于懒惰。请你为此而骂他几句。亲爱的姑妈，再见，吻你的手。

　　在上封信里你对我表示感谢；亲爱的姑妈，尽管我知道你为人善良，仍然想到你这是不是在嘲弄我，因为我不相信你会为我做的一点微不足道的小事而表示感谢，而你对我们的恩情则是我们永远也难以报答的。亲爱的姑妈，再见。如果我能按照自己的想法去做，几个月后我就会回到你的身旁；那时我将以自己的关爱向你表明感激之情。想到我们重逢的情景，我不由得停下笔来，沉浸在想象之中：你会高兴得流出眼泪，而我也会一边吻着你的手，一边像个孩子一样哭了起来。说实话，我这一生还从来没有像现在这样期待着同你见面的幸福时刻。我本想把这封信寄给二哥；由于在不经意间表达了对你的感情，恐怕会惹他嘲笑，因此还是把信寄给你，你只需把信的第一页给他看就行了。我相信他也跟我一样富有感情，只不过是由于难为情而不肯表达出来，因此他无法享受我这样向你表达的快乐之情。也许别人看到我这样的表达会觉得好笑，但我并不在乎他们的看法。我相信你永远都是理解我的，对此我很有信心。

（1852 年 6 月 3 日）
——《给姑妈的信》

4.我中年时期的信仰

　　我去了国外，在欧洲生活，我跟一些有学问、求进步的外国人交往，更加巩固了我原有的对于完善的信仰，因为我在这些人身上也看到了这种信仰。在我身上，跟我同时代的人一样，这种信仰表现为"进步"。当时我以为，"进步"一词有着某种深刻的含义。我还不知道，其实跟任何一个活着的人一样，我正为"一个人怎样才能更好地活着"这个问题而苦恼，而如果答案是"活着为了进步"，那就等于什么也没有说。

那时我还没有觉察到这一点，只是在遇到个别事件时才会对这种信仰感到不满。例如在巴黎，我看到执行死刑的场景，这让我对进步的信仰产生了怀疑。当看到一个人的头颅和身躯分别落到棺材里面时，我就明白了，任何一种"存在就是合理、一切都是进步"的理论是无法为这种杀人行为辩解的；即使世界上所有的人，利用有史以来的所有理论来证明这样做是必要的，我也不会认可他们的说法；这里不是用我的理智，而是用我的整个身心明白了这一点。因此，要对人们的行为做出正确评判，不能靠什么进步理论，而是根据自己的内心。另一个事例是我哥哥的死。我哥哥十分聪明，生性善良，做事认真；他很年轻的时候就患了病，经历了一年多的痛苦折磨而亡；他不明白自己为何而生，又为何而死。在这一导致死亡的缓慢而痛苦的过程中，没有哪种理论能够给我和他一个说法，也让我对进步理论产生怀疑。但这只是一些偶然产生怀疑的例子，实际上在以后的生活中我仍然相信进步；当时我的想法应该是："一切都在进步，我也在进步；至于为什么是这样，以后自然能够弄清楚的。"

从国外回来后，我在农村开办农民学校。我十分喜爱这项工作，因为它没有那种明显的虚伪性。而我以前从事的文学活动则充满了令人难受的虚假气味。在这里我也是为进步而工作，但已经开始对进步这一观念持批判态度了。我认为，有些所谓的进步其实不是那么回事，因此在对那些无知识的人、农民的孩子进行教育时，要给他们充分的自由，让他们选择自己的进步之路。

其实我仍然陷在那个难点之中而不能自拔：既要教育他人，

又不知道要教育什么。通过在文学界这么多年的经历,我认识到,如果不知道要教什么,是无法进行教育的;我的作家同行们要教给人们的东西各不相同,而且彼此争论不休,其实是借此掩盖自己对于教什么的无知。然而跟农民的孩子在一起,我想可以绕开这一难点,让孩子们去学他们愿意学的东西。现在想来,当时我的做法显得可笑,其实仍然是在不知道教什么的情况下来满足自己教育人的欲望。一年后我再次出国,为的是考察在自己什么都不知道的情况下怎样能够教育他人。

在国外,我一直待到感觉自己已经掌握了这一奥秘,在解放农奴的那一年回到俄罗斯,担任调解员一职,并在学校给那些文盲授课,同时出版文化教育方面的杂志。一切看起来似乎很顺利,然而我的感觉是,我的理智已经有些不正常了,如此下去是支撑不了多久的。如果不是这时有了家庭生活,我完全可能陷入后来50岁时那样的绝望状态。

我从事调解员的工作大约有一年时间,同时开办学校、出版杂志,忙得不亦乐乎。在调解中产生的争执让我烦恼,我办的学校性质难定,我在杂志上的言论无非是陈词滥调,就是既要教育别人,又想掩盖自己的无知。这样我精神上遭遇的危机更甚于身体上的疾病,我不得不抛开手中的一切,跑到巴什基尔人生活的草原上去换换空气,喝喝马奶,像动物一样生活。

在这之后我结婚了。家庭生活十分幸福,我也就中断了对生命总目的的探究。这段时间我的精力完全集中在家庭、妻子和孩子身上,再就是怎样增加自己的生活资料。以前是对一般完善和进步的追求代替了对完善的追求,而现在则用对家庭最大幸福的单纯追求代替了前者。

就这样,我又过了15年。在这期间,尽管认为文学创作并没有什么意义,我还是继续自己的创作活动。这是因为,我已经从创作中尝到甜头,获得好处:用极少的劳动就可以换到大量的稿酬。

于是我就把全部心思都用到写作上,以此来改善自己的生活,同时也消除内心对于一般生活意义的渴求。这时我的写作,主要是宣扬这种思想:唯一的真理就是要让自己和家庭过得更加幸福一些。

我就这样生活着。然而5年前,我的生活中开始出现了一种奇怪的现象:我的生命似乎停止不前了,我不知道自己该怎样生活,惶惶不可终日,心情极为郁闷沉重。然而过了这段时间后,我又恢复过来了,生活中的一切照旧。但是以后这种奇怪现象发生的频率越来越高,每一次都是表现为相同的问题:我为什么活着?我以后会怎样?而当中的恢复期则越来越短。刚开始我以为,这些问题没有什么意义,而我只是没有工夫来回答它们;如果想要回答它们,我一定能够找到答案。然而这些问题越来越频繁,要求回答的强度越来越高。我就像一个身染绝症的病人,最初只有一点微小的症状,自己也不在意,后来症状越来越加剧,痛苦越来越难以忍受,最后终于认识到,起初以为是小的毛病,竟然是死亡的征兆。

我身上的情况就是这样的。我明白这不是偶然的小毛病,而是一种十分严重的现象。我明白,如果这些问题总是被提出来,那就应该回答它们。这些问题看起来十分愚蠢、简单和幼稚,一旦认真对待之,就会发现:首先,它们并不幼稚和愚蠢,而是我们生活中最为重要而深刻的问题;其次,不管我怎样全力以赴、专心思考,都无法解答这些问题。如果要管理我在萨马拉的地产,或者教育儿子,或者写书立论,首先得搞清楚我做这些事情的目的;如果目的不明确,我就什么也不能做。在我考虑地产问题时,会突然冒出一个问题:"你在萨马拉省有6000亩土地、300匹马,但那又怎样呢?"于是我惊呆了,不知该怎样思考下去。或者在我思考孩子的教育问题时,也会冒出一个问题:"这是为了什么?"或者在我涉及民众福利问题时,我会自问:"这跟我有什么关系呢?"或者在我想到自己的作品带来的名声时,我还会自问:"好的,即使你的名声比果戈理、普希金、莎士比亚、莫里哀以及所有的作家都大,那又怎样呢?……"

　　于是我什么都无法回答。

——《忏悔录》

5.我想自杀

　　我的整个生命都停止了。尽管我能呼吸、能吃、能喝、能睡,我也不能不去呼吸、去吃、去喝、去睡,然而我的生命已经不存在了,因为我的任何欲望之满足,在我看来都是不合理的。在我希望什么之前,我就已经知道,即使它能获得满足,也不会有什么结果。我深切地体会到生命之无意义。在经历了漫长的生命之路后,我面临一个深渊,前面除了死亡,什么也没有。我无法停步,也不能前行,更无法后退,想不看眼前的实况都不可能:生命和幸福都是幻觉,只有痛苦和死亡是实实在在的。

　　我已经厌倦于生命, 一种无法克制的力量诱惑我去摆脱它,也就是想要自杀。这种诱惑的力量要强过生的欲望,更具有普遍性;它跟原先求生的力量相似,只是方向正好相反。我时时想着抛弃生命,自杀的念头油然而生,就像以前要完善生命的想法一样。这个念头极具诱惑力,为了避免立即将其付诸实施,我不得不想了一些妙招来对抗自己。我对自己说,之所以没有马上去死,是因为还指望着解开我思想上的纠结;如果实在解不开,那时再死也不迟。那时,我这样一个在外人看来十分幸福的人,每晚睡觉时在自己的房间(我一个人睡)都要把系衣服的带子拿出去,以免吊死在衣柜的横梁上;我也不再带猎枪打猎了,为的是怕控制不住自己,以这种最简便的方式了结了自己。我根本不知道自己会怎样:

我对自己的生命产生恐惧,想要摆脱它,同时又对它抱有一线希望。

这种情况发生在我一生中最为幸福的时期,我还不到 50 岁。我的妻子善良贤惠、温柔体贴、十分可爱;我的几个孩子都很不错;我的地产很多,无须我费劲它就不断扩展了。我得到亲友们的尊重,获得的称赞比以往任何时候都多,已经很有名声了(这并非是妄自尊大,而是事实)。我的身心都没有毛病,状况良好,我的力量在同龄人中是少见的。例如,在干体力活上,我割草的速度不会比专门干农活的农民差;在智力活动方面,我能够连续工作 8 到 10 个小时而没有任何不良后果。然而就是在这种情况下,我竟然感到自己活不下去了。由于对死亡的恐惧,我想出一些妙招来对抗自己,以免在不经意间就自杀了。

我觉得,我之所以有生命,是有个人对我弄了一个恶作剧。尽管我从不认为自己是某个人创造的,却很自然地想到这一点。我不由自主地想象着:在某个我无从知晓的地方,有个人冷冷地观看我生活了三四十年,看着我生活、学习、成长,身体和精神都逐渐成熟起来;待到我在智力上完全成熟,攀登上生命的最高峰,遍览生命的所有奥秘时,却发现自己像个傻子似的站在这个顶点上,忽然明白了生命之空虚,过去、现在、未来,一切都是虚无;而这个人看着我这个样子,一定开心得不得了。

无论这个捉弄我的人是否存在,都不会让我的沉重心情有所缓解。我无法认为自己的任何行为甚至整个生命是合理的。我只是惊讶自己为何直到现在才发现这一点,其实这些是人们早就知道的。用不了多久,疾病和死亡就会降临自己和所爱的人身上,除了腐烂的尸体和蛆虫之外,什么也不会有。我的事业无论怎样兴旺,迟早会被人们忘得一干二净,而我这个人早就不存在了。既然如此,我又为什么要这样忙忙碌碌呢?我很难想象一个人能够无视这些问题而活下去。只有当他沉醉于生命时才能够活下去,一旦头脑清醒过来,就会发现,这一切都是十分荒谬的幻觉。因此,这里没有任何值得开心的地方,有的只是残酷和荒谬。

在东方,很早就流传着一个寓言故事。一个行人在草原上遭遇一头猛兽,为了躲避它,他跳入一口枯井,却看到井底有一条龙,张开大口要吞吃他;他既不敢爬出井口,又不敢跳到井底,只好抓住井壁裂缝中长出的一根树杈,吊在井中。他的手越来越没劲了,但仍然坚持着,却看到有一白、一黑两只老鼠在啃这根树杈,眼看着树杈就要断了,自己必定会落入井底,难免一死。这时他又发现树杈的叶子上还有几滴蜜,于是就伸出舌头去舔这蜜。我跟这个行人一样,也是挂在生命的树杈上,知道最终会落入龙口,难免一死,却不知道自己为什么会遭受这样的折磨;我也想去舔这几滴蜜,却没有以前那种满足感,而白鼠和黑鼠,也就是白天和黑夜,也在啃我紧紧抓住的树杈;我能够清楚地看到那条龙,要舔的那几滴蜜一点也不甜了;我只能看到龙和老鼠,无法不去直视它们。这不是寓言,而是真正的、不容置疑的真相,每个人都能理解的。

以前我的生之乐趣掩盖了对龙的恐惧,现在却无法掩盖了。我常常自言自语:既然不能理解生命的意义,那就别管它,就这样活着;然而无效,因为以前一直都是这样做的,时间太长了。到了现在,我不能无视这一点:白天和黑夜交替着把我引向死亡。我只能看到这一点,因为只有它才是真实的,此外都是假话。

对于家庭的爱和对于艺术的爱好是两滴蜜,比别的蜜更让我无视残酷的现实,而现在我已经感觉不到它们的甜味了。家庭就是妻子和儿女,他们也是人,跟我一样,要么生活在虚幻之中,要么直面残酷的现实。他们为什么活着?我为什么爱他们,保护、抚养和照料他们?难道不是因为他们跟我一样,处于绝望或呆傻状态?由于爱他们,不能不让他们知道真相;而这个真相就是死亡。我从事艺术活动以来,一直受到人们普遍赞扬,我让自己相信,这正是我该做的事业,尽管死亡来临时这些都会烟消云散。其实这种活动也是幻觉。我很清楚,艺术是装饰生命用的,是生命的诱惑;但生命已经对我没有吸引力了,我怎能去吸引他人呢?在我缺乏独立性、生命被人牵着鼻子走时,我相信生命的意义,它在诗和艺术中的反应会给我带来快乐;在我探究生命的意义并想独立生活下去时,我感到作为生活镜子的文学是多余无用、十分可笑甚至让人痛苦的东西。我从这面镜子中看出自己的愚蠢和无助。当我发自内心地相信生命的意义时,心情是愉快的,生命过程的悲欢离合让我动心;当我感到生命毫无意义的时候,文学这面镜子中的形象就显得索然无趣了。当我看到张开大嘴的龙和啃咬树杈的老鼠时,任何蜜的甜味都消散不见了。

还不仅仅是这样。如果我只是知道生命没有意义,或许还能安下心来,因为这是命运。但我不能安心。如果我是一个本来就生活在森林中的人,知道走不出这森林,也许还能够生存下去;然而我就像一个在森林中迷了路的行人,因为迷路而产生恐惧,四处乱转,希望能够走出去,明明知道走不出去,却又不能不一直这样转下去。这才是最为可怕。为了摆脱这种恐惧,我想到自杀。我为自己最终的结局而感到恐惧,这种恐惧甚至比那个结局本身更为可怕,我无法驱除它,也没有耐心坚持到最后。尽管我知道,一旦我的心脏或别的地方血管破裂,一切都会结束,但我等不了那一天;这种恐惧实在难以忍受,我只想尽快找一根绳子或一颗子弹来让自己摆脱它。正是这种感受不断地诱惑着我去自杀。

——《忏悔录》

6.知识不能解答生命意义问题

我多次对自己说:"也许有些东西是我没有看到的?一个人不

可能是天生绝望的。"于是我在人类所获得的全部知识中去寻求问题的答案。我的探求不是猎奇，也不是泛泛而求，而是一门心思地、孜孜不倦地、夜以继日地探求，就像一个濒临死亡的人渴求生还，结果还是毫无所获。在这种探求中，我不仅没有找到问题的答案，而且还相信，其他在知识中寻找答案的人，其结果必定也跟我一样。他们不得不承认，唯一可能获得的知识就是，生命毫无意义。

我想方设法地从知识上来寻求问题的答案，由于过去长期的学习生活，也由于跟知识界的联系，我可以同各个知识领域的学者交往，不仅通过他们的著作，还可以通过同他们的谈话，来了解知识对于生命问题的所有答案。有很长时间我都不肯相信最后获得的结果：任何知识都不能解答这一问题。我总以为是自己的错：也许我还没有找到本来就有的答案；但最后还是以失望而告终。我相信自己的问题是合理的，是那些基础知识必须面对的基本问题；我的问题没有错，如果科学回答不了这样的问题，那是它的错。

这个导致我 50 岁时要自杀的问题，其实是从婴儿到高龄老人的心中都会有的一个最简单的问题。就像我所体验的，这个问题不解决，就难以生活下去。这个问题是："我现在和以后要做的一切会有什么结果，我的整个生命会有什么结果？"换言之："我为什么活着，为什么有意愿，为什么而行动？"还可以这样问："既然我不免一死，我的生命有什么意义呢？"

我从人类的知识中寻求对这个问题的答案，发现两种情况，一种是否定的，另一种是肯定的，但都没有回答关于生命的问题。第一种知识看来是不承认这个问题，却能够精确地回答自己单独提出的一些问题，它们属于实验科学，其典型是数学。第二种知识承认这个问题，然而却不能回答，它们属于思辨科学，其典型是形而上学。我很早就喜欢上思辨科学，后来又迷上了数学和自然科学。那时我自己的问题还不明确，因此对知识的虚假答案还是十分满意的。

就实验科学而言，我的认识是："一切都是发展的，都在分化，越来越复杂，越来越完善，而且发展是有规律的。我作为整体的一部分，在认识了这种规律之后，就可以知道自己在整体中的地位，以及自己是怎么回事。"尽管现在说起来令人脸红，当时我确实十分满意于这种观点。这正好是我逐渐走向成熟的时期，我的肌肉越来越发达，越来越结实；我的记忆越来越丰富，思维能力也越来越强；我感受到自己在不断地成长，于是把它当作世界的规律，由此可以找到我生命问题的答案。然而接踵而来的是我的生长停止的时期，我感到自己不再发展，而是在收缩，肌肉变得松弛，牙齿开始脱落，于是我感到，所谓的发展规律并不能给我解释这种现象，实际上根本就没有什么发展规律，我只是把自己一定时期的变化当成规律了。通过进一步的思考就可以知道，所谓无限发展的规律是不可能存在的。所谓"在无限的时空中一切都在发展、完善、变得复杂、不断分化"，这话等于什么也没有说，因为这些话是毫无意义的。在无限之中既说不上复杂，也说不上简单；既说不上在前，也说不上在后；既说不上好，也说不上坏；等等。

我的问题纯属个人性质，我是在追问：我对人生充满希望，但我是谁？这样的问题是不可能通过知识找到答案的。我终于明白，尽管这些知识很不错，但无法用到生命问题上：它们越是不适用于这个问题，就显得越正确；它们越是企图回答这一问题，就越是模糊不清、无能为力。例如生理学、心理学、生物学、社会学等，一旦企图以其知识回答生命问题，就立即暴露出种种缺陷：思想贫乏、内容含糊、超出学科能力之所及、学者之间以及自身不可调和的矛盾。而那些只回答自己学科专门问题的知识是不研究生命问题的，它们说："我们不能回答你的问题；但如果你想了解光合作用和化合作用的规律、数值关系、思维规律,我们可以给你明确无误的答案。"如果一定要实验科学回答生命问题,它的说法是:在无限的时空中,那些无限小的粒子有着无穷的变化,只有了解了它们的变化规律,你才能了解自己为什么活着。

就思辨科学而言,我早先的认识是:"人类的发展要靠其精神上的原则即理想来予以指导;而理想又是通过宗教、科学、艺术和国家表现出来的。理想的程度越高,人类就越幸福。我是人的一分子,因此我的责任在于认识和实现人类的理想。"那时我十分满足于这种想法。然而后来生命问题被提了出来,这种想法就立即垮塌了。这种想法是把一部分人的研究结果当成了人类一般性的结论;而且具有这种想法的人彼此又有许多矛盾之处;最奇怪的是,我要回答"我为什么活着",却得首先弄清楚整个人类的生命问题,而人类又都是像我这样不知道为什么活着的人组成的,这样绕来绕去都把我给绕糊涂了。后来我明白了:在思辨科学中也有类似实验科学的情况,即存在着那种企图回答自己范围以外之问题的知识,例如法学、社会学、历史学等。思辨科学的目的是认识生命的本质,这里没有因果关系;如果它去研究有因果关系的现象如社会现象、历史现象等,就只会是一派胡言。

实验科学只有把终极原因的问题抛在一边,才能为我们提供有益的知识,体现出人的智慧。而相反的,思辨科学只有完全抛弃对因果关系的研究,完全从终极原因的角度来研究人,才具有科学性,体现出人的智慧。它的典型即形而上学明确地提出一个问题:我以及这个世界是什么,为什么会有我和这个世界?而它对这个问题的回答始终是同一的。哲学家把我们生命的本质,或者称作观念,或者实体,或者精神,或者意志,但说的都是一个意思,即这一本质是存在的;至于为什么会有这个本质,任何一个稍有头脑的思想家都只能说不知道,无法回答。哲学的任务只在于明确提出这一问题。"我以及这个世界是什么?"哲学回答是:"既是一切，又是虚无。""为什么会有我和这个世界？"哲学的回答是："不知道。"

这样，我从哲学那里得不到真正的答案，因为这里根本就没有答案，尽管哲学思维活动全都是针对我的问题来的，最后只是让问题在形式上越来越复杂，答案却始终没有。

——《忏悔录》

7.在生活中找不到生命问题的答案

我在知识中找不到对于生命问题的解答，于是就在生活中寻找，希望能在我周围的人那里找到它。我开始对人进行观察，看他们是怎样生活，怎样看待这个让我感到绝望的问题。

在那些受过的教育和生活方式跟我类似的人身上，我有一些发现：他们要摆脱跟我类似的可怕境况，会采用四种方法。

第一种是稀里糊涂。这是由于对生命之罪恶、生命之荒谬毫无所知，完全不理解。他们中大都是女人，要么很年轻，要么很愚笨，根本不知道叔本华、所罗门、佛陀所涉及的生命问题。这些人看不到张开大嘴准备吞掉他们的龙，也看不到那两只啃着他们救命树杈的老鼠，只是舔着那几滴蜜。然而只要一旦注意到了这龙和老鼠，他们就舔不下去了。我从他们那里学不到任何东西。

第二种是纵情享乐。这些人认为生命没有希望了，就只顾享受眼前的幸福，什么龙呀老鼠呀一概不顾，一心去舔那几滴蜜；如果树杈上蜜很多，那就更是如此。跟我类似的人中大都采用这种方法。他们有条件享受比别人多的幸福，却认识不到这种条件具有偶然性，并不是所有的人都像所罗门那样能够占有 1000 个女人和 1000 座宫殿。如果一个人占有 1000 个女人，那就有 1000 个男人没有妻子；而每一座宫殿都需要 1000 个人来建造它；今天由于偶然性我成了所罗门，明天也可能由于它而成为所罗门的奴隶。他们缺乏想象力，根本想不到那种让佛陀心怀焦虑的情况：我们无法避免的疾病、衰老、死亡会让所有的快乐烟消云散。他们有些人甚至认为，这种缺乏想象力反倒是一种哲学、一种实证哲学。但这并不能说明他们跟那些只知道一味舔蜜的人有什么区别。我也不能学他们，因为我不像他们那样缺乏想象力，也不能硬逼着自己把想象力给消除掉。只要我看到龙和老鼠，以后就无法不想到它们。

第三种是使用极端手段消灭生命。这些人认为生命是罪恶和荒谬，就想把它消灭掉。那些性格特别坚强的人就是这样做的，但这样的人不是很多。他们意识到生命是一个天大的愚蠢的笑话，死了要比活着幸福，就立即去结束这个笑话，采用的方式有上吊、跳河、用刀刺心脏、卧轨，等等。在跟我类似的人中，想要这样做的越来越多，而他们大都处在一生最好的时光，精力旺盛，也没有什么不良嗜好。在我看来，这是最值得我去仿效的方法，我正想这样做。

第四种是不采取任何行动。这些人意识到生命的罪恶和荒谬，却仍然苟活着。他们知道生不如死，却不能采取有效行动结束这个大笑话，好像还在等待着什么。既然知道死是最好的方法，又是自己可以做到的，为什么不去实施呢？我就属于这种人。

跟我类似的人就是通过这四种方法来解决生命问题的。就我的思考所及，除了它们，就再也没有其他方法了。第一种方法是不去了解生命之荒谬、虚无和罪恶。然而我已经了解了这一点，就不能无视它的存在。第二种方法是不去想未来，只去享受当下现在。然而我做不到。我跟佛陀一样，一旦知道衰老、痛苦和死亡的存在，就无法再去吃、喝、玩、乐；我的想象力是非常丰富的，而且并不看好及时行乐的偶然性。第三种方法是知道生命之罪恶和荒谬后就中止生命,杀死自己。我很认可这种做法,却不知为什么还没有自杀。第四种方法是在知道生命是一个大笑话后仍然活着、洗漱、穿衣、吃喝、演讲甚至写书,就像所罗门和叔本华干的那样。我对此十分反感;尽管如此,现在我仍然在做跟他们一样的事情。

现在我明白了:我之所以没有自杀,是因为在我的意识深处感到自己想得不对;尽管我自认这些想法是完全正确的,却仍然有一丝怀疑。从理智上说,我认为生命是不合理的。而对我来说,理智又是生命的创造者;如果没有理智,那么也就没有生命。但是既然这个理智创造了生命,怎么又去否定这个生命呢?从另一个角度看,如果没有生命,也就没有我的理智;因此理智又是生命的产物,生命就是一切。既然理智是生命的产物,它又去否定生命,我总觉得这里有什么不对头的地方。

生命是荒谬的、罪恶的,这是毫无疑问的。但我和整个人类都曾经生活过,现在还在生活,这是怎么回事呢?既然人类没有存在的必要,它为什么还会存在呢?难道只有像我和叔本华这样聪明透顶的人,才会了解生命之荒谬和罪恶吗?其实在很早之前,那些极其普通的人就看出生命即虚无,然而人们仍然生活着,现在仍然生活着。他们活着时就不怀疑生命的合理性吗?我所学得的知识可以让我了解,世界上的一切,无论是有机界还是无机界,都是合理的,然而回答不了我的生命是否合理的问题;世界上这些平凡普通的人根本就不了解什么有机物、无机物的合理性,却不但生活着,而且感到自己的生活十分合理。

我还想,是否可能是我对某些东西不了解才会产生这样的想法?一个人处于无知状态时,就爱发表议论说,某个东西是荒谬的,实际上他并不了解它。由此看来,整个人类一直存在至今,应该是了解自己生命意义的;如果不了解,它就无法存在下去。然而我却宣称人的生命毫无意义,我无法生活下去。

如果我和叔本华一样否定生命,那就应该去自杀,而不必去发什么议论。如果我活着,同时又不了解生命的意义,那就索性不活了;不要既活着,同时又大谈什么不了解生命,并把这个写下来。人们本来是兴高采烈的,你来到他们当中,却感到乏味、无聊,那你就赶紧走开。实际上我既想自杀,又下不了决心,那我算怎么一回事呢?我不就是一个极其软弱、极其无能的人吗?跟那些废话连篇、言行不一的蠢材有何区别?我自认是一个有智慧的人,却找不到有关生命意义的知识;而亿万斯民就这样活着,毫不怀疑生命的意义。

在我的生命存在之前很久很久,人们就已经生活着,他们也知道生命之虚无和荒谬,然而他们还是生活着,并且赋予生活某种意义。他们的这种生活传给了我,我身上的一切,我周围的一切都是他们生活的结果,甚至我用来指责这生活的思想工具,也不是我自己的,而是他们创造出来的。我的出生、成长和接受教育,都多亏了他们。他们冶铁、伐木、驯养牛马,教我种庄稼,教我待人接物,教我思考和说话。我是他们的产物,由他们抚养成人,接受他们的教导,用他们的思想思考,用他们的语言交流,却向他们表明:他们是毫无意义的。于是我感到:"这里有点不对头,有什么地方出了错。"然而我却不知道自己错在哪里。

——《忏悔录》

8.我因皈依宗教而获救

在意识到理性思维的谬误后,我不再白费工夫地去思考。我认识到,只有在生活中才能获得真理,而我自己的生活是十分可疑的,于是我突破自身的特殊性,转向普通劳动者真正的生活,从而让自己获救。我终于明白,如果要理解生命的意义,就不能再过现在这样的寄生生活，而应该去过普通劳动者的真正生活。

　　这一时期我还出现这样的情况：大约有一年时间，几乎每天我都要问自己是否去上吊或开枪自杀。这段时间我是在寻找上帝过程中而产生痛苦，这一寻找过程并不是在思想中进行推理，而是心中的一种感受，这是身在异乡的人可以体会到的那种恐惧、孤独和凄凉的感觉。

　　尽管我知道，要证明上帝的存在是不可能的（康德已经证明了这一点，我也同意他的观点），但我还是得寻找上帝，并希望找到他。为此我常常向要寻找的对象祈祷。但我祈祷得越多，我就越觉得他根本就听不到我的声音，也许这个上帝是不存在的。想到这里我就倍感绝望，在心里说："上帝啊，原谅我，救救我吧！上帝啊，指引我吧！"然而还是没有谁来理睬我，于是我感到自己的生命就要中止了。但我继续思考下去时，我对自己说："上帝是能看到我的探求、绝望和努力的，他是存在的。"只要想到这一点，我的生命力又恢复了，我开始感受生的乐趣。然而这时我又想到上帝就是那个派出圣子而三位一体的造物主，似乎与我毫无关系，我重新陷入绝望之中，感到除了自杀再无他路可走，然而我甚至连自杀也做不到。这段时间出现这种情况不是几次或几十次，而是有数百次之多。一会儿焕发了生机，情绪高涨；一会儿又悲伤绝望，感到无法活下去。

　　记得是早春的一天，我一个人在树林里徘徊，听鸟儿的鸣叫，心中想着那个 3 年来一直纠缠着我的老问题，就是寻找上帝。我对自己说："好吧，就算上帝都是我的想象，并非现实，也没有任何奇迹可以证明上帝的存在，因为奇迹也是我的想象，而且不符合理性。然而我关于上帝的概念呢？我的概念是怎样来的？"想到这里我情绪高涨，开始感受到生活的欢乐。然而这种状态并没有持续很长时间，我的理性在继续思考："但上帝的概念并不是上帝，概念只是我头脑中产生的东西，上帝的概念是一种我可以产生也

可以不产生的想法，这不是我要寻找的东西；我要寻找的是自己
生活中不可或缺的东西。"这样，我周围的一切都停止下来，我又
想到自杀。这时我又想起自身发生的一切：这种死亡与复活的交
替已经有过数百次。我的印象是，只有在我信仰上帝时我才活着。
于是我对自己说："只要体验到上帝的存在，我就活着；只要我忘
记了他，不再信仰他，我就会死亡。这种死亡与复活意味着：如果
我对上帝丧失了信心，我就不能活下去；如果不是抱着找到上帝
的希望，我早就自杀而亡了。只有在感受他和寻找他的时候，我才
是真正活着。"于是我心中有个声音说："上帝就在这里，它是我生
命不可或缺的东西；认识上帝跟生命是同一件事，上帝就是我的
生命。活下去，去寻找上帝！"我心中顿时一片光明，此后这种光明
就再也没有离我而去。

　　我终于摆脱了自杀的念头而获救。这一突然变化是什么时候
完成的，又是怎样完成的，我不太清楚。这正像以前我生命力的丧
失导致自杀的念头也是突然发生的一样。让我感到惊讶的是，我
生命力的恢复不是产生了一种新的力量，而是生命之初那种对意
志信仰的力量之复归，我仿佛又回到童年和青少年时代。我的生
活目的是成为一个更好的人，跟这种意志相一致，也就是恢复了
对上帝、道德完善、生命意义的信仰。两个时期的区别只是在于，
以前这些都是不自觉地被接受下来，而现在我已经认识到，没有
这一切我就活不下去。

　　我跟我那个圈子里的人彻底决裂了，因为我认为这根本就不
是生活，最多是它的一个影子。由于生活过于优裕，我们已经丧失
理解生命的可能性。我应该理解的不是我们这些寄生虫的特殊生
命，而是普通劳动者的生命；他们才是生命的创造者，赋予生命以
意义。于是我求救于周围的俄罗斯劳动者，探究他们赋予生命的
意义。这种意义是：我们每个人都是按照上帝的意志来到这个世
上；上帝创造人，让他既能毁灭自己的灵魂，也能拯救它；人一生

的使命就在于拯救自己的灵魂；为此必须按照上帝的意志去生活，也就是必须抛弃生活中所有的快乐，而去劳动、服从、容忍和产生同情心。人民是从宗教信仰中获得这种生命的意义的，而宗教信仰是通过教士和传说等形成的。我明白了这种意义，感到十分亲切。然而在人民那里，与其宗教信仰相联系的还有许多让我厌恶和不能理解的东西，例如举行圣礼、做礼拜、斋戒、参拜圣徒遗骨和圣像等。人民无法区别这两者，我也不能够。尽管如此，我还是把这些难以理解的东西全盘接受了。我也去做礼拜、做晨祷和晚祷、做斋戒祈祷。而我的理智对此竟然全无抵抗之意。

现在我对宗教的态度跟过去完全不同。以前我认为生命自身就充满意义，而宗教信仰只是一种随意确定的原理，既不合乎理性，对我也无用处，跟生命毫无关系，于是我将它们完全抛弃；现在情况正好相反，我的生命没有任何意义，而只有宗教信仰才能赋予它意义，因此我必须去理解它。我的思考是，宗教信仰的意义跟人类的理智一样，都是产生于一种神秘的来源，也就是上帝。我的身体、理智、对生命的理解都是上帝给我的，因此，只要是人们真正相信的一切都应该是真理；尽管它们的表现形式各异，却不可能是谎言；如果被我看成是谎言，那只是因为我还没有理解它。我认识到，宗教信仰的实质就是给生命一种永恒的意义。我希望自己能完全适应那些人们遵守的宗教仪式，但我做不到这一点。如果勉强为之，就成了自我欺骗。这时那些俄罗斯神学著作帮我解决了这一难题。根据它们的解释，宗教教义最为根本的一条就是，教会永远不可能有错。由此推断出，教会所说的一切都是真理。这就成了我信仰的基础。上帝的真理不是单个人可以获得的，只会显现给通过爱而联合在一起的人。要获得真理，就不可能与世隔绝，就必须去爱，去认可自己所不同意的一切。因为真理只显现给爱，不服从教会的仪式就破坏了这种爱，就无法认识到真理。这时我还没有发现这个推断过程有诡辩的成分。尽管爱的联合可以产生了不起的爱,却不会产生由基督教信仰表现出来的有文字记录的真理;爱也不能让真理的表现成为人们联合的不可或缺的东西。但当时我没有发现这种推断的错误,因此才能接受东正教教会的所有仪式,尽管它们大都是我无法理解的。

——《忏悔录》

9.宗教中真理与谬误同在

那时为了活下去,我非得有宗教信仰不可,因此,在无意识中我回避了宗教学说中那些自相矛盾和模糊不清之处。实际上我对许多东西都不理解。如果说要经常为沙皇及其亲属祈祷,是因为他们更容易受到诱惑,那么那些要以武力征服敌人的祈祷、对天使的歌颂、有关贡献的祈祷以及对雄武将军的颂扬等,大约占了所有祈祷三分之二以上,都是我无法解释的;如果硬要解释,那就是自我欺骗,就会败坏我对上帝的态度,让我完全丧失信仰。在过节时我也有同样的感受:安息日是一星期一天同上帝交流,这我是理解的。然而主要的节日是回忆复活,而复活的真实性让我质疑。每个星期都有一天庆祝这一复活,这一天要行圣餐礼,我对此完全不能理解。其余的十二大节日,除了圣诞以外,都是对复活奇迹的回忆。例如我主升天节、生灵降生节、我主显圣节、圣母节,等等。这里那些被当成特别重要的东西,在我看来是无关紧要的,我无法对此做出解释,只有装着看不到这一点。

最让我有这种违心感受的,是洗礼和圣餐;这两者我倒是理解的,但我无法忍受它们的存在,最后是我要么否定它们,要么继续自我欺骗。第一次去领圣餐时那种痛苦的感受,是我永远不能忘记的。其中的祈祷、忏悔和规则我都是理解的,我还高兴地认为这可以向我显现生命的意义。我把圣餐理解为一种纪念基督、赎罪、接受基督学说的过程。其实这是一种十分牵强的解释，但我那时并没有发觉。我很高兴地听从一个教士，也就是一个谨小慎微的普通祭司的指令，把自己所有肮脏的东西都抖出来，忏悔自己的罪恶。然而当这个教士强迫我重新叙述自己的信仰，表明自己刚才吞下去的是真正的肉体和鲜血时，我的痛苦已经达到不能忍受的程度。这不仅仅是虚假，而是一个根本不知道信仰是什么的人提出的残忍要求。现在我可以明白地说，这是残忍的要求；然而当时我没有想到这一点，只是感到难以忍受的痛苦。我已经不像青年时代那样，要把一切都搞得清清楚楚；我接受宗教是因为没有它我只有死亡，因此无法抛弃它。为此我只得屈服，我认了，满怀虔诚吞下所谓的肉体和鲜血，并试图相信真的是这样；然而精神上已经受到极大冲击，以后就再也没有去了。

不过我还是继续参加教会的其他仪式，而且希望能够相信，其教义就是真理，于是在我身上发生一种奇怪的现象，不过现在看起来倒是顺理成章的。当我跟一个目不识丁的农民信徒聊到上帝、宗教信仰、生命、拯救等话题时，我理解了宗教信仰的意义；通过这种接触，我跟人民在精神上接近了，越来越透彻地理解了我所寻求的真理。然而只要同那些有学问的教徒接触，或者去读他们的著作，我就会茫然无措，开始怀疑自己，自我辩驳；越是深入研究他们的说法，我就越是觉得自己离开真理越远，直到走向深渊。我太羡慕那些大字不识、完全没有文化的农民了。他们对于从宗教教义中引申出来的结论，无论是真理还是谬误，都通盘接受了；只有我这个不幸的人才能清楚看到其中的真理和谬误密不可分的联系，因此我难以接受这种真理。

我就这样度过了大约三年。刚开始时我是无意识地凭直觉迈向通往真理之途，对遇到的矛盾和冲突能够容忍，在难以理解时就对自己说："是我有罪，是我不好。"然而在更深入的探究之后，当这些真理已经成为我生命的基础之时,这种矛盾和冲突更为严重:我的不理解有些是因为我的能力还达不到,而有些则是因为其本身的谬误性,除非我是由于自欺欺人才硬说它是真理;这两者的区别非常明显。

尽管如此,我仍然信奉东正教,但面临一些无法解决的重大问题,而教会对此的态度跟我信仰的基础背道而驰,这会让我完全断绝同东正教的关系。其中首要的问题是,东正教教会对其他教会如天主教等的态度。由于对宗教的兴趣,我跟各种有宗教信仰的人有着广泛接触,例如天主教徒、新教徒、分裂派教徒等。这些人中不乏信仰虔诚、德行高尚者,我很愿意同他们以兄弟交往。然而我所接受的那种宗教学说却把这些人称为邪恶之人、被魔鬼诱惑的人,只有它自己才拥有真理。凡是跟东正教的主张不一致的人都被称为异教徒,而天主教徒和其他教徒也把东正教称为异端。我发现,东正教对所有跟它不同的教派都充满敌意,尽管它设法掩盖这一点。我本来认为真理和对人的爱是一致的,现在却不得不承认,宗教教义自身正在毁坏它本应建立的东西。这时俄罗斯爆发了战争。我不可能看不到,俄罗斯人以基督的爱的名义来屠杀自己的弟兄;我也不可能认识不到,杀人就是罪恶,是跟任何宗教教义背道而驰的。然而每个教堂都在为俄罗斯军队获胜而祈祷,那些指导教众的大师都宣称这种屠杀是为了我们的信仰。这些教会成员,包括大师、教士、修士,不仅对战争中的屠杀称赞有加,还对战后年代发生的种种屠杀事件同样持赞许的态度。这些基督徒的言行是太可怕了。

可以肯定地说,我所信奉的那种宗教信仰并不完全是真理。要是放在以前,我会认为所有的教义都是虚假的,而现在我不会这样说了。人民从中认识了真理,否则他们就难以生存下去。在我看来,宗教教义中既有真理,也有谬误;在人民那里,谬误的东西要比教会的人少一些,但仍然有,谬误总是跟真理混杂在一起的。

这些谬误和真理的根源何在？它们都是来自教会,包含在神话和《圣经》中。因此,我不得不去探究神话和《圣经》,而这种探究让我战战兢兢,心怀恐惧。由于宗教信仰的特点,这种探究不同于对于科学原理的研究,也就是不能完全地寻根究底。接下来我要做的事情就是把宗教教义中的真理和谬误明晰地区分开来。

——《忏悔录》

10.我是一个基督徒

我很清楚,"一个基督徒的笔记"这一标题会招致许多人的诟病,他们会说,现在谁还这样称呼自己？因为大家都明白,基督教只是一种宗教,而所有的宗教都是迷信,阻碍人类的发展,是最大的恶。还有些人会质问:你凭什么说自己是基督徒？一个真正的基督徒的态度是十分谦虚低下的, 根本不会通过文字来自称基督徒。不过我还是要这样称呼自己;我不怕人们指责我落伍,因为我认为宗教并非迷信,而其真理是人类唯一可能获得的真理,基督教教义是人类所有知识的基础;我也不怕人们指责我狂妄自大,竟敢自称基督徒,因为我对基督徒的理解跟他们有根本的不同。

一般人对于"我是一个基督徒"的理解是,我受洗过,因此我是一个基督徒,当他这样说的时候,有些自我夸耀的成分,表示自己已经在践行基督教教义。这样说当然有些狂妄自大。然而我对这句话的理解却完全不一样。我也受洗过,却像一个异教徒那样过了大半辈子,因此我并不认为受洗过的人就一定是基督徒。当我说"我是一个基督徒"时,既不是说我已经践行了基督教教义,也不是说我比他人要好, 而只是说人生的意义全在基督教教义中,人生最快乐的事情就是努力践行这教义。因此,所有跟教义相符的东西都让我感到亲切和快乐，而所有跟教义相违的东西都让我厌恶和痛苦。我写下这个标题正是由于它很好地表达了我写这篇笔记的目的。

我在这个世上活了52年，除了最早的十四五年属于童年期、还不懂事外，大约有三十五年时间我既不是基督徒，也不是穆斯林，更不是佛教徒，而是不折不扣的虚无主义者，也就是说，没有任何信仰。两年前我成了基督徒。从那以来，我听到的、看到的和感受到的一切都有了根本的不同。我成为基督徒后产生的新观点或许会引发人们的兴趣，对他们有所教益，因此我才打算写这篇笔记。至于我是怎样由一个虚无主义者变为基督徒，我已经在一本书中作了解说。在该书中我详细叙述了作为一个完全的虚无主义者我是怎样生活了三十多年，由于写的作品而受到广泛尊敬和赞扬。现在人们习惯于用虚无主义者一词来指称社会革命党人，而我使用该词是在其本来意义上，即指除了财富这一邪恶之神外什么都不相信的人。在该书中我写道，在这35年里，我写了11本书，自认为对俄罗斯人有益，备受人们称赞，并获得15万卢布的收入；后来我发现自己并不能教给人们什么东西，连我自己都是好坏不分、善恶不辨的；我发现这一点后陷入绝望，常常想着自杀，后来又经过许多曲折，终于信仰基督教教义；接下来谈到我是如何理解基督教教义的。有人说，这样的书是不能出版的。如果我写一位夫人是怎样爱上一个军官，那是可以出版的；如果我写俄罗斯的伟大、颂扬战争，那也可以出版；如果我写人民性、东正教和专制是必要的，那更加可以出版。如果我想说明，人就是动物，除了它感到的东西就没有别的，那是可以出版的；如果我想谈论精神、起源、基础、主客体、综合、力和物质，特别是谈得让人不知所云，那是可以出版的。然而这本谈论我自己生活经历和感受的书，正如一位资深而睿智的老编辑所说的那样，在俄罗斯是无论如何都不可能出版的。他看了我这本书的开头就很喜欢。他向我约稿,我说:"你就拿这个去发表吧。"他十分惊讶地喊道:"老天!如果我这样做,我的杂志连同我本人就会一起被烧掉。"因此到现在我这本书还没有出版。

在我看来,一个真正的思想是永远不会消失的,因此我把这本书暂时放到一边,相信只要书中包含着真理,我的劳动就不会是徒劳的,它迟早会从海底浮到海面。不过这是以后的事情。现在我要做的是,把我信仰基督教之后新的世界观介绍给俄罗斯读者,因为根据近年来同人们的谈话中我发现,这种世界观并不盛行,将它诉之于人对他们是有好处的。我的这篇笔记几乎相当于我在乡间隐居期间的生活日记,我只是把发生的事情如实写下来,不添油加醋,更不会无中生有。我所写的一切都要禁得起检验:时间、地点、姓名、人物都是真实的,对发生的事件不做任何选择,按照它们发生的顺序写下来,只要我有足够的时间。

(1881 年 4 月)

前几天一位女士向我提问:为了有益于人类,她应该怎样做?这是一个我经常听到的虚假问题。同她谈话后我明白了,人们之所以普遍受苦受难,并不在于他们过着不道德的生活,而在于他们不是依据自己的信念去生活。他们往往把他人高于自己的信念当成自己的信念,最为常见的是基督的信念。由于他们根本不可能依据他人的信念生活,这样一来,他们过的生活既不是依据他人的信念,也不是依据自己的信念,而是根本就没有信念。我奉劝这位女士不要依据我的信念生活(她是想这样做的),而是依据她自己的信念生活,然而她根本就不知道到底自己有没有信念。这就是人生最大的不幸。人们最为需要的就是培养自己的信念,把它搞清楚,然后依据它去生活,然而他们通常是把自己难以达到或者完全不相干的信念当成自己的信念,过着一种实际上是没有信念的生活，却装着是在依据某种信念生活的样子，这是彻头彻尾的虚伪。因此，在我看来，那些只是贪图日常生活享受而不妄发议论的人，要比那些空发议论而实际上毫无信念可言的人好得多。前者以后还有可能培养自己的信念，而后者则永远没有可能，除非他们能够回到前者的状态。

（1888 年 11 月 23 日，莫斯科）

　　每个人的一生都要经历三个阶段。现在我正在经历第三个阶段。在第一阶段，一个人活着只是为了满足自己的种种欲望如吃喝玩乐、打猎、追女人、讲虚荣、妄自尊大，他的生活被这些东西占得满满的。30 岁前我的情况就是这样的。此后是第二阶段，我开始关注人们的幸福、全人类的幸福，在开办学校时这种关注达到顶点。建立家庭后这种关注有所减弱，后来我感受到自己生命之空虚，这种关注又变得强烈起来。我的所有宗教思想都集中在追求人们幸福之上，也就是为实现天国而做的努力之上。这种追求就像以前我对个人幸福的追求一样强烈，占据了我的生命。现在我感到这种追求没有那样强烈了，对我没有那么大的吸引力了。我得重新审视以前所做事情的好坏，包括给予人们物质上的帮助、同酗酒现象做斗争、同政府和教会的迷信活动做斗争，等等。我感到自己的生命中有新的基础生长或分离出来，它取代了以前对人们幸福的追求，同时又包含着这种追求，就像以前对人们幸福的追求中包含着对个人幸福的追求一样。这种新的基础就是服务于上帝，实行他的意志，这一意志体现了上帝的本质。

（1889 年 10 月 31 日）

——《日记》

11.要认清自己的位置

我从人们那里得知,我是在 10 年、20 年、30 年、40 年或 50 年前出生在这个时空无限的世界上。父母的结合导致我的产生。我从人们那里得知,起初我是一个胎儿,然后成长为婴儿,后来成为儿童、少年和成人。我搞不清楚那个有自我意识的我是什么时候产生的,我觉得自己以前似乎是一直存在的,也不知道自己何时完结。根据对他人的观察,我知道大概七八十年后我将会死去;我也知道,每天每小时我都在接近死亡;我还知道,在任何一个时候我都可能死去。尽管我知道这一切,并且在所有人身上看到这一切,我仍然不相信我的自我最后会完结,因为如果是这样,我以前就不是一直存在着,那么我为什么要来到这个世界上?我的身体在这世上是微不足道的,我的生命极为有限,那么我在这个时空无限的世界上做些什么呢?

如果我是一个理智尚未开启、全凭本能生活的人,对于这个问题的回答是:为了吃喝、睡觉和纵情享受肉体快乐而活着。然而一个人只要看看周围这个世界, 想想等待自己的未来是怎么回事,就会认识到,所谓肉体上的幸福不可能成为生活的目的,这是因为,他必定要遭受种种争斗、灾难、疾病以及最后的死亡;对于一个不可避免地要走向衰老和死亡的人来说,哪里有什么幸福可言?因此,无论是肉体享受、提高自身、建功立业,还是促进社会,都不可能是生活的目的。如果这个世界不是时空无限,或者死亡根本就不存在,那么上面这一切倒可能成为生活的目的;而在一个时空无限的世界里,我的生命是这样短暂和有限,我的任何事业都没有意义。如果一个人的活动在这个世界里有如沧海之一粟,他为什么还要为生命的完善而劳作呢?如果一个人必有一死,他既看不到未来更好的生活,也听不到人们因他做的事而感谢的声音,他又为什么要为改善他人的生活而劳作呢?他为之做好事的那些人也跟他一样,会随着岁月的流逝而不复存在。

如果要认真回答这些问题,我的答案应该是这样的:

(1)第一个问题:我究竟是什么? 我的回答:我似乎是一个不久前才出现、为时短暂、正走向死亡的东西,我现在存在着,而一旦死灭就什么也没有;因此,我不知道自己究竟是什么,但毫无疑问,这个"自我"又是我最了解的东西。

(2)第二个问题:我生活中的这个世界究竟是什么? 我的回答:就其时空无限而言,这个世界是我无法了解的;从时间上说,这个世界应该有始有终,然而它又不可能开始于任何一个时段,也不可能终结于任何一个时段;从空间上说,它应该终结于某个地段,但它又不可能终结于任何一个地段。总而言之,我无法了解这个世界,或者说无法想象它,也就是说,我完全不知道这个世界究竟是什么。然而我又生活在这个世界之中,进行我的活动。

(3)第三个问题:我应该做什么? 我的回答:我生活在这个世界上,但我为自己的幸福所做的一切都是没有意义的,是白费劲;这是因为,那个无始无终、同我的肉体相联系然而又不同一的东西,不需要我所做的一切。因此,对于那个"自我"来说,我的生命是没有任何意义的,对于这个我生活于其中的世界也没有任何意义。我的一切努力,对于我自己和这个世界都是多余的,没有任何用处。

如果一个人忘记了自己的身份,如国王、执事、法官、厂长、教授、学者、艺术家、家庭成员等,只知道一点:我是一个不久前出生在这个无法了解的世界、不久后将从这个世界消失的人,那么他的生活中就没有任何值得去做的事情,也没有任何理性的目的。一切都毫无意义,一切都没有价值,然而只要你活着,你就得做点什么。人活在世上就像马拉车一样;马不可能不走,不可能不去拉动身后的车子,人也不可能不去做点什么,不去用自己的行动来参加到世界的活动之中。因此,尽管我的生命毫无意义,我还是得做点什么。似乎有一种力量让我处于这样一种位置:我不得不活动,既不是为了我自己,也不是为了这个世界,而是为了某个我并不了解的东西。这种想法其实就含有某种宗教的成分。

这就是说,存在着一种把我送到这个世界的力量,这种思想的实质就是宗教。如果承认这一力量即上帝,那么一切就豁然开朗,人的生命也就有了意义。我不了解自己的生命,也不了解整个世界的生命,然而我活着,并且按照某种最高力量的意志来活动。如果对我来说我的生命不可了解,我的任何目的都是没有意义的,那么对于那种把我送到这个世界并支配着所有生命的最高力量来说,我的生命不可能是没有意义的。只要承认这一最高力量,一切就豁然开朗:我无法看到和了解自己和整个世界生命的终极目的,我和整个世界都不过是达到我所不了解的目的之工具。因此,我的生命的意义不在于达到那个我无法触及的终极目的,而在于承认这个最高力量即上帝,为它服务,实现它的意志。

上帝的意志体现在什么地方?有人说上帝通过摩西、基督来给人以启示。不是这么回事。这样说或者是误会,或者是骗人,总之都是不对的。上帝根本不会把自己的意志和法规启示给某一个人或某一群人。上帝的启示总是给所有人的,它在每个人的心中。一个人只要在心中体会到了上帝,他就体会到了生命的本质;这种本质并非是他的肉体,而是借肉体存在罢了。它无轻无重,无色无味,无大无小,无始无终。存在于一个人身上的这种本质受其肉体的限制,只是整体本质的一部分,但他可以从部分而体会整体,这一整体就是上帝。任何一个人都可以通过自己身上这一部分去体会上帝,他不可能不知道它。

我们所有的人都想生活幸福,爱情美满,关系和谐,无病无痛,少灾免死,然而实际上所有的人都是相互分离和仇视,都有疾病,都感受痛苦,都走向死亡。这是为什么?为什么人人渴望幸福,而人人都遭受苦难?上帝为什么把人们搞成这样?基督告诉人们,他们的所有苦难都在于搞不清楚自己的位置,想象的跟实际情况不一致,忘记了自己是什么人;一旦知道自己的位置并记住了它,他们就不再痛苦,而是幸福的。

如果人们认为生命是属于自己的,可以随意使用它,而不必去做上帝要求他做的事情,他们就会遭遇不幸。一个人的能力也是上帝赋予的;如果他一生都不工作,也就失去了上帝想给他的一切;只有为上帝工作,才可能得到自己所希望的东西。

基督教的全部教义就在于让一个人清楚自己的位置。如果他不清楚自己的位置,无论怎样追求自己的幸福都不会有结果,这就像一个不履行契约的工人拿不到工资一样。一个人只有清楚自己的位置,清楚自己不是生命的主人,而是上帝的仆人,应该履行自己对上帝的义务,才可能有幸福的结果。

一个人在这个世界上的位置在哪儿?造成他不幸的欺骗来自何处?这种欺骗就是忘记死亡,忘记自己在这个世界上不会活得太久。孩子们和许多成年人都深受这种欺骗;有些人到老都不会想到死,就像不会死似的生活着,而且相信自己会这样永远生活下去。他们只是临死时才会清楚自己的位置,感到恐惧,但为时太晚,已经铸下不可挽回的大错。

动物可以活着而不会想到死,但人不行,因为他有理智。如果他的理智足以想到自己必须吃饭,为此而积累粮食、建造粮库,那么他也应该想到自己年老时的死亡,想到死亡每时每刻都可能降临。如果他记住了死亡,就不可能只为自我而活着;他生命的唯一意义就是做上帝意志的工具,而不是独立的个体。按照上帝的意志,他出现在这个时空无限的世界上,生活一段时间后又永远地消失掉。在这种情况下,只为自己活着就是不理智的,活着的意义只在于履行上帝的意志,正是由于上帝的意志他才来到这个世界上。我并不知道那个终极目的,因为它隐藏在无限之中,但我知道怎样去达到它。我对幸福的渴望就是我生命的本质,也是达到它的道路,但这幸福不仅属于我自己,也属于整个世界。我可以达到这一目的的途径就是整个世界的幸福,而我对自己幸福的渴望只是一种启示,指引我去为这个世界寻找一些东西。

因此,一个人只有清楚自己在世界上的位置,才会产生对上帝及其法规的信仰。清楚了自己的位置,也就自然会顺从上帝的意志,承认人人平等,爱所有的人,己所欲施于人,遵守种种道德规则。

——《小绿棒》

12.为什么我给人钱还遭人恨

在从事慈善活动时,有一个现象让我十分惊诧,百思不得其解。每当在街上或家中施舍给穷人几个戈比、却不同他谈话时,我发现或自以为发现其表情是快乐和感激的;我自己也为这种慈善方式而高兴,觉得自己做了他人希望我做的事情。如果我停下脚步跟穷人谈话,询问他的生活情况,知道了一些具体情况,就感到不能只给他 3 个戈比或 20 个戈比,应该再多给一些;但给他多少呢?我犹豫不决,手在钱包里掏来掏去,最后会给他比较多的钱,然而我看到他似乎很不满意地离开了我。如果我跟穷人谈话的时间更长,我就更加犹豫不决该给多少钱,而无论我给多少钱,穷人都显得更不高兴,更不满意。情况通常是这样的:如果我在跟穷人谈话后给了他 3 个卢布或更多一点,他总会表现出不满甚至仇恨的神情,拿了这钱不道一声谢,转身就走,好像我在欺侮他似的。在这种情况下,我感到很羞耻,感到自己在什么地方有过错。如果我长期帮助一个穷人,同他谈话,结果是让我和他都受罪;他十分鄙视我,而我觉得他的态度是对的。

如果我走在街上,他向我讨要 3 戈比,我给了他,他就会把我看作一个好心的过路人,就像一个人需要一根线去缝衬衣,我就是那个给他这根线的人,他没有指望得到比这更多的东西。然而如果我停下来同他谈话,向他表示出我不仅仅是一个过路人,而他也向我痛说自己的悲惨遭遇,那他就不是把我看成一个过路人,而是一个我希望他看成的大善人。如果我是一个善人,我的善行就不应该只是 20 戈比、10 卢布甚至 100 卢布。假如我给了他很多钱,让他穿得很体面,并能独立生活,但他由于时运不济或恶习未改,失去了衣物,花光了金钱,变得一文不名,又来找我,我能够拒绝他吗? 如果你确实是一个大善人,哪怕他有几十次因喝酒花光了你给他的一切,你也不会从此不再给他,只要你手里还有钱的话。如果你拒绝了,不再给他钱了,那就表明,以前你所做的一切并非真正行善,只是想在人前装出一副善人的模样罢了。

正是在这种情况下,我不得不停止给某些人钱,放弃了善行,并因此而羞惭万分。为什么会有这种羞惭? 我在农村给穷人钱和其他东西时,在走访城市贫苦居民时,都能体会到这种羞惭的情绪。不久前我又一次体会到这种情绪,这一次我开始搞清楚了产生羞惭感的原因。

这是在农村。我要施舍给一位教徒 20 戈比,但我手头没有钱,就让儿子找个人借一下。他拿来 20 戈比给了教徒,并告诉我是向厨师借的。过了几天又有教徒来了,我又需要 20 戈比。我手头只有 1 卢布,又想起还欠厨师 20 戈比,就到厨房找他,希望他那儿还有零钱。我对他说:"我借了你 20 戈比,这是一个卢布。"话还没说完,他就把妻子叫了过来:"巴拉莎,把钱拿着。"我以为她知道我的意思,就把钱给了她。顺便说明一下,这个厨师在我家已经干了一个星期,他的妻子我见过,但没有说过话。我刚想对她说,让她把零钱找给我,她却低头想去亲吻我的手,显然以为我是把这个卢布送给她了。于是我含含糊糊说了什么就走了出去,我感到十分羞惭;在出来后痛苦得甚至发出了呻吟。这种程度的羞惭让我震惊万分,因为很长时间以来我都没有这种强烈感受了;我原以为到了我这样的年纪,应该再不会产生这种强烈的羞惭感了。我把这一情况说给家里人和熟人听,他们都说有过同样的体验。

于是我想,我到底是什么原因会如此羞惭?想来想去,以前我在莫斯科时碰到的一件事浮现在脑海里,回答了这个问题。平素给乞丐和教徒几个小钱,那不是行善,而是出于礼貌。如果有人向你借个火,你就会为他划一根火柴。如果有人向你要3戈比或20戈比甚至几个卢布,你手头有,就应该给他。这是出于礼貌,而不是行善。我说的这件事是这样的:一天傍晚,我和农民谢苗进城时碰见一个老头,他向我们要钱。我给了他20戈比。我想,在我的影响下,谢苗可能也会给他钱,因为我常讲一些宗教方面的事情。果然谢苗掏出自己的小钱包,在里面摸索了一会儿,拿出一枚3戈比的硬币给了这老头,并要他找回两戈比。这老头让他看看自己的手上,只有两枚3戈比的硬币和1枚1戈比的硬币。谢苗看了一下,本想拿走1戈比,随后又改变了主意,只是脱下帽子,画了一个十字就走了。

我知道谢苗的财产情况:他没有房子,没有任何积蓄。在给这老头3戈比的这一天,他挣了6卢布50戈比,这就是他的全部财产。我的积蓄大约为60万卢布。我有妻子儿女,谢苗也有妻子儿女。他比我年轻,孩子也比我少,但他的孩子还很小,而我有两个孩子已经到了可以工作的年龄;因此,除了积蓄以外,我和他的地位大致相当,也许我的地位还更为有利一些。然而他给了3戈比,我给了20戈比。我要给多少才算是跟他做得一样呢?他只有600个戈比,他先要给一个,后来又给了两个。我有60万卢布,参照谢苗的比例,就得拿出 3000 卢布,让这老头找回 2000 卢布;如果他没有钱找,就把这 2000 卢布也给他,画个十字就走,然后照常地谈谈工人怎样生活、斯摩棱斯克市场的猪肉是什么价格。当时这事让我有所思考,只是过了好久我才从中得出一个必然的结论。正是这一结论,给我解释了我在厨师的妻子面前以及其他类似情况下我感到那样羞惭的原因。

说实在的,平素我给穷人的钱,以及厨师的妻子以为是我给她的钱,大约只是我的金钱的百万分之一。我给的是这样少,以至于它对我来说是没有任何损失的,只能算是我高兴的时候用来消遣的一种方式。厨师的妻子就是这样来理解我的举动的。既然我可以给街上的人 1 卢布或 20 戈比,为什么就不可以给她 1 卢布呢?在她看来,这样给人金钱跟把甜饼扔给他人没有什么区别,这是那些富有的老爷们在消遣呢。正是她对我的误会让我看清楚了穷人们必定会有的对我的看法:"他扔给我们的不过是黑钱,也就是说,不是他辛苦劳动挣来的钱。"

确实,我拥有的是什么钱,这些钱是从哪儿来的呢?一部分钱是从父亲留给我的土地上收来的。农民们为了交这钱不得不卖掉他们最后一头羊。另一部分钱是写书和文章得到的。如果我写的东西是有害的,那就是完全的罪恶,我卖书挣的是黑心钱。如果写的东西于人有益,我不是把这些书拿来送人,而是卖 17 卢布一本;而买我书的是穷大学生、穷教师和其他穷人,他们为买我的书而丧失了自己需要的东西。我就这样获得许多钱。我拿它们干什么用了呢?我带着这些钱进城,让那些穷人满足我的种种欲望:为我扫人行道、擦拭灯具、擦皮靴,在我的工厂打工,我给他们一些钱。为了这些钱,我还会跟他们讨价还价,斤斤计较,也就是尽可能少地给他们钱,尽可能多地获得钱。但我忽然令人意外地把钱白送个这些穷人,并不是所有的穷人,只是凭我一时高兴时想到的人。每个穷人都会期待成为我为了消遣而分给他黑钱的那个人。他们都是这样来看待我的,包括那个厨师的妻子。而我竟然糊涂到把这称为善行:我一手从穷人那里拿走成千上万的卢布,另一手随意扔给穷人几个戈比。这样我当然会羞惭莫名了。

是的,要能够行善,我首先得将自己置身于恶之外,处于不再作恶的境况下;然而我的所有生活都是恶。我就是给人 10 万卢布,还不够资格去行善,因为我还有 50 万。只有在我一无所有时,我才可能去做一点善事,哪怕是像那个妓女一样,花 3 天时间去照料一个病女人和她的孩子。然而我却认为这是一个不足称道的小事。我哪里有资格去做善事?在利亚平旅馆我看到那些饥寒交迫的人时的感受是对的:对此我是有罪的,不应该有这样的生活。

——《那么我们应该怎么办》

13.我为什么不能接近穷人

在回顾自己同城市贫民相处的情形时,我发现无法帮助他们,其中一个重要原因是他们不能以诚相待,不愿意对我说真话。他们没有把我看成一个人,而是当作一种手段。我无法接近他们。当时我以为是自己不善于与人相处。但听不到他们的真心话就无法帮助他们,因此我有些责怪他们。后来我遇到一位高人,就是在我家做客的秀塔也夫;他的一番话让我茅塞顿开,明白了自己为什么遭遇失败。不过这番话的全部意义是我在以后才逐渐体会到的。那是在我妹妹家,妹妹问起我的事情,我就说了起来。正像人们常做的那样,越是对自己的作为缺乏自信,就越是在口头上说成一套一套的;我说了自己是怎样关心莫斯科方方面面的贫穷情况,怎样收养孤儿和老人,怎样把流落莫斯科的贫穷农民送出这个城市,怎样让行为堕落的人改过自新,等等。我口若悬河,滔滔不绝。妹妹很赞同我的做法，我们的谈话十分融洽。在谈话过程中我时不时地看看在场的秀塔也夫。我知道他对人充满仁爱之心，平时过着基督徒的生活，因此希望能得到他的赞同，在谈话中有许多实际上是对他说的。秀塔也夫就像所有的农民一样，无论在什么场合，都穿一件黑色的短皮袄；他坐着一动不动，好像并没有听我的话，而是落入自己的沉思之中；他的眼神内敛，仿佛在审视自己的内心活动。我说完了以后，就直截了当地问他对这个事情的看法。

他说："这些都是空的。"

我问："为什么这样说？"

他又说了一遍："你的所有想法都是空的，一点用处也没有。"

我反问："怎么没有用处？ 如果我们帮助了几千个，或者只有几百个不幸的人，这怎么会是空的呢？难道福音书告诉我们，给衣不蔽体者衣服穿、给饥饿者饭吃是没有用的事吗？"

他回答："我知道。但你做的不是这么回事。怎么可以这样来帮助人呢？你在路上，有人向你伸手要 20 戈比，你给了他。这就是施舍吗？施舍应该是精神上的，但你给了他什么？你的举动不过是在表示'不要缠着我'而已。"

我说："不是这样的。我们是先去了解他们需要什么，然后再花钱实实在在地帮助他们。我们还给他们找工作。"

他说："像你们这样干，什么也做不成。"

我反问："那么就这样让他们去饿死、冻死吗？"

他反问："为什么要让他们死，难道这样的人有很多吗？"

我感到惊讶："难道这样的人不多吗？"同时在心里想，他这样说大概是不知道这样的人有多少。我接着说："你知道吗？在莫斯科像这样衣不蔽体、食不果腹的人应该不少于两万。何况还有彼得堡和别的城市。"

他笑了笑说："两万？然而我们一个俄罗斯就有多少户农民？

不会少于一百万吧。"

我问:"那又怎么样呢?"

他的眼睛开始放出光彩,显得十分有神:"怎么样?这些农民可以把他们领回家。尽管我不是很富裕,可以马上领走两个。你不是也领了一个小孩到你的厨房干活吗?我曾叫他去我那儿,他没答应。这样的人就是再多 10 倍,我们也能把他们都领回家。他们可以跟我们一起干活,在看我们干活时学会怎样干活,学会怎样生活,我同他们在一个桌子上吃饭,他们可以听到我说的话。你也可以这样做,所有的农户都可以这样做。这才是真正的施舍,而你们干的那些却是没用的事情。"

秀塔也夫的话让我非常震惊,我不能不承认它是正确的,然而当时我却认为,尽管他的话很有道理,我所做的事情也是有益的。然而到后来,跟那些贫穷的人接触得越多,我就越是体会到这番话的深刻意义。如果我穿的是价格昂贵的毛皮大衣,或者骑的是身价不菲的名马,或者那些缺衣少食的人看到我的住宅价值超出了 2000 卢布,那么他们在看到我一时善心大发给了某人 5 个卢布,就会想到,我这样施舍是因为我有很多很多钱,多到花不完的程度,因此给了这 5 个卢布根本就不算什么;他们还会想,我这样富有,是侵占了本来应该属于他们的财产,因此除了想从我手上尽可能多地捞回本该属于他们的卢布,不会有别的什么感情。我想接近他们,责怪他们不能以诚相待。然而我同时又不敢坐在他们的床上,害怕有虱子爬到身上而染上疾病;我还害怕他们走进我的房间,当他衣衫单薄地来到我家时,能让他在客厅等就算很好的待遇的,搞不好会让他待在过道里。然而我却把难以接近的责任放在他们身上,还怪他们不能以诚相待。

一个人的心肠再硬,如果让他坐在一些饿着肚子或正啃一个黑面包的人当中吃一顿十分讲究的 5 道菜,看着这些流着口水的饿汉,恐怕他是难以吃下这顿饭的。为了能够吃得心安理得,首先要躲着这些人,在他们看不见的地方去吃。我们现在做的,正是这样的事情。不仅如此,我们富人的所有生活都是为了尽可能地远离穷人,从吃饭、穿着、居住、清洁卫生一直到教育,都是为了达到把自己同穷人分开这一主要目的。我们钱财的绝大部分都花费在这一点上。一个发财致富的人要做的第一件事就是不再只用一个碗吃饭,而是用一整套餐具来把自己同仆人们分开。他也得把这些仆人喂饱,以免他们的口水流到自己的佳肴上。他一个人单独吃,然而这样有些乏味,于是他又想到用豪华美观的餐桌来让自己赏心悦目。这样,吃饭就成了把他跟别人分开的手段。对于一个富人来说,把一个穷人请到餐桌上共同用餐,这是一件不可思议的事情。他要请的是那些举止优雅的贵妇人,向她们致敬、让座、上菜,请她们漱口。

　　穿着的情况也一样。如果富人只穿那种能遮体避寒的普通衣服如短皮袄、皮大衣、毡靴、春装、长裤、衬衣等,他所需要的东西就很少了,如果他手中有两件皮大衣,就会送一件给那些没有衣服穿的人;然而富人之所以是富人,正因为他的衣服是一整套订制的,每一件都只适合于某种场合穿,因此对穷人是没有任何用处的。例如他有许多燕尾服、背心、西装上衣、漆皮靴、披风、法式皮鞋、拼装的时髦连衣裙、猎装、旅行装等。这些东西在穷人那里一件也用不上。于是穿衣也成了富人把自己同穷人分开的一种手段。

　　居住的情况也是一样,甚至表现得更为明显一些。一个富人要住 10 个房间一套的房子,就得不让那些 10 个人住一间房的人看见。一个人越富有,穷人就越是难以见到他,在他和穷人之间的守门人就越多。出行的情况也是这样。一个赶一辆大车或雪橇的农民,只要有空地方就不会不让走路的人搭一段顺路的车,除非他的心肠太硬。然而如果是一辆富人坐的轻便马车,让人搭车的可能性极小;这车越是豪华,这种可能性就越小。清洁卫生的情况更是如此。那些讲究清洁的富人，特别是女人，在这清洁是通过他人的劳动获得时，真是花样翻新，千奇百怪。如果今天是每天换一件衬衣，到了明天就变成每天换两件；如果今天是每天洗脸洗手，明天就成了每天洗脚，后天就是每天洗澡，而且还得浑身涂满特制香膏。如果今天是一块桌布用两天，明天就成了一块桌布用一天；如果今天是要仆人洗干净手，明天就要他戴上手套，要这戴手套的人把信放在清洁的托盘里送上来。这种清洁卫生除了把富人自己同别人分开，使之无法交往以外，没有其他任何用处。当这种清洁是通过他人的劳动得以实现时，对它的要求是没有任何限度的。

在思考我为什么不能接近穷人这一问题时，我还发现，所谓富人的教养也是同样的东西。老百姓把教养看作衣着时髦、举止得体、讲究整洁，把具有这些特征的人称为有教养者。较上层社会的人所说的教养，除了这些以外，还要加上会弹钢琴、会说法语、写东西时不犯语法错误、在外表上更加讲究整洁。在更为高级的阶层中，教养除了指上面这些以外，还要加上会英语、有大学文凭、在整洁方面还要讲究一些。这三种意义上的教养，并无实质的不同，其作用就是把一个人同其他人分开，为的是不让穷人看见我们富人是怎样每天都在过着节日般的生活。然而这样并不能够躲避他们，他们是看得见的。

因此我相信，我们富人之所以无法帮助城市中贫穷的人，是因为我们无法接近他们；而之所以无法接近他们，是因为我们自己的生活方式以及我们那些财富的种种用途。我看到在我们富人和穷人之间有一堵墙，这堵墙就是我们用自己的财富造成的所谓清洁卫生和教养。为了帮助这些穷人，我们必须首先推倒这堵墙，也就是按照秀塔也夫所说的办法，把穷人领回自己的家。

——《那么我们应该怎么办》

二、我看爱情、婚姻和妇女

1.我对爱情的体验

爱情跟宗教一样，是一种纯洁崇高的感情。我还没有体验过我从书本上所读到的那种爱情。我喜欢吉娜达，她是贵族女子中学的学生。但我还不太了解她。我在喀山待了一星期。如果当时有人问我为什么要待这么久，是什么原因让我想到快乐和幸福，我不会回答是陷入爱河了，因为那时我还感觉不到这一点。这种"感觉不到"恰恰是爱情的主要特点，是其魅力之所在。那时我的心情特别舒畅。我没有感到那种卑下欲望的压力，这种压力会毁掉我生活中所有的快乐。我同她的谈话中没有一句涉及爱情，但我相信她是知道我的感情的；如果她也爱我，那是因为她理解我。爱情在其诞生之初是完全纯洁和崇高的，以后的现实才会毁坏它的天真无邪。我跟吉娜达的关系就停留在纯洁的两情相悦阶段。吉娜达，也许你对我的爱有所疑虑，这都怪我，请你原谅，其实当时我多说一句话就会让你相信我的爱。

莫非此生再也见不到她了？莫非在某一天我会听说她跟一个叫博科托夫的人结婚了？或者更让人难受的是，我会看到她头戴一顶十分可笑的包着头发的帽子，尽管她的眼神仍然是那样聪慧、乐观、开朗、一往情深。我不会放弃跟她结婚的打算，不过我还不能确信这会让我幸福。我确实已坠入爱河,不然的话怎样解释这些让我兴奋不已的愉快回忆、我只有看到美的东西时才会有的目光呢?是否要给她写封信?我连她的父名都不知道,这也许会让我失去幸福。我自己也不清楚什么是幸福,为了它我应该做些什么。吉娜达,你是否还记得那个大主教花园,那条曲径通幽的小道?当时我几乎就要脱口而出"我爱你",我感到你也是一样。但你知道我为什么没有开口吗?那是因为当时我简直是太幸福了,不敢再做什么,以免破坏了我的(不,应该是我们的)幸福。这一情景被永远定格为我一生中最美好的回忆。一个人往往有爱慕虚荣、十分无聊的毛病。有人问我在喀山度过的那段日子,我很随便地回答他:"啊,就一个省城来说,那里的社交场合还不错,我很快活。"这话说得太虚假了,不是心里话。跟你爱的人在一起,住草棚也等于是在天堂;有人认为这话是不真实的。这当然是真实的,跟你爱的人在一起,不仅是住草棚,无论在什么地方都等于是在天堂,这是真的,千真万确。

(1851 年 6 月 8 日)

——《日记》

我从未爱过女人。只是在十三四岁时,我体验到一种强烈的感情,有点类似爱情,但我并不认为那是真正的爱情,因为我的对象是一个长得肥胖的女仆,尽管她的脸看起来还不错;何况对一个 13 岁到 15 岁的男孩来说,一切都是模糊不清的,情欲特别旺盛,却不知道怎样运用。

其实我最初爱恋的对象是男人,最早有普希金两兄弟,后来有萨波洛夫,再就是捷宾和杰雅科夫,然后是阿波林斯基、布鲁塞弗、伊思兰,此外还有戈杰等许多人。这些人中,至今我仍然爱恋的只有杰雅科夫。我的爱恋之情主要表现为生怕得罪了对方,也

就是怕他不高兴。对方能够感受到这一点，我发现他们看我的那
个眼神是很难受的样子。如果我在对方身上发现不了自己所希望
的精神条件，或者彼此产生了争执，我往往对他产生敌意，不过这
种敌意是建立在爱的基础上。我对自己的哥哥就没有这种爱恋。
为这些男人，我往往会嫉妒那些跟他们一起的女人。在我看来，理
想的爱情就是为了对方而牺牲自己。我体验过这种感情。我爱恋
的通常是那些能够冷静待人并看重我的人。随着年龄的增长，我
的这种感情就越来越少了。

（1851 年 11 月 29 日）
——《日记》

对于性欲，越加控制就越是强烈。性欲有肉体和想象两方面
的原因。对于肉体的控制比较容易，而对抗同时作用于肉体的想
象就比较困难。要对抗它们只有通过劳动和工作，包括体力活动
如做体操和脑力劳动如写作。其实这种欲望很正常，只是我所处
的状态有些不正常：23 岁，单身，因此才把它看成是不好的事情。
我只有加强意志力和向上帝祈祷，才能帮助自己摆脱它的诱惑。

（1852 年 3 月 20 日）
——《日记》

你要写我的传记，这让我感动。我很愿意帮助你。关于我几次
恋爱的情况述之如下：

最早体验到的强烈的爱，是孩童时期对索尼卡·克洛什娜的
爱。然后应该是对吉娜达·莫罗斯托娃的爱，不过那只在我的想象
中，她并不一定察觉到。以后是对一个小城的哥萨克女子的爱，我
的小说《哥萨克》中描述了有关的情景。再往后是在上层社会交往

中对谢巴托娃的爱，她也不一定察觉到。我这个人一直都是很内向和腼腆的。后来有对埃赛尼耶娃·瓦列利娅的爱，这是我最重要的恋爱，我是很认真的。她还健在，住在巴黎，后来她嫁给了奥尔科夫。当时我几乎成了她的未婚夫，我俩已经到了谈婚论嫁的地步。我这里还保留着以前写给她的一些信。我让塔尼亚抄下后给你寄去。

　　我的日记是不随便抄写给人看的，因为有许多内容是不能示人的，不过很有意思，我会告诉你的。有一种在污泥浊水中追求纯洁的愿望。我一定会告诉你一些事情。不是对女人的爱情，而是对一般的人和孩子的爱给我的生活带来光明。在经历了以前的黑暗岁月后，这样的光明尤其显得难能可贵。

（1903 年 11 月 27 日）

——《给彼留科夫的信》

2.情书

　　想到我昨天给你的信，心中很难受，现在都不知道写什么好，但我还是得写，仅仅在心里想念你是不行的。寄去几本书，希望你喜欢，可以先看短篇的童话，它们都写得很美。看后请把你的真实想法告诉我。你弟弟的事我还没来得及办，给他的书也只有下次再寄。波拉文确实是一个无赖，想到一位淑女会嫁给他，就令人发指。如果这门亲事是真的，回信时告诉我一下，我要给拉扎列契娃写信说说这事。这段时间我只见到一些文学界的朋友，但我喜欢的很少；其他方面的朋友我一概不见。今天同伊凡一起工作了一晚上，我向他口授自己的小说，感到很满意。不过我怎么总是在谈自己呢？上一封信也许会让你对我有想法，甚至有点恨我吧？寄的书中还有屠格涅夫的小说，如果不觉得枯燥，也可以读一读。我觉得写得挺好，不过你还是要实话实说，不管跟我的看法有多大不同。你为什么不给我写信？就是写像我这样让人不愿看的信也是可以的。确实，科思津卡并不爱你，我是说他并不把你当回事。不过他的人品还不错，这是我以前没有看到的。他有了较大变化，弄懂了《圣经》上的话，也就是弄懂了什么是善。你还记得我常跟你说的那些话吗？你也会弄懂的，不过还需要一些时间。这样的真理必须历尽磨难才能获得，他经历了这一过程。而你还没有真正地生活过，没有真正的享受和痛苦，只有一些表层的悲欢。有的人一生都未曾品尝精神上的享受和痛苦；我觉得你就是这样的，而这让我十分难过。请回信时告诉我，你明白我的意思吗？你是不是这样的人？无论怎么说，你都是我亲爱的人。为什么不给我写信呢？如果没有你的回信，特别是对我第二封信的回复，我是不会对你诉说关于我们在一起生活的设想的。不过说实话，现在我的心境已经比较平静了，对你的思念不再那么强烈，但仍然比我曾有过的对任何女子的思念都多得多。请你在回信中真诚地告诉我，你对我的思念达到什么程度。我对你的特殊感情是对其他任何人都没有的：只要碰到不愉快的事情诸如失败、自尊心受挫等，我就会感到："这没什么，还有一位姑娘在等着我呢，一切都没有关系。"这是十分美妙的感情。你近来怎样，在工作吗？看在上帝的分上，给我写信吧。请不要对"工作"二字嗤之以鼻，做一些有益于人的工作是很有必要的，即使是小事如削一根木棍也是好的，它是一个人精神充实、生活幸福的前提。拿我来说，如果今天工作了，就觉得心里一片宁静，有一点喜悦，但不是骄傲，而是感受到自己的善良。这样，今天写的信就不会像昨天那样让你生气了，因为今天我满怀对这个世界的好感，满怀对你的深情——这是我希望自己一生都保有的。如果你能像我一样从痛苦中感受领悟出一个信念，那有多好！这一信念是：一个人的最高幸福来自三个东西：劳动、忘我和爱。我心中一直都有这一信念,尽管很少有机会按此生活;而你具有纯真的天性,如果愿意的话,是可以全身心地投入这一信念中去。如果我们能够以这一信念结合在一起,那就幸福极了。再见吧,这里语言已经不起作用,而只有静候上帝的暗示。亲爱的,愿上帝与你同在。直到现在我都不知道你带给我的更多是什么,是精神上的痛苦还是享受;但无论是什么情况,我都对你满怀感激之情,尽管此时看起来我显得是那么可笑。

看在上帝的分上,一定要天天给我写信。不过如果不想写,那就算了;不,还是要写,就写"今天是多少号,不想给你写信",然后寄出。看到这样的信我也会感到高兴。写信时不要编一些话,不要重新看一遍,瞧,我就是这样写的。在你面前,我唯一能夸耀的是自己的坦率真诚,而你更应该这样;比你聪明的女子我见得多了,但比你更真诚的女子我还真没有见着。我认为聪明过了头则让人生厌,而真诚是越充分越好。你瞧,我是太想爱你了,因此才告诉你,怎样才能让我爱你。说实话,我对你的感情主要的还不是爱,而是想去爱你的强烈愿望。

看在上帝的分上,尽快给我写信,尽可能多写一些,尽可能写得虽不流畅但更加真实。如果既热爱劳动又愿意去爱人,为了爱而去劳动,那么生活就是美好的。如果你想写什么又下不了决心,也请给我一点暗示,最好是想到什么就写什么。我就是这样的,因此对你说了许多毫不客气的话,而你却从来不这样。

(1856 年 11 月 9 日,彼得堡)

11 月 15 日的信收到了,写得很好,很美妙。小鸽子,这样称呼你,不会生气吧?这个称呼十分适合此时我对你的感情。你就是可爱的小鸽子,在跟你谈话时我就想这样称呼你,你就用这个名字吧。这封信可能不会写得很长(当然如果停不下笔那就是另一回事),因为我的事情特多,而且时间紧迫,让人头疼,弄得我数日夜不能寐。你的来信给了我安慰:不管这些事,只要有你爱我,只要你像我所希望的那样美好就行了。从你的信中我发现,你是爱我的,同时又更认真地理解生活,一心向善,反省自己,不断走向完美,并且乐在其中。这条道路是无止境的,即使到了另一个世界,它还会继续下去;这条道路又是如此美好,只有通过它我们才会获得幸福。我的小鸽子,愿上帝保佑你,往前走吧,热爱人吧,不仅爱我一个人,还要爱整个世界,爱所有的人,爱自然、音乐、诗歌,以及所有美好的东西;要让自己的智力进一步发展,为了能够更多地理解世界上所有值得去爱的东西。一个人生活的主要任务和幸福就是去爱。也许下面的话还不太适合我们现在的关系,我还是说一下:一个女性发展自己还有一个重要的理由,就是除了做一个妻子,她主要应该做母亲;而做母亲并不是简单地生育子女,你明白这两者的区别吗? 小鸽子,我要对你的一些说法提出一点质疑,希望你不会生气。

　　首先,你总在说自己的爱是纯洁的、高尚的。这就相当于说你的鼻子和眼睛是很美的,而这是应该由别人去说的,不应该由自己说。其次,你对我们未来的生活做了很好的补充,但有一点不怎么好,就是你希望住在农村,同时又能常到图拉城去。上帝保佑,一定不要这样。与世隔绝的乡村生活是你无法承受的,而同图拉人的往来会让你染上外省习气,这是很糟糕的。如果我们染上这些习气,很容易相互敌视。这样的例子我看到很多。例如我的姑妈就有这种外省习气,因此我对她颇有腹诽。而我们不能也变成这样。我们要么不跟任何人打交道,要么就跟俄罗斯最优秀的人来往,我指的并不是沙皇宠信的人或很有钱的人,而是指富有智慧和教养的人。我们应该住在第四层楼,同我们往来的是那些最优秀的人。一定不要住在乡村,以免像图拉的亲友那样庸俗,那样多余,当然也不要同他们往来。我曾说过,跟多余的人打交道总是有害而无益的。再次,你说自己有鉴赏力,我也不能完全认同。我是说,在这一方面你还不能把握分寸。例如,你所中意的带白花的淡蓝色帽子确实很不错,但它适合于那些坐英国式马车、住在装饰豪华的高楼之中的女性,而不适合于一个住在十分简陋的四层楼上、坐俄罗斯式四轮马车的女性,如果她是住在乡村、坐乡村大马车,那就更不合适了。有一种优雅是简洁朴素,也就是衣着、指甲、头发等十分整洁,我很认可这一种优雅。那种过于花哨的优雅对于长相难看的小姐来说固然显得可笑,还可以说是情有可原;而对于你这样一个容貌秀美的女士来说,如果也讲究这种优雅,那就是不可原谅的了。如果我是你,我就会选择朴素的化妆,不过在细节上还是讲究的。最后,你很乐于逛中心商场。我的上帝!不过我还可以忍受,因为你还没有打算去图拉兵工厂学习音乐。

跟你在信中表现的真诚和爱相比,以上这些都不算什么。愿上帝保佑,我的上述意见不要破坏了你的真诚。给你写信是太让人高兴的事了。小鸽子,再见,再次喊你小鸽子,喊一千遍,不管你是否为此生气,反正我已经写在这里了。愿上帝与你同在。

(1856 年 11 月 23 日)

你 12 月 1 日和 12 月 29 日的信我昨天一起收到了。你在这两封信中都希望我去安达卢西亚。你还说,如果我爱你,就应该连缺点一起爱;你喜欢在人前显摆、被人喜欢;像我说的那种人生道路,只有十多岁的小姑娘或三十多岁的中年妇女才会考虑;等等。这些都写得很好,很可爱。如果情况是,我已经结婚,或者你也已经嫁人,或者你的父亲铁了心不把你嫁给我,那么我可以放任自己的感情,不管不顾地爱上你,那种狂热甚至会吓着你。然而实际情况是,我们的目的不仅仅是享受爱情,我们还要共同生活一辈子,共同承担婚姻赋予的义务,为此必须加强自己的修养,让自己做一些改变。拿我来说，我很自私，近半年来我不断地对抗着自己，改变着自己一些不好的习惯；而你并不自私，但你只想享受爱情，不愿为此而做一点自我修养，不愿牺牲任何一点享受。如果我处在你的地位，也会像你一样做，也就是放任自己的感情，享受爱情，而不考虑以后可能发生的一切。尽管如此，你还是那样可爱，非常可爱，因为你是那样真诚和温柔，虽然对于温柔我没有太高的要求，仍然十分珍视这一品质。再谈谈对将来的想法。做家务、弹琴、管理农民、阅读，这些只是我对你的建议，让你感受生活的美好，而你也许会找到更称心如意的事情去做，也许有许多事让你感到不如意……这都应该由你来定夺；即使是喜欢去逛中心商场，你也会成为一个好妻子。不过爱她的丈夫见到的事情也许比她多一些，有责任向她提出建议，怎样才能获得爱情，以免她暗自摸索，犯一些他以前犯过的错误。但这只是一些建议，无论她是阅读还是逛街，他都既不会更高兴一些，也不会更难受一点，而是她自己可能有不同的感受。至于参加社交活动，那就是另一回事了。在这种场合我总是觉得不舒服，很不舒服，我不得不跟那些让人讨厌、无聊的人打交道，白费时间，还得改变自己的生活方式，放弃美好的东西，也就是自己的工作。尽管我很自私，但我从未向你提出类似的要求，也不会提这样的要求。你说得很对，穿得像个老太太跟我有什么关系？你还说，我的要求高到无法达到的地步，我总在给你出难题，而且越来越难，我总在拿走错路来吓唬你；我确实说了这样的意思。不过我还是希望你不要忘记我说的那条道路，不要离开那条道路。而社交活动，即使是图拉的社交活动，也跟这条道路背道而驰。亲爱的小鸽子，请认真想一想，并把你的想法如实地告诉我。如果现在你认为放弃社交活动是一种牺牲，那么我相信你在享受另一种更为高尚的快乐时，就会忘掉这一牺牲，并且还会嘲笑它。就你的年龄和修养水平而言，你把生活看作一种享受，这很有道理；而我把生活看作劳动，看作更为高尚的快乐,也是有道理的。只要你不是那么浅薄和无聊,也会这样看待生活的,不过也许得过一段时间,等到我已经把生活看作一种负担的时候。如果两个人对生活的看法不同,就无法真正相爱;如果我们已经结婚,那是可以相爱的,不过在一起生活时又会感到痛苦。看来我们之间只有两条路:要么你努力赶上来;要么我退回去同你在一起。后一条路是不可能的:因为我无法后退,我知道只有向前才会有光明和幸福。快些前进吧,我一定尽力帮助你;也许在这一过程中你会感到费劲,但我们会到达幸福的终点,彼此爱恋,生活安宁。

(1856 年 12 月 7 日)

——《给瓦·弗·埃赛尼耶娃的信》

3.我的婚后生活

我同妻子的关系很好。情绪的变化并不让我感到惊讶和担心。但有时,例如今天,我担心她由于年轻而对我心中许多东西既不理解也不喜欢,为了我而压制自己的许多想法,并不自觉地把这种牺牲算在我的账上。

(1863 年 1 月 23 日)

以前那个让我喜欢和理解的自己到哪里去了?那个愿意自我袒露、让我既高兴又担心的自己到哪里去了?我变成了一个谨小慎微、无足轻重的人。自从跟我所爱的女人结婚后,我就成了这样的人。这个本子里写的东西几乎全是不真实的、虚假的。只要想到她随时可能在我身后看我写的东西,我就无法真实地写下去。今天她同艾伦温在一起时谈性大发,显然要引起对方注意,这是一个疯狂的夜晚,我忽然恢复了写真话的勇气和力量。只要她看到这段话会说:"啊,他这是嫉妒了。"能安慰我一下,就会让我的心情平静下来,重新回到已经有 9 个月的平庸生活之中,而这种生活是我从来就深恶痛绝的。本来这 9 个月是可以成为我一生中最美好的岁月,却被弄成最糟糕的日子。我到底需要什么?我要幸福,既为她也为自己,但这段时间我却极其厌恶自己。就到这里吧!然而这话我已写过多次。上帝,帮帮我吧!让我永远这样意识到你的存在和力量。这是一个疯狂的夜晚,也许我在无意中又得罪了你。这太可怕了,求你不要怪我,一切都会过去的,我不可能不爱你。

需要说清楚的是,由于她会看我的日记,我倒不是不写真实的话,而是有选择地写真话;有些话如果是只为我自己写的,也许我就不会去写它了。一个无足轻重的外人就可以逗她高兴,我可以理解这一点,尽管很难忍受,我也不应该感到对自己不公平,因为 9 个月来我自己就是一个无足轻重、最怯懦无聊和平庸的人。

今天的月亮很好,我的感情得到了升华,但以后会怎样,谁也说不清楚。我想,在精神世界也存在着类似地球引力的规律。雄蜂总是朝着太阳飞,而雌蜂则在避光处劳作和生殖,在阳光下它们交配和游戏(也就是我们人类所说的闲暇娱乐)。明天我要开始写作。

接着写日记。我认为自己的幸福就是妻儿健康和拥有财富这些物质性的东西,这是十分可怕、极其荒谬的。一个人可以拥有这一切,却并不幸福。上帝啊,帮帮我吧!

(1863 年 6 月 18 日)

现在我写日记不像以前那样只为自己写,也不像不久以前那样为我和她而写，而是为了他——我的儿子而写。6月27日晚，我和她的情绪都很激动。她肚子疼得厉害，死去活来，刚开始还以为是吃浆果吃坏了肚子的缘故。到早晨她的情况更加糟糕，5点钟我们醒了，头天晚上我们商量好由我去接家里人来。她穿一件很宽松的袍子，情绪烦躁，大声喊叫着，痛过一阵后她显得好一些，脸上有点笑容了，还说这没什么。我安排人去请安娜来，主要是要做一点事，并不认为这样做有什么用处。我虽然情绪激动，却没有任何不安，只是在做一些琐事，这就像一场战役开始前或濒临死亡时感受到的一样。由于没有什么特别的感觉，我对自己十分不满。我想去图拉把事情办得更好一些。

　　我和塔尼亚、萨莎一起去图拉，我们都觉得有点不自在。我感到自己心情平静，又觉得这样是不应该的。在图拉，让我感到奇怪的是，科普洛夫似乎没把生孩子当回事，仍然像往常那样大谈政治，药房的店员给我们包好了几种药。我们带了接生婆玛利亚·伊万诺夫娜回到家里。乘车到家时，没有见到一个人。由于她感到害怕，姑妈本来是不让我出门的，她很担心，现在匆匆从卧室走出来，神情不安，问我："怎么样？亲爱的，你回来太好了，她刚刚发作过阵痛。"我走进卧室，我的爱妻显得十分坚强和感人。她穿一件宽松的袍子，胸怀敞开，里面是一件镶着边的衣服，头发散乱，粗糙的脸上泛着红色，两只眼睛大大地瞪着，就像火一样燃烧。她来回走着，看到我后就问："请来了？"我回答："请来了。你怎么样？"她说阵痛很厉害。安娜不在场，阿克希尼娅来了，她吻了吻我，显得十分平静。大家都忙碌着，索菲亚又开始了阵痛，她紧紧抓住了我。我像早晨一样吻着她，但她并没有注意到我，精神处于紧张状态。她在接生婆的陪同下走进卧室，然后又出来对我说，分娩就要开始了，表情庄重，充满喜悦，就像一位被捧红的演员站在幕布即将打开的舞台上。她不停步地来回走着，在衣柜前做着临产前的准备，过一会儿就往下蹲一下，面部表情庄严而宁静。她又出现了几次阵痛，每次我都去扶着她，感到她在发抖；她的表情给我一种十分陌生的感觉，跟以前完全不一样。在她两次阵痛的间隙，我在屋里来回走动，把一个大沙发搬到她的房间，我就是在它上面出生的，同时心中有一种无动于衷的感觉，并因此而羞愧和自责；我想把一切都做得更好、更快和更多一些。她被他们扶着躺下了……我不能再写下去，这对我是一种难以忍受的折磨。

她脾气越来越大，我发现她就像波莉卡姑妈和玛什卡妹妹一样爱唠叨、态度粗暴地摇着铃。不过这只是在她身体不好的情况下才发生的。我很担心自己会对她不公平和无动于衷。她听别人说，一个丈夫不会喜欢有病的妻子。她记住了这句话，心安理得地认为错不在自己。也许她从未爱过我，只是由于迷失了方向才嫁给我。我再次读她的日记，从那些柔情蜜意的话语背后隐隐约约可以感觉到一种对我的敌意，在生活中她也有类似的表现。如果真的是这样，如果对她来说结婚是一个错误，那就太可怕了。我放弃了一切，不是像其他单身汉放弃的只是自己的享乐生活，而是放弃了所有的爱情、思想和为民众的活动，为的是换来一个家庭的温暖，然而结果却是陷入数不清的烦琐事情之中，例如痱子粉和果酱等，还有无穷无尽的唠叨，没有爱，没有宁静的气氛，没有真正的家庭幸福。如果说还有什么，那就是偶尔激发的恋情和接吻而已。我很难过，不相信真的是这样；如果情况并非如此，我就不会整天心情沉重和焦虑了。

一大早我心情很好，回到家中却看见她在大发脾气，而女仆杜塞卡为她梳头，我脑海里浮现出妹妹发脾气时的形象，于是原有的快乐心情荡然无存；我就像一个被蛇咬过的人，看到什么都害怕，只有孤身独处时才觉得好一些，有些诗意的存在。她习惯性地给了我一个温柔的吻，然后就开始了对杜塞卡、姑妈、塔尼亚和我，以及对所有人的指责，为了一点小事。我很难忍受这一切，在我看来，她的行为不仅显得恶劣，而且十分可怕。为了我们的幸福,我什么都可以做,然而她却把我们的关系弄得十分庸俗和卑下,好像我对于一匹马或一个桃子都十分计较。很难解释为什么是这样,也不必解释。……一旦她对我有一点理解,表现出一丝感情,我就觉得很幸福,觉得她跟我是一条心的。一个人希望什么就会相信什么。也许我唯一感到满意的是,为此受苦的人只有我一个。她跟我妹妹一样,有一种病态的盲目自信,再就是把自己的不幸看成是宿命。

现在已是深夜 1 点,我不能入睡,也不想带着这种感觉去她房里睡。有人在场时她总是哼哼唧唧的,这时却安然入睡,打着呼噜。到醒来的时候,她又该说我这不对那有错了,甚至连我要她给孩子喂奶也被说成是奇思怪想。我没有让她看我写的日记,不过日记里也没有写下所有的真心话。最让我难受的是,无论我心中对目前的状况是怎样厌恶,都只能默默承受,不能说一个字。现在无法跟她进行任何沟通,不知是否还有可能向她解释清楚一切。看来她并不爱我,过去是这样,现在还是这样,我已经开始对此习以为常了,不过她为什么要这样骗我呢?

(1863 年 8 月 5 日)

一切都过去了,那些都不是真的。我因为她而感到幸福,尽管我对自己还不满意。我无可挽回地迈向死亡之旅,然而我并不想死,我希望永恒的存在。不必选择了,其实选择早已做出:文学、艺术、教育和家庭。我的敌人是自身的胆怯、懒惰和软弱,以及做事有始无终。

(1863 年 10 月 6 日)

差不多有一年没写日记了。这一年过得很好。我跟索菲亚的关系不但已经确立,而且得到巩固。我们彼此相爱,也就是说,爱对方超过世界上其他的人,彼此以诚相待,没有任何秘密,没有任何对不起对方的事。我开始写长篇小说,已经有 10 个印张,正在修改。写作过程艰难。我已不大关注教育方面的事情。儿子很少同我亲热。关于母亲的日记已经开了个头,写索菲亚,应该继续写下去,为了孩子们。

（1864 年 9 月 16 日）

——《日记》

4.夫妻之间的一次争吵

（昨晚的谈话和争吵对我的影响很大,要超过她最近一次出走。要叙述这个谈话的内容,首先要说明,白天我去了玛莎的庄园,夜晚 11 点才回到家里。并不是说我有多辛苦,其实这次外出我的心情很好,不过还是有些疲劳,我骑马走了将近四十里路,而且没有睡午觉。毕竟我已年近七十岁了。由于白天同你的谈话、疲劳以及好的心情,我一回家就躺下睡觉了;我不想再谈过去的事情,就像你安慰我那样,让它们自然结束。我和她躺下了,有一阵谁都没有说话,然后她开口问我。）

她:你到普洛格后,在谢辽沙面前骂了我吧?

我:我没有跟谁谈到你,跟女儿塔尼亚也没有谈。

她:但你跟我妹妹谈过吧?

我:谈过。

她:她怎么说?

我:就像跟你说的一样。……在我面前她为你说话,可能在你面前也会为我说话。

　　她：对，她对我十分苛求，太苛刻了。我做什么了，她要这样对待我？

　　我：我求你不要再说了，上帝保佑，一切都会平静过去的。

　　她：我不能不说。我太难受了，总是提心吊胆的。如果他来了，我们又该闹了。他并没有说什么，不过有可能顺便到这里来。

　　（他要来的这个信息，跟以前一样让我难以忍受。本来我不去想这些事的，现在却让我无法入睡，我没有立即回答她的话，过了一会儿还是忍不住说了起来。）

　　我：本来我想平静下来，你却让我去面对那令人不快的事情。

　　她：有什么法子呢？他已对塔尼亚说了，有可能来。尽管我没有邀请他，他可能顺便来这里。

　　我：重要的不是他来不来，甚至也不是你去了他那里一趟，而是你对自己感情的态度，这话我在两年前就对你说过。如果你承认自己的感情是不好的，就不要去想他来不来，也不要去提起他。

　　她：那么我现在应该怎么办呢？

　　我：从内心为这种感情忏悔。

　　她：我不会忏悔的，也不明白你这样说的意思。

　　我：那你就自己反省一下，你对他的感情是好还是坏。

　　她：我对他没有感情，好的坏的都没有。

　　我：这不是真的。

　　她：这种感情是无足轻重的。

　　我：无论什么感情，包括那些无足轻重的在内，都有好坏之分，因此你应该明确判断，它是好还是坏。

　　她：没有必要做判断，它太无足轻重的，不可能是坏的，它确实没有什么不好之处。

　　我：你说得不对。一个年纪很大的有夫之妇对一个本不相干的男子产生一种特殊感情，这就是坏的。

　　她：我不是对一个男子产生感情，而是对一个人有感情。

我：但是这个人是男人。

她：对我来说，他不是男人，没有任何特殊的感情；我只是在很悲哀时，从他那里获得音乐的慰藉，对他这个人并没有什么特殊的感情。

我：为什么说这种假话？

她：好，我承认有这种事。我顺便去了他那里一趟，让你生气，这很不好。但现在一切都结束了，我会尽可能地不再让你生气。

我：你做不到这一点。问题不在于你做什么，你去不去他那里，或者接不接待他，而在于你怎样对待自己的感情；你应该自己做出判断，这感情是好还是坏。

她：但根本没有这种感情。

我：这不是真的。你想隐瞒自己的感情，为的是保留它，这就不对了。只要你还没有对自己的感情做出判断，没有认识到它是坏的，我就不可能不痛苦。只要你认为这感情没有什么不好，你就不可能不去满足这种感情，也就是说，想去跟他见面；既然有这种愿望，你就会想方设法去这样做。如果你要控制这种见面的愿望，就会感到苦恼和难过。因此，所有的问题都在于判断这种感情的好坏。

她：我做得不对，让你痛苦了，我很后悔。

我：问题在于你后悔的是行为，而不是支配行为的感情。

她：我很清楚，无论是过去还是现在，我爱你要超过爱其他任何人。我想知道你是怎样看待我对你的感情的。如果我爱别的人，我怎么能爱你呢？

我：你的感情之所以发生分裂，是因为你没有搞清楚自己感情的好坏。一个酒鬼或赌徒固然很爱自己的妻子，却无法戒除酗酒或赌博，因为他没有搞清楚酗酒或赌博是不是一件好事。只有在搞清楚这一点后，才可能戒除这一不良嗜好。

她：又来了，总是这一套。

我：既然已经搞清楚问题的关键就在于此，我就不能再说别的什么。

她：我没有干什么坏事。

（我们的谈话翻来覆去总是集中在一点上。她一再强调，这种感情并不重要，不应受到谴责，也不需要克制。我一再说明，如果一个人内心认为一种感情是好的，那就不可能摆脱它，也不可能避免由此产生的种种行为。）

她：如果我承认这种感情是坏的，那又能怎样呢？

我：你就会克服它，避免由此产生的种种行为，消除一切与之有关的东西。

她：你说这一切的目的就是要让我失去唯一可以得到安慰的东西——音乐。我现在是无路可走了。我十分苦闷，只有弹钢琴才能排遣这种苦闷。可是只要我一弹琴，你就说我的感情有问题；我不弹琴，苦闷难遣，你也说是感情有问题。

我：我只想说一点，你得解决这种感情的好坏问题，否则我们的痛苦是无法消除的。

她：根本就没有什么感情，也没有什么问题需要解决。

我：你这样说就没有办法了。如果一个人的心中没有一个道德法庭向他指示出好坏善恶，他就像一个色盲，无法分清颜色。你心中没有道德法庭，我们就不要再谈下去了，现在已经2点了。

（然后是长时间的沉默。）

她：我扪心自问，我到底有什么样的感情，我想得到什么。我不过是希望他每个月来一次，就像其他熟人一样，来这里坐坐，弹弹琴。

我：你这样说就表明了对他的特殊感情，因为其他人每个月的拜访都不会让你这样快乐。如果每月一次来访会让你快乐，那么每个星期一次，甚至每天一次就会更让你快乐。你在不经意间说出了自己的特殊感情。只要你不解决这感情的好坏问题，一切都不会改变。

她：啊，又是这句话，真让人受不了。别的女人对丈夫不忠，却没有受到这样的指责。为什么会这样？只是因为我喜爱音乐。你可以指责我的行为，但不能指责我的感情，我们无法主宰自己的感情，其实我也没有什么行为。

我：怎么没有？你去彼得堡，去别的地方，还弹琴。

她：我的生活有什么特殊之处吗？

我：怎么没有？你的生活确实很特殊，你已经成了音乐学校的女学生了。

（看来这些话让她十分生气。）

她：你想把我折磨死，要夺去我的一切。这太残忍了。

（她已经有些歇斯底里了。我一直沉默着，然后想起了上帝。我在祈祷，我在想："她不肯放弃自己的感情，我无法用理性来影响她。对她来说，别的女人也是一样，感情是大于一切的，一切都随着感情而改变，跟理性没有关系。……也许塔尼亚说得有道理，这种事情慢慢地会自己过去，以我难以理解的女人特有的方式过去。我觉得应该告诉她这一点，出于怜悯和希望她平静下来，我对她这样说了。我说，我这种提问的方式也许是不对的，她通过自己的方式也许会得出同样的结论来，我希望最后的情况就是如此。然而她这时已经怒不可遏。）

她：你两个小时翻来覆去只说一句话，特殊的感情是好还是坏，把我折磨得死去活来。这太可怕了。你是这样残忍，会把我逼上绝路。

我：我在祈祷，我是想帮助你……

她：这不是真的，你是假心假意，是在骗我。你骗别人去吧，我早就看透了你。

我：你是怎么了？我真的是一片好心。

她：你没安好心。你用心险恶，就像畜生一样。我爱的是好心的人,好人,我不爱你。你是畜生。

　　(接下来她开始了一系列咒骂,对我,对女儿们,既带威胁,又有绝望,说的话毫无意义。她还威胁说,如果我的《复活》中保留那段对女仆的描写,她就出版自己的小说。然后是大声哭泣,又哈哈大笑、自言自语,说些毫无意义的话,还说什么她的头要裂开了,就在头发分开的地方;还要我把她脖子上的血管割开;等等,威胁我的话。我用双手扶着她,吻着她的额头,这样做一向是有效果的。慢慢地她安静下来,开始打哈欠,叹着气,最后睡着了,到现在还没有醒。我不知道这种疯狂状态何时可以结束,看不到事情的尽头。看来她对那种感情的珍视就像对待生命一样,始终不肯承认它是错的。只要不承认这一点,她就不可能不再采取由此而产生的行动,这些行动让我痛苦万分,让我和孩子们十分丢脸。)

(1898 年 7 月 29 日)

——《日记》

5.最后只给自己看的日记

　　我开始写这篇新的日记,只为我自己写的,真正的日记。今天要记下的是,一些朋友猜想说,她现在想用柔情蜜意来达到自己的目的。这几天她总在吻我的手,而此前她从未这样做过;她也不再同我吵闹、寻死觅活了。如果这种猜测错了,请上帝和善良的人们原谅我! 我犯的有些错常常是好意和爱造成的。我完全可以真心实意地爱她,但对列夫就做不到这一点。我也不相信安德烈这样的人身上有着上帝精神的存在。我尽可能地做到心平气和,通过沉默来表明自己的态度。不能让人们失去其心灵最可能需要的东西,我这里说的是可能。只要有这种可能,就不应该剥夺他们对我所提供的精神食粮的需要，即使因此会让安德烈不能纵情声色、列夫不能学完他的雕塑也在所不惜。做自己应该做的事，不去指责他人……早上写。这几天身体有所不适，但心里要舒坦一些。对事态的发展我持观望态度，这样不好。索菲亚完全安静下来了。

契特科夫使得我卷入一场战斗中，感到很累，很烦。我将尽力充满爱心来进行这场战斗。就我现在的状况而言，既不需要做什么，也不需要说什么。今天我清醒地认识到，只要现在这种状态不被破坏，我就应该满足了，此外别无所求。

睡得还可以，但心情还是抑郁烦闷的，深切感受到周围的人没有爱，我自己也没有爱。上帝啊，帮帮我吧！萨莎又在咳嗽。索菲亚对波沙说的总是那些话：嫉妒契特科夫，担心财产受损。真让人难受。列夫想搬到我这里来住，我真受不了。这是对我的考验！早上处理信件。修改校样，写得不好。现在要睡了，心情沉重。我的状态不佳。

不知能否活下去。我十分清楚自己的错处。应该把所有的继承人召集在一起，我当众宣布自己的意愿，而不是像现在这样秘密进行。我写信给契特科夫说了这一想法，他很难过。我去克普纳。索菲亚坐车出来观看，还翻看我的文件，还盘问是谁送信给契特科夫。她还对我说："你私下传递情书。"我表示不想说什么就离开了，不过对她的态度还是缓和的。这个可怜的人，我怎能不对她充满同情呢？给加莉亚写了一封信。

上床睡觉和早上醒来都很痛苦。无法排遣这种心情，在雨中走了一会儿。回家后工作了一段时间。同哥德维泽一起去骑马，心情仍然沉重。收到契特科夫的回信，他很难过。我表示同意他的想法，暂不采取其他做法。我觉得自己很坏，不过感觉到这一点还是不错的。晚上索菲亚送来一张纸条，写的内容完全失去理性，我看了一眼就还给她了。她走进我的房间就不断地讲，我把自己关在房间里，后来又走开，让都赛去她那里。这事会怎样结束呢？只要自己不犯错就行。马上睡觉，不知能否活下去。

　　有些事能够想通一些了。我中止了同契特科夫的来往，这事让我感到羞愧、悲哀和可笑。昨天早上看到她，非常可怜的样子，不带恶意。我喜欢看到她这种状态，她在痛苦而不让人痛苦时，表现得很可爱，我对她充满同情。

　　今天睡在床上时产生了一个很重要的想法。我想以后把它记下来，但我要写时又忘记了，记不起来了。这时我遇到索菲亚，她很快地走着，情绪激动。我很可怜她，让家里人看着她，看她去哪儿。萨莎说她来回走不为别的，就是要监视我。这样我就不怎么同情她了；她这样做是没有善意的，而我还做不到对此无动于衷。我想给她留下一封信，然后离开，却又感到害怕。不过我认为自己的离去可能会让她好一些。看了一些信件，想写《论疯狂》一义，但没有写下去，感到精力不济。现在已是 12 点。总像这样躲着她让我十分难受，也为她担心。

　　读克萨科夫的《妄想狂症》，感到就像说的是她。这书是从萨莎那里拿的，书上标有着重号，大概是她画下的。克洛连科对我说："科夫娜真是个好人！"我感动得要哭出来了。待心情平静下来后我对他说："她是那么爱我，我不能说什么。"他说："但我可以说。"同列夫在一起很难，不过心情还好，感谢上帝。

　　我失去了记忆，几乎完全丧失了，然而我并没有失去什么，反而在意识清楚和精神力度方面得到了很多东西。我感到事情总是有得有失的。

　　今天回想起当初结婚的情况，当时并未沉迷于恋爱，却又不能不结婚，有一种宿命的感觉。

　　同索菲亚越来越难相处。这不是爱，而是对爱的要求，这种要求逐渐转变为恨。自私具有疯狂性。她对孩子的爱是一种动物的爱，不过还是有忘我的成分；一旦失去它，就只剩下可怕的自私，而自私是最不正常的，是疯狂。刚刚同萨莎、米哈伊尔谈了话。都赛和萨莎都不认为这是病。这种看法不对。

昨天早上我感到可怕,但说不出什么原因。她来到花园,在那里躺下。后来她安静下来,我们开始了很好的谈话。她离开时请我原谅,我很感动。

早上我的感受是,我无法忍受下去,必须离开她;同她在一起无法生活,只能感到痛苦。我对她说,我的痛苦在于,我无法对一切都漠然视之。

收到她寄来的信,内容十分可怕。其中一些想法近乎发疯,如说我脑子退化,因此所立遗嘱应为无效;还承认她恨我。收到契特科夫的信,他说大家都希望坚定态度,不再改变。不知我能否坚持下去。

我按原样把照片挂在墙上,因此她跟我吵了起来。我说不能再这样生活下去了,她听懂了我的意思。都赛说,她用来威胁我的是玩具手枪。我并不怕她的威胁,也不去她房里,这样情况反而要好一些。但仍然是十分难的。上帝啊,帮帮我吧!

我处在十分可笑的矛盾状态之中:一方面我能够创造出最为深刻和有意义的思想,另一方面又花费更多时间去跟一个女人斗气。我感到自己在走向道德完善的道路上还是一个初学走路的孩童,而且学得并不怎么好。昨天她又跟回家的萨莎吵起来了,态度十分凶狠,还对玛利亚大声嚷嚷。萨莎今天回去了,而索菲亚表情平静,好像什么都没有发生。她拿出那把小手枪给我看,还扣动了扳机,似乎在吓唬我。我有些可怜她,但同她相处也太难了。上帝啊,帮帮我吧!

早上起来就听到她在谈自己的健康状况,然后是指责我,不停地说,还打断别人的话。不过我也不太好,无法克服自己恶劣的情绪。今天我有着文学创作的强烈冲动,然而由于她的缘故,受她情绪的影响,内心发生冲突,无法专心于创作。不过在这场斗争中获胜要比所有的文学创作都更为重要。

　　她找到我的小日记本，知道我有一份遗嘱涉及我的著作。她怕我不让她出版这些书，由此失去大笔的钱。这个可怜的人，什么都害怕。

　　收到她的信，指责我有关版权的决定，看来主要涉及钱的问题。这样似乎更好，问题就更清楚了。在她说爱我，并跪在我面前吻我的手时，我感到很难受。我下不了决心告诉她要去契特科夫家。

　　晚上跟她的谈话很不愉快。我实在受不了。萨莎谈到版权可卖100万卢布的事情。看看吧，也许事情会更好一些。我只希望自己站在最高审判者面前时，能够得到他的称赞。

　　我和她都表现得很虚伪，这真让人难受。我想做出一副若无其事的样子，却装得不像。总在想诺维科夫建议的事情。我骑马外出，索菲亚在后面盯着，看我是否去契特科夫那里。这里我有点不好意思记下自己做的蠢事：我进行体操锻炼，想让自己变得年轻一点，结果把柜子碰倒了，压在身上，真是自讨苦吃。这也难怪，我这个傻子已经82岁了。

　　心里仍是沉甸甸的。充满疑虑，寻求时机，还希望她的行为能为我的出走提供一个借口，这样的愿望是有罪的，我这个人真坏。还是时时考虑出走的事情，不过又想到她很可怜，我不能这样做。她向我索要写给加莉亚的信。

　　生活越来越成为重负。玛利亚不希望我走，我自己也为这一打算而自责。应该容忍索菲亚，不从外面改变状况，而是从内心改变自己的态度。上帝啊，帮帮我吧！

　　一整夜都看到我同她进行艰苦的斗争，不时醒来，梦中看到的总是这种事。

　　没有什么好写的。只是更加感到羞耻，感到需要采取行动。

　　27—28日，一股力量促使我行动。28日晚我来到奥普京修道院。给萨莎发去一封信和一份电报。

谢尔金科来了。一切都跟以前一样，甚至更糟一些。我只要不犯错就行了。不要怀着怨恨之心。现在我没有怨恨了。

（1910 年 7 月 29 日至 10 月 29 日）

6.我最后的出走

也许我的出走会让你难过，为此我深感抱歉。不过要请你谅解，我确实无法做出其他选择。家里的境况让我无法忍受；除了其他原因，最主要的是我再也不能过以前那种奢侈生活了。我想跟那些同龄老人一样，放弃俗务，远离人群，在僻静之处度过余生。

请你理解我。如果你知道我在哪儿，也不要来找我；否则会让我们的境况更为糟糕，而且也不会让我改变主意。谢谢你和我在一起生活了 48 年，以忠诚待我。请原谅我对你所犯的所有过错；我也同样真心诚意地原谅你可能对我所犯的所有过错。希望你能忍受我的出走造成的新境况，不要恨我。若有事可由她转告，她会知道我在哪儿，但她不会说出这个地方，因为她已经向我保证不告诉任何人。

（1910 年 10 月 28 日）

在目前的情况下，我们不可能见面，特别是我不可能回家。他们都说，要做这种安排，对你是十分有害的，而对我是非常可怕的事情，因为你现在激动异常、十分生气且在病中，这样做只会陷我于更加糟糕的境况之中。你最好是安于现状，适应新的情况，主要是把病治好。

　　即使你不是爱我，而只为了不恨我，也应该为我想一想；这样，你就不会责怪我，反而会帮助我获得安宁、自我克制，让我能过着人的生活，也就不会指望我现在回去。你现在的情绪、你自杀的企图都表明你已经失去了自控能力，我根本就不能考虑现在回去的事情。能让你从痛苦中解脱出来的，只有你自己；同时也可以让你所有的亲人，包括我，从痛苦中获得解脱。请不要一意孤行，非要我现在回去不可；最好是平心静气，凡事不强求，这样就不会徒增烦恼。

　　我在沙莫津诺和奥普京住了两天，现在准备继续出行，我会沿途给你去信。我不能说我住在哪儿，因为这种分离对我和你来说都是必要的。你不要以为，我的出走是因为不爱你。我爱你，而且发自内心地感到惋惜，但我只能这么做，没有别的办法。我知道你信中所写是真心实意的，但你想做那做不到的事情。问题不在于我想要什么，而是你能否冷静下来、理智地对待生活中的一切。现在你还不能做到这一点，因此我无法想象我们很快就生活在一起。在目前这种情况下回到你身边，对我无异于死亡。我认为自己不应该这样做。再见了，亲爱的索菲亚，愿上帝保佑你。生命不是寻常之物，我们不能随意抛弃它。我们无须用时日之长短来衡量生命的价值。也许我们的余生要比此前的生活更为重要，那就好好地过活吧。

（1910 年 10 月 30 日、31 日）
——《给托尔斯泰夫人的信》

　　已顺利抵达车站。可能坐火车去奥普京。凡是给我的信你都要拆开了看。告诉契特科夫，在一个星期内，也就是在 11 月 4 日前，如果我没有取消原来的决定，就把我的声明发给报社。亲爱的，一旦知道我到了哪儿（很快就会告诉你），就立即把所有的情况告诉我：我出走的消息引发了哪些反应，尽可能详细些。

（1910 年 10 月 28 日）

亲爱的萨莎：

　　我们顺利抵达。但愿家里没有太麻烦的事情发生。现在是 7 点半，今晚就住这儿了；要是身体还好，明天去沙莫津诺。我尽量让自己心境平和，不过应该承认，现在我还跟以前一样，在痛苦面前感到惶惑，不过没有在家里时那种羞愧和不自由的感觉。在戈巴乔沃坐的是三等车厢，虽然不很舒适，但我心情很好，沿途所见颇有收获。一路上吃得也很好。马上就要喝茶了，然后去睡觉，我要尽可能地多睡一会儿。我并没有感到有多疲劳，甚至还没有平时那样劳累。在收到你的信后，我再对一些问题做出决定。信寄到沙莫津诺来。如果有急事，可以发电报。告诉契特科夫，让他写信来，他文章中做了标记的地方我已看过了，不过看得比较匆忙，让他寄过来，我再看一遍。告诉玛利亚，我一如既往地感谢她对你的照护。我希望她能够保护你，能让你在冲动时平静下来。亲爱的，话不在多，但要说得柔和而明确。

　　需要寄来或带来的东西是灌墨水的器具（墨水我已经带来了），还有我要接着读的蒙田、尼古拉耶夫的作品，陀思妥耶夫斯基的《卡马拉佐夫兄弟》第二卷和莫泊桑的《一生》。

　　所有给我的信你都要拆开来看，有必要转寄的，寄到卡卢加省邮局沙莫津诺我收。

　　告诉契特科夫，我现在很开心，但对自己的作为又有所忧虑，我想尽可能地把我做的梦和不自觉的艺术构想写下来。我觉得还是暂时不跟他见面为好；他会一如既往地理解这一点的。

　　再见，亲爱的，尽管你喜欢痛哭流涕，还是吻你。

（1910 年 10 月 28 日）

亲爱的萨莎：

　　谢尔连科会告诉你所有关于我的情况。我痛苦极了,心情十分沉重。最重要的也是最困难的,是不能做违反上帝意志的事情。我有罪过,以后还会有,只是希望能少一些。

　　这也是我希望于你的;我知道,现在你身上的担子已经超出了一个年轻人通常能够承受的。我没有做任何决定,也不想去做决定;我只是尽可能地去做我该做的事,不做那些不该做的事情。你可以从我给契特科夫的信中看到,我不是在充当一个旁观者,而是亲身去体会我所关注的东西。我希望塔尼亚和谢辽沙能够给她以好的影响。最重要的是,他们应该明白,并且还要让她明白,她对我的监视、偷听、无休无止的责难、随意指使、不断地控制、对我亲密朋友的敌视、向我表露的恶意以及虚假的情意,这都是我深恶痛绝、无法忍受的。如果说有谁应该跳河自杀的话,那应该是我,而不是她。我只有一个愿望,那就是摆脱她,摆脱她的假话、虚伪和仇恨。当然他们不会这样去说,但可以让她明白,她对我所做的一切,不但不是爱我,反倒是像要把我置于死地一样。也许她会达到这个目的,因为我期待着自己的病第三次发作,那时我就获得解脱了,从她那里解脱出来,从我和她一起的可怕生活中解脱出来,我不愿重新回到那种可怕的境况之中。

　　亲爱的,你看,我有多么坏。在你面前我毫无隐藏。

　　现在我还不打算让你来,一旦需要你来,我就写信给你;我想快了。回信时告知你的身体情况。

　　吻你。

（1910 年 10 月 29 日）

——《给小女儿萨莎的信》

　　见到阿廖沙·谢尔连科十分高兴。但他带来的种种坏消息让我感到意外、痛苦和震惊。现在我还等待着家里人商量的结果，希望是一个好消息。不过现在我会受到人们更多的指责和敌意，因此，更不可能回到以前的生活之中。我不会去进行任何谈判，一切顺其自然，只要尽可能地少犯过错。

　　谢谢你写信给我，派尔连科来，还给萨莎写了信。

　　我的身体和精神状态都不怎么样，比较虚弱，也感到压抑。

　　可怜的萨莎，可怜的谢辽沙和塔尼亚，可怜的你和玛利亚，还有最为可怜的她。希望我的怜悯之心没有掺杂任何过去的成见。这里也没有多的可说。

　　再见。谢谢你对我的爱，这是我倍加珍视的。

（1910 年 10 月 29 日）

亚辛基·契特科夫急电

　　昨日病，乘客见我病重下火车。我怕此情况被外传出去。今日略好，继续出行。请速想法，回电。

（1910 年 11 月 1 日）
——《给契特科夫的信和电报》

亲爱的谢辽沙和塔尼亚，我真正的朋友：

　　十分感谢你们的来信和对我痛苦的关注。特别是谢辽沙，你的信充满善意，简洁明了又内涵丰富，看后十分高兴。对于所发生的一切，我心怀恐惧，应该为它们负责，但我无力改变，不能不如此。有关情况我已经让契特科夫转告你们，并且在由他转交给萨莎的信中也都写了。孩子们，你们读一读这封信，就知道我的感受以及我为什么要这样做。我给她(妈妈)也写了信,她会给你们看的。这些都是经过认真思考写下的。现在我该出发了,还不知道去哪儿……给你们的信将由契特科夫转交。

　　再见,亲爱的孩子,谢谢你们。原谅我,特别是你,亲爱的塔尼亚,因为毕竟是我造成了你们的痛苦。就写到这里吧。我得赶快走,以免妈妈碰见我了,这是我最为害怕的。现在跟她见面实在是太可怕了。好吧,再见。

(1910 年 10 月 31 日)

亲爱的孩子谢辽沙和塔尼亚:

　　我相信,你们不会因为没有让你们来而怪我。如果不让妈妈来,只让你们两人来,会对她和其他孩子造成伤害。你们都知道,我让契特科夫来,是因为我和他之间的特别关系,他把自己的一生献给了我将近四十年所进行的事业,这事业不仅对我来说是极其珍贵的,对于所有人,也包括你们,都是极其珍贵的。我是这样看的,不知是否对。谢谢你们这样好地善待我。我不知道是否就要跟你们永别了,不过我想把上面这番话说出来。对谢辽沙我还想多说几句。你要对自己的一生进行思考,想想自己是怎样的人,人生的意义是什么,一个有理性的人应该怎样度过自己的一生。你现在所接受的达尔文主义、进化论、为生存而争斗的观点并不能说明生命的意义,也不能正确指出你行动的方向。如果不明白生命的意义,得不到明确的指导原则,人的一生只是一种十分可悲的存在。你思考一下这个问题吧。也许这是我临终前由于爱你而说出的话。

　　再见了,尽可能地劝慰妈妈,我对她满怀着最为诚挚的爱怜。

(1910 年 11 月 1 日)

——《给长子和长女的信》

亲爱的玛什卡和莉泽卡：

　　请不要怪我就这样走了，没有告别，不要责怪我。无法表达我对你们的感谢，特别是你，亲爱的玛什卡，爱我，深切地同情我的不幸。过去我温柔地爱着你，但没有这几天这样强烈，我是怀着这种强烈的感情离开你们的。我的离开并不是事先安排的，而是怕索菲亚会在这里碰上我。只有7点多钟的一趟火车。我带走了你的几本书和《阅读天地》，请原谅。我将写信给契特科夫，让他把《阅读天地》和《圣贤每日语录》给你们寄去一份，其他的书以后归还。亲爱的，吻你们。爱你们，这真让人高兴。

（1910 年 10 月 31 日）
——《给妹妹和侄女的信》

7.婚姻和妇女

　　我对你关于妇女的论文十分满意，完全赞同文章的结论。只是你在谈到"无性别的妇女"时对你反对的观点做了让步，从而把事情搞砸了。我认为这样的妇女是不存在的，就像不存在 4 条腿的人一样。不再生育的妇女和没有丈夫的妇女也是妇女，不必为她们去寻找一条臆想出来的并不存在的出路。实际上，像接生婆、保姆、女管家和妓女这样的工作，在社会上都是需求大于供给的。我们谁都不会质疑接生婆的作用以及从事这一工作的人之短缺，任何一个"无性别的妇女"都愿意去帮助产妇，而不会去寻找什么社会政治职务。保姆，从广义来说，包括家庭中姑母、姨母、祖母、外祖母、姐妹等。每一个家庭都有这种非雇用的保姆。有这种保姆的家庭是幸福的。那些"无性别的妇女"决不会选择到电报局办公室去工作,而会选择当这种保姆;甚至还不是她们的选择,事情自然而然地就会达到这一步,因为这样做对他人有利,同时也满足了自己的天性。至于雇用的保姆,更是这种妇女的恰当选择:我们甚至还要从瑞士、英国和德国去雇用保姆。至于女管家,除了雇用的,还有由岳母、母亲、姐妹、姑母、姨母等来担任的。这一工作是十分有益于他人,受人敬重的。我们有什么理由认为,到电报局工作要比这种管理家产和保障家庭成员身体健康的工作更为高尚呢?

可能会让你感到奇怪的是,我还把不幸的妓女也列入这种值得尊重的工作之中。这样做并不是根据我的愿望,而是根据实际存在的情况。这种不幸的妇女从古以来就存在;我不认同这种说法:上帝的这种安排是错误的,基督宽恕了她们中的一人也是错误的。我要做的是了解实际存在的情况以及它存在的原因。我们从欧洲把这种妇女请了过来,这就说明是需要她们的。只要我们承认人类只有在家庭中发展,就不难理解这种需要的存在。只有在那种最为原始和简单的生活中,人类的家庭才不需要抹大拉的玛利亚来帮助它维持。这样的情况现在只在那些偏僻的小村庄才可以看到。只要是在人们较为集中的地方如大的村庄、小城镇、大城市、首都等,都会出现抹大拉的玛利亚,其人数与城市的规模成正比。只有从不离开家的农民才可能在年轻时结婚后一直忠实于自己的妻子,妻子也忠实于他;只要生活方式变得复杂起来,我们都很清楚,要做到这一点,从总体上说是不可能的。我们无法改变支配世界的规律,不可能不让社会发展即复杂化;我们也不能因此而搞什么交换配偶的活动(像那些自由主义的空谈家所希望的那样),因为这是不符合上帝的意旨的,会毁灭我们的家庭。因此,按照两害相权取其轻的规律,就出现了这种折中的办法:用抹大拉的玛利亚来应付这种生活复杂化。我们可以想象一下,如果伦敦没有那8万名抹大拉的玛利亚,将会是一种什么景象？家庭会是什么样子？有多少妻子和女儿能够保住自己的贞操？人们所乐于遵守的道德规范会发生什么变化？我认为,由于这种复杂化的生活方式,这种妇女对于家庭的维护是必要的。

　　妇女的主要工作是生孩子、抚养孩子和教育孩子。如果一个男人是跟女人一起生活过并爱过她,他就十分明白,这个有着10年到15年生育期的女人在这一时期是肩负着多么沉重的担子。她要怀孕、生孩子、喂奶,待孩子大一点还要给他穿衣、喂饭、看病、受教育,此外还有丈夫,还有情欲冲动,因为她还得继续生育。在这种分外紧张的时期,我们可以想一想,如果那些未婚男性没有受到抹大拉的玛利亚的吸引,而来引诱她,她会怎么样？还可以想一想,如果没有那些无家庭的妇女如姐妹、母亲、姑母、姨母、保姆的帮助,她会怎么样？她一个人能够应付得了所有这一切吗？因此,那些没有家庭的妇女根本就不需要什么别的工作,即使她们都去帮助正在生育的妇女,人数也大大不够。

（1870年3月19日）
——《给斯特拉霍夫的信》

　　婚姻问题之复杂,就像一个人想要一顿吃下几顿饭而产生的营养问题那样复杂;这样吃下来,他会弄坏胃,连一顿饭的营养也吸收不了,达不到吃饭补充营养的目的。同样的,如果一个人想要同时跟几个人结婚,最后他会连一个家庭都建立不起来。结婚的目的是产生后代,而这些孩子的健康成长是需要一个和谐的家庭氛围的,就像他们在生理上需要空气和阳光一样。如果他们的父母不是一对,而是好几个人,就无法实现这种家庭的和谐。在动物界,如果雌雄两性是不成对的,就必定会产生争斗甚至残杀;对人而言,只有在专制社会才可能有这种妻妾成群的现象,就像把好几匹母马关在一起,不让跟其他公马接触一样。一个人只要搞清楚了婚姻的目的就是生儿育女,他就不会认可那种不一致的婚姻。一个人如果只是看重性行为而不顾及其后果,那他就只能在那种败坏风气的地方获得完全的满足。

那些可爱的夫人在听了我这段话后可能露出一种略带嘲讽的微笑,表示她们本可以把我驳斥得哑口无言,只是不屑于这样做。她们会质问我:"为什么呢?亲爱的伯爵,一个贤妻良母为什么就不应该打扮自己呢?女人永远应该注意自己的外表。一个母亲既可以在社交界色压群芳,吸引众人的眼球,也可以多行善事,救济灾民,同时又很好地教育了自己的孩子。"那些评论家也对我的文章质疑说:"作者只是按照自己的逻辑来认定,妇女的职责就是生育孩子,却对社会科学关于妇女职责的最新研究成果一无所知,没有对婚姻难题进行深入探讨。……"尽管我很讨厌那种论证性的文章,这里还是愿意回答这两种责问和质疑。

一个人的尊严首先不是他的品德和知识,而在于他是否完成了自己的职责。男人的职责类似于工蜂,有多种多样的事情要做。而女人的职责只有一项,就是生育后代,这是确定无疑的。尽管如此,还是有不少妇女看不到这唯一的使命,却选择了其他虚假的任务。妇女的尊严就在于搞清楚自己的职责。一旦她搞清楚了这一点,就会全身心地投入其中,觉得无论花费多少精力和时间都是不够的。只有那些睁眼不看事实的人才会认识不到这一职责的无比重要性,以及它只有在一夫一妻制的形式下才可能实现。一个妇女为了实现这种母亲的职责所抛弃的其他追求越多,她就显得越是完美。

然而那些可爱的夫人又会质问道:"亲爱的伯爵,为什么我们可以看到有些孩子很有教养,同时他们的母亲又是社会的精英人物呢?为什么那些有思想、有文化的妇女能够像一些为了生育孩子而抛弃科学、艺术的妇女那样好地教育孩子呢?"确实,我们可以看到，那些在社交场合袒胸露背、花枝招展的母亲，她们的孩子跟那些没有时间花在自身梳妆打扮上的母亲的孩子一样穿得十分体面，从外表上看不出有多大差别。然而他们精神方面的差别呢？这种精神力量不是用外语和舞蹈方面的知识可以衡量的。我可以说的是，这种精神力量只可能存在于那些从不与教士交往、从不研究政治经济学，也从不涂脂抹粉和袒胸露背的母亲所养育的孩子身上。

可爱的夫人会继续追问下去："但是亲爱的伯爵，为什么会这样呢？"这真是一个怪问题，因为答案再简单不过了：谁能够辛勤耕耘，他就一定能有最好的收获。如果我透过窗户看到两个农民在耕地，一个是不停地认真耕作，而另一个却抽着烟、哼着小调、时不时同路过的人搭讪，还摆出一副优雅的姿势来，那么我敢肯定的是，那个不停地认真耕作的农民，尽管满头大汗、十分疲劳，将来的收成一定是最好的。

母亲给予孩子的爱越是深厚，孩子就越是美好。就我所看到的那些杰出人物的传记，他们没有一个不是被母亲深深爱着的宠儿。

（1868 年）

——《论婚姻和妇女的职责》

说到底，实行统治的总是那些受到暴力打击的人，也就是对恶实行不抵抗原则的人。例如，妇女要求自己的权利，而她们之所以能够实行统治，正是因为无论是过去还是现在，她们都服从于强力。行政权力由男人执掌，而舆论却是由妇女支配。然而舆论的力量却要强过法律和军队千百倍。我们说舆论是由妇女支配，这是因为，不但我们的住房和饮食是由妇女来安排的，甚至连财产的支出以及随之而来的男人的工作也是由妇女安排。艺术品和著作是否成功，甚至由谁来当统治者，这都是由社会舆论决定的，而舆论又是由妇女来支配。因此有人说,现在的情况是,男人要从妇女的手中解放出来,而不是相反。

（1897年2月4日）

——《日记》

8.我看妇女的劳动

《圣经》告诉我们,无论男女都要遵守法规。男人的法规是劳动,而女人的法规则是生育。虽然科学的发展让许多东西发生改变,这种法规却没有变化,就像人的肝脏只能长在某个固定的地方,如果错位就可能导致人的死亡一样。男女两性的区别仅仅在于:如果所有的男人都违犯法规,不去劳动,由于缺乏必需的生活资料,人类很快就会死亡;如果所有的女人违犯法规,下一代就不存在了,人类也会灭绝,不过时间会拖得长一些。如果只有某些男人和女人违犯法规,人类并不会灭亡,只是这些违规者会丧失人的本性。在很早的时候,在那些以暴力压迫他人的阶级中,这种男人违规行为就已经发生,而且越来越普遍,到我们这个时代已经达到十分疯狂的程度。除了较少的卖淫和堕胎行为,在女人那里几乎没有发生什么违规现象。富人阶级的女性大都能恪守自己的法规,而男人则早已不遵循自己的法规,因此女人显得更加强大,她们统治着那些违犯法规、丧失理性的男人。我这里说的不是那些利用文明成果、以魅力来诱惑男人的女人(例如巴黎女人,特别是那些无子女者),而是指那些恪守法规的母亲。那些故意让自己不生育、用自己的身材和面容来诱惑男人的女人,不是统治男人的女人,而是被男人败坏的女人,跟败坏的男人一样堕落的女人。她们跟男人一样,也违犯了自己法规,没有任何正确的生活目的。

由此还产生一个十分愚蠢可笑的词:女权。女权的意思是这样的:女人说,你们男人违犯了劳动的法规,却想让我们来承担自己的劳动重任;既然是这样,我们也要跟你们一样,也去干你们在银行、政府、大学和科学院干的事情;我们也要跟你们一样,假借分工的名义来占有他人的劳动,过那种仅仅满足肉体需要的生活。女人们不仅这样说,她们干起这样的事情确实不比男人差,甚至可能还干得好一些。

实际上只有在那些违犯法规、不劳动的男人中间,才会产生妇女问题;只要他们恪守劳动法规,这样的问题就不会存在。妇女在有自己特殊的活儿要干时,绝对不会要求去干那些男人干的活儿如下矿井和耕田等。她们要求干的不过是富有男子所进行的那种假的劳动。这些富有阶级的妇女比男人强的地方,并不是她们的魅力,或者干起男人那种假劳动的活儿来更为得心应手,而是由于她们自己的劳动即生育,是一种十分紧张、有生命危险的真正劳动。然而现在女人也开始违犯自己的法规,开始堕落了。女人一旦抛弃了法规,就会把希望放在自己的诱惑力和干假劳动的能力之上;但生孩子对这两者都有影响,于是现在那些富有阶级借助科学之力发明了数十种堕胎的方法,而一些富有阶级的女子放弃了自己生育的权利,为的是跟妓女一争高下。这样的罪恶越来越普遍了,要不了多久就会扩展到所有富有阶级的妇女。那时她们就会跟自己的男人一样失去生活的真正目的,不过现在还有时间去挽回它。

希望妇女能够弄清楚自己存在的意义和力量之所在,把自己的力量用到拯救丈夫、弟兄、孩子以及所有人上面。富人阶级的女人,母亲们,把世界上所有人从罪恶中拯救出来的希望就在你们身上。我说的妇女不是这样的:她们只关心自己的身材、穿着、外表等让男人着迷的东西,只是由于不小心才生下几个孩子,心中很不愿意,感到绝望,孩子一出生就把他们扔给保姆;我说的妇女也不是这样的：她们学习各种课程，一张口就是"神经中枢""微积分"等专有名词，不愿生育，认为生小孩会影响自己的发展，其实这种所谓的发展就是把自己变成白痴。我说的妇女是这样的：她们尽管也有可能没有孩子，但始终恪守自己的法规，知道生育就是自己应该做的事情。正是在这些富有阶级的妇女和母亲身上，寄托着我们获救的希望。在这个普遍丧失人性、丧失人生幸福的世界里，只有你们，妇女和母亲们，才自觉恪守上帝的法规，明晓其深远意义，为大家做出从上帝那里得到幸福的榜样。只有你们才能够深切体会到恪守上帝法规获得的幸福和快乐；深切体会到爱丈夫的幸福是无止境的，它是另一种幸福即爱孩子的幸福之开始。你们在做爱之后会满怀希望，同时也有恐惧地等待着怀孕，十月怀胎，一朝分娩，其间充满死亡的风险，临产时的阵痛也是难以忍受的，这一切你们都十分明白；在这种等待中，你们深深体会到真正劳动的条件是怎样的。一旦你们熬过了临产这一苦难，来不及休息，接着又是另一种劳动和苦难即哺乳婴儿，为此你们得放弃人类最为强烈的需要即睡眠，经常睡不好觉，在孩子有病时，抱着孩子，常常一连几天都不曾合眼。你们这样做时，听不到赞扬之声，甚至都无人知晓，不过你们也从未指望有谁来称赞自己，从未把它当成多大的功劳，只是觉得做了自己该做的事。

　　只要你们是这样的人，就不会嫌自己孩子生得多了，无论生多少都不会有个够；就像一个 50 岁的工人在身体尚好、能吃能睡时，不会说自己干活已经干够了一样。只要你们是这样的人，就不会把哺乳和照护婴儿的事情扔给别人去做，就像一个工人不会把干了一半的活儿交给别人去干一样，这是因为你们将自己的生命投入了这项工作之中，它越是艰难困苦，你们就越是感到实在和幸福。只要你们是这样的人，就会认识到真正的劳动是无人知晓、没有赞赏、十分紧张并且要为他人的生命而牺牲自己的事情，于是你们就会对其他人提出同样的要求，希望自己的丈夫也去进行这样的劳动,并以此来对男人做出评判,以此对自己的子女做出要求。

至于那些将生育视为令人讨厌之事、只是由于偶然的原因才生下孩子的母亲,她们将谈情说爱、舒适闲散、文化修养和社会交际作为人生目的,只会教自己的子女去尽情享受、讲究吃喝和穿着打扮,而不让他们去进行那种自我牺牲的紧张劳动,却教导他们怎样逃避这样的劳动。只有这样的女人才会认可那种男人的假劳动,让自己的丈夫逃避责任,同自己一起去享受他人的劳动。只有这样的女人才会为自己的女儿选择类似的丈夫,选择的标准不是这个人本身,而是其地位、钱财以及占有他人劳动的能耐。一个真正的母亲是不会这样的;她懂得上帝的意志,会教育自己的孩子去执行它。她看到自己的孩子讲究吃喝和穿着、身体赢弱,就会感到难受,因为她知道这会影响孩子对上帝意志的体验和执行。她不会去教他们怎样逃避劳动,而是教育他们怎样更好地从事这种劳动。她不必另外了解应该怎样教育孩子、教孩子什么,因为她本然地知道人的责任,也就本能地知道这一切。她不但不会支持丈夫去干那些以占有他人劳动为目的的假劳动,还会竭力让自己的孩子避免受到这种坏影响。她不会给自己的女儿挑选一个颇有风度却不劳而获的女婿,因为她知道什么是真正的劳动,什么是骗人的假劳动;她所尊重的是具有自我牺牲精神的紧张劳动,所鄙弃的是以逃避真正劳动为目的的假劳动。

这样的母亲会亲自来喂养孩子,她放在首位的事情就是给孩子喂奶,洗衣做饭,教育孩子,陪孩子睡觉,跟他们说话,等等。她知道对孩子来说,最重要的不是丈夫的钱财和孩子的学历,而是让他们能够以自我牺牲的精神执行上帝的意志,去从事真正的劳动,这才是生活幸福的保证。她不会向别人讨教自己该怎么办,因为她什么都明白,是无所畏惧的。

如果说对于男人和没有孩子的女人来说,还有可能质疑上帝意志所指示的道路，那么那些有孩子的母亲是不会对此有任何怀疑的。如果她们踏踏实实地走上这条道路，就会到达人生幸福的顶点，并向所有的人指示这条道路。由于这些母亲对孩子的爱超过了自身，她们在临死时可以问心无愧地对上帝说："现在请您宽恕您的仆人吧！"这就已经达到人生最高的幸福境界。

正是这些知道自己职责的妇女能够统治那些正统治他人的男人，她们养育了一代又一代的人，造成了社会的风气，由此把握了把人们从种种罪恶中拯救出来的最高权力。妇女和母亲们，你们最有希望成为这个世界的拯救者。

——《那么我们应该怎么办》

三、我看人生

1.人生的意义何在

　　无论我们具有什么样的社会地位,穿着什么样的衣服,举行的涂油仪式有多么宏大,有多少钱财,出行时有多少保镖,保护财产的警察有多少,处死的革命者和无政府主义者有多少,建立了怎样的功勋,创立了怎样的国家,建造了怎样的堡垒和高塔,就像巴别塔和埃菲尔铁塔那样,我们都不可避免地面临两个结局,从而让自己的生活失去意义:一是死亡会降临到我们每个人身上,二是我们的所有功绩到最后都会化为乌有。无论我们建立了什么丰功伟绩,开创了国家、建造了宫殿和纪念碑、创作了史诗和歌曲,等等,最终都会消亡,不留下任何痕迹。无论我们在下意识里是怎样回避,都不能不看到这一事实:人生的意义不在于我们肉体的存在,也不在于我们的建功立业。

　　无论你是谁,我都建议你在读我的文字时想一想自己的身份和应尽的责任。我所说的身份不是指地主、商人、法官、皇帝、总统、部长、神父、士兵等暂时性的身份,我所说的责任也不是这些身份所承担的责任,而是指你作为一个生物,在经历了漫长的无生命时代后获得了生命, 又可能随时失去它而回归无生命的状态,这样一种真正的具有永恒意义的身份。你要想一想的责任,不是地主对庄园、商人对资本、皇帝和官员对国家的想象中的责任，而是指你成为有生命、有理性、有感情的生物后，由这一身份所赋予的责任。你是否做了让你来到这个世上、以后又让你回归他身边的造物主要求你做的事情？你现在做的是否是他希望你做的？当你作为地主或工厂主盘剥穷人的劳动成果时，或者作为国家首脑和法官草菅人命、滥杀无辜时，或者作为军人去抢劫和杀人时，你的所作所为是否是他希望你去做的？也许有人会说，这个世界就是这样，这一切都是不可避免的，对于维护现存社会制度是必不可少的；如果这种制度遭到破坏，就会产生更为巨大的灾难。这样说的人不过是这种社会制度的获益者，而其受害者则是这种人的 10 倍以上，他们想要说的东西恰恰相反。何况你也知道，这种说法完全是谎言，现存的社会制度早就过时了，应该根据新的原则加以改造，不能为维护它而牺牲人的感情。

退一步说，即使必须维护现存社会制度，为什么恰恰是你觉得应该破坏人的所有美好感情来维护这种制度？是谁让你担当这一即将瓦解的旧制度的守卫者？无论社会，还是国家，或者是他人，都没有请你这个地主、商人、皇帝、神父或士兵来维护这种制度。你心里十分明白，你享有现在这种地位，根本不是为了维护人民幸福这一崇高目的，而是由于自己的利益、名声、虚荣心、偷懒和卑怯。如果你不愿意享有现在的地位，就不会去做那些一直被要求你做的事情。如果你不去做，就会立即失去现在的地位。如果你是政府首脑或官员，却不说假话，不参加暴力，不判人死刑；如果你是神父，却不用谎言欺骗人；如果你是军人，却不再去征战杀戮；如果你是地主或工厂主，却不再利用法庭和暴力维护自己的财产，那么你就会立即失去自己的地位。如果你现在仍然处于这种地位，那是因为你心甘情愿地处在这种位置上。既然你已经知道这种地位是违背你的愿望、理性和信仰，甚至是违背你所信仰的科学，那就不能不考虑一下这个问题：你继续处在这种地位，并且竭力为之辩护,这样做是应该的吗?

你会申辩说,世界上还有公众的幸福,为了它可以去杀人、鞭笞和抢掠;让一个人去死总比让全国的人都去死要好。于是你就接连不断地判人死刑,带着枪支弹药去抓这个必须为公众的幸福而死的人,把他关进监狱,没收他的财产。你声称,之所以采取这种残忍的行动,是因为你是地主、法官、皇帝、军人,应该属于这个社会和国家,为其效力,执行国家的法律。然而你还应该知道,除此之外,你还属于亘古不变的人的生活,属于上帝,并因此而承担责任。正像你的家庭和社会责任应该服从更高一级的国家责任一样,你承担的国家责任也应该服从更高级的为上帝而承担的责任。为了家庭和社会取暖,你去偷伐电线杆,这显然是极其荒谬的,因为它违犯了国家的法规;同样的,为了国家的安全和福利去鞭笞、杀戮或绞死老百姓,这也是极其荒谬的,因为它违犯了上帝的法规。一些人要你相信,为了世界上某个地方并非永恒的社会秩序不被破坏,你就得去鞭笞、折磨、屠杀另一些人,从而破坏上帝或理性建立的永恒的人类生活秩序。因此,你不能不认真思考一下你的地主、商人、法官、皇帝、总统、部长、神父、士兵等身份的合法性,因为它们总是伴随着压迫、暴力、欺骗、鞭笞和屠杀,是违背上帝意旨的。

我并非要求你作为地主,立即把自己的土地交给穷人;作为资本家,立即把自己的财产和工厂交给工人;作为皇帝、部长、官吏、法官、将军,立即放弃自己优越的地位;作为士兵,立即拒绝服从命令从而处于危险之中。当然,你如果能够做到这些,那是最好。但一般来说,你是很难做到的,因为你有各种社会关系,有家庭、下级和上司,受着各方面的影响。然而承认真理,不说假话,这是你永远可以做到的。你不应该说,之所以当地主、工厂主、商人、画家或作家,是因为这对人民有利;之所以当省长、检察长或皇帝,是因为要造福于民,而不是让自己过着优哉游哉的舒适生活;

之所以当士兵，是因为认为军队是人民幸福生活的保证，而不是由于害怕惩罚。不对自己和别人说假话，这是你永远可以做到的，也是应该做到的；只有这样，抛弃假话，信仰真理，你才能获得真正的人生幸福。在你的生活中，只有在一件事情上你是完全自由的，而其他的一切都是你无法掌控的，这件事就是去认识和信仰真理。

你随时可能死去，然而你却在签发命令，宣布开战，征伐杀戮，酷刑拷打，残酷剥削，在缺衣少食的穷人中间过着穷奢极欲的生活，同时向那些弱势群体的人宣称，这都是合情合理的事情，是人的责任之所在；你完全不考虑在这样做的时候，随时可能被细菌感染或被子弹击中，或者会生病而死亡，从而丧失改恶从善的机会，白白地失去了属于你只有一次的生命。尽管这个道理十分简单而古老，尽管我们往往用伪善来遮蔽它，仍然无法不让这一简单明白、无可置疑的真理显现出来：人的一生必然会有许多苦难以及随时可能降临的死亡，任何试图避免它的做法都是徒劳无益的；因此，人生唯一的意义就是时时刻刻去做那个让我们来到这个世界的力量要求我们做的事情，这一力量通过理性来指导我们的生活。它并不要求我们去做那些不可能做到的事情，只要求我们一件事，就是效力于天国，让人类在真理的基础上尽可能地联合起来。为了做到这一点，我们就得承认已向我们展现的真理并信仰它。唯有这件事是永远在我们的掌控之中。

——《天国就在你心中》

2.爱是人生最大的幸福

一个人活着就是为了追求自己的幸福。如果他没有这种愿望,就感受不到自己活着;他无法想象自己可以过一种不追求幸福的生活。他只是在自己这一个体身上感受到生命,因此,一开始他认为所追求的幸福只是他个人的幸福。他觉得似乎只有他一个人活着,而其他人只是好像活着而已;他只是从观察中知道其他人活着。只有当他想到其他人时,才知道他们活着;而对于自己他是十分确定地知道活着,这种感觉他是一秒钟也不会中断。因此,他只把自己当成真正的生命,而其他人不过是自己存在的条件;如果他不希望他人不幸,那只是因为其痛苦的状态会影响到他的幸福;如果他希望他人幸福,那也跟希望自己幸福完全不一样,只不过是想借他人的幸福来扩大自己的幸福。

这样,在追求自己幸福的过程中,一个人逐渐发现,他的幸福有赖于他人的幸福;他看到,所有的人,包括动物,都跟他一样看待生命,都只感受到自己的生命和幸福,认为自己才是真正的生命,而其他生物不过是实现其幸福的工具而已。他看到,所有的生物都像他一样,为了自己小小的幸福去剥夺其他生物,包括跟他一样的人的幸福甚至生命。想到这一点后,他就明白了:这个世界上所有的生物,为了自己的目的,每时每刻都在准备消灭他这个认为自己才有真正生命的人,因此,他的幸福不但很难得到,而且随时会被剥夺。随着时间的推移,他越来越清楚地发现,在这个人吃人的世界里,他不但没有幸福,所遭遇的都是灾难。

即使一个人在有利条件下,在同他人的斗争中获胜,似乎过着幸福的生活,他很快就会发现,这种享乐并不是幸福,而是幸福的代替品,是让他在享受之余又感受到随之而来的痛苦。随着时间的推移,他从生活中获得的快乐越来越少,而烦闷、厌倦、辛劳、痛苦却越来越多。他越来越衰弱,越来越接近死亡。他的生命除了可能被其他生物以意外事件的方式剥夺外,还不可避免地走向自然死亡,而与之相随的个人幸福也就不复存在。他跟这个世界的对抗只能是无果而终:他的享乐并不是真正的幸福,只是其代替品,并且有痛苦相伴随,而且作为幸福之根本的生命也将消亡。这时他发现,那个他认为是唯一真正活着的生命,最后会变成尸骨、蛆虫,总之不再是他了;而他平素认为并非真正活着的那无数其他生物所组成的世界,倒是永远存在的。一旦明白了这一点,他就再也不能忘记了。

一个人的生命有两个方面:作为动物人他把生命指向自身的幸福,而作为理性人则指出这一幸福之不可能,并指示了另一种幸福。他看不到另一种幸福之可能,于是又回过来追求自身的幸福,然而理性的力量仍然让他知道这种幸福之不可能。在这种左右摇摆的折磨中,他感到自己无法继续这样生活下去,必须有一种新的生活态度来拯救自己。我们的生命就在于让自己的动物性服从于理性规律,从而获得幸福;不明白这一点,我们就会失去真正的幸福和生命。

我们从小就知道,除了动物人的幸福之外,还有一种更好的幸福,它不但跟动物人的幸福无关,而且离开它越远,这种幸福就越大。这种最大的幸福,可以解决生命的所有矛盾,它就是爱。理性是动物人为了自己的幸福应该服从的唯一规律,而爱是人唯一的理性活动。动物人希望幸福,理性表明人身幸福不可能,它指示的通往幸福之路就是爱。

动物人利用身体达到自己的目的,而爱却指引人为了他人的利益而牺牲自己的身体即生命。动物人感到痛苦,而爱的主要目的就是减轻这些痛苦。动物人在追求幸福时,时时刻刻感受到人生最大的不幸即死亡,对死亡的预知败坏了人身体的任何幸福;而爱不仅能够消除这一恐惧,还指引人们为了他人的幸福而牺牲自己的肉体。

——《论生命》

3.生命的矛盾——理性的力量

一个人活着会为了来世吗？如果我现在的生命是毫无意义的,我就不会相信还有别的有意义的生命,我会认为,任何生命都是没有意义的。我活着是为了自己吗？然而我的生命是丑恶和荒谬的。我活着是为了家庭,或我所在的群体,或为了国家和人类吗？如果我的生命是毫无意义的,那么其他人的生命也一样;许多毫无意义的生命聚集在一起,仍然是毫无意义的,不可能形成一种幸福的、理性的生活。我就这样活着,不知道为了什么;我在做他人都在做的事情,然而我知道,他人跟我一样,也不知道为什么要做这些事。

理性意识在越来越多的人中觉醒,人们通常想方设法掩盖的生命之根本矛盾就越来越清楚地呈现出来。作为人身体的我要求活下去,而另一个我,也就是理性却说:"没有办法活下去。"人的灵魂被分裂为两个东西,他的内心备受煎熬。他认为是理性让他产生分裂和痛苦。理性是人的生命的最高能力,它为孤独地生活在大自然中的人类提供生存和享受的条件,然而也正是它破坏了他的生活。在这个世界上,其他生物如植物、昆虫、动物,它们的能力能够让它们遵循自身规则,过着安宁适意的生活。唯有人的最高能力即理性造成他无法承受的痛苦,结果是经常发生斩断生命以打开死结的事情,即以自杀的方式来解决这种导致极度痛苦的内心矛盾。

作为人,我们不可能不知道理性。这是因为,理性是人类必定要遵循的规律。正像动物要遵循自身规律去觅食、繁殖,植物要遵循自身规律去生长、开花、结果,地球要遵循自身规律不停地运转一样,我们人也要遵循自己生命的规律去活动。区别仅仅在于:我们在自身中认识到的规律只能由我们自己去实现,而外部现象的规律在我们不参与的情况下也能得到实现。我们通常犯的错误就是，把那些不是由我们来实现的，而是只为我们所见、我们的动物身体的实现当成生命本身；实际上这一现象的实现就像树木、晶体状物体、天体的实现是一样的，是在我们的意识和努力之外的。而我们生命本身的规律是我们无法看到的，因为它还没有实现，或者它正在实现过程中。我们的生命就在于实现这一规律，从而获得幸福。不明白这一点，我们就会丧失真正的幸福和生命。

有人质疑说："要否弃人的身体是不可能的。"这种说法歪曲了我们的思想，用否弃人身的观点代替了我们所说的人的身体是从属于理性的观点。他们还说："这是违反自然的，因此也不可能实现。"然而我们谁都没有否弃人的身体。身体对于理性人的作用就像呼吸、血液循环对于动物一样重要。动物怎能没有呼吸和血液循环呢？同样的，一个理性人也不能没有他的身体。身体是理性人生命的一个必要条件，就像呼吸和血液循环是他作为一个动物人的生存条件一样。只要一个人过着合乎理性的生活，他的动物性要求总是有保障的，可以获得满足；而他的生存充满痛苦，并不是由于他的身体，而是由于他把自己的身体视为生命和幸福。只有这样，他的矛盾、两重性和痛苦才会显现出来。他的痛苦在于无限制地加大身体方面的要求，以此来掩盖其理性的需要。

我们不能放弃身体，也不需要这样做，但应该不把它视为生命本身；可以利用身体这一生活条件，但不能把它当成生活的目的。不否弃身体，但否弃身体的幸福，不再把身体当成生命，这就是一个人为了他的幸福生活所应该做的。

生命，在我们看来，是一种对待世界的态度。我们这样来看待自己和他人的生命。生命不仅是已有的对世界的态度，而是随着动物人越来越服从理性和越来越表现出爱而确立一种新的态度。这种新态度承认生命的运动，从而消除了死亡对人的威胁。如果一个人还停留在原先的态度上,只爱一些人,不爱另一些人,他就无法摆脱死亡的阴影;对他来说,死亡不仅在将来某个时候等待着他,就是现在也一直表现着:从小到大,再到老,除了很短时期的力量增加,都是处于肢体老化、生命力逐渐减弱的状态。他经常看到死亡,每况愈下,无法让自己获得拯救。但对于理解生命的人来说,情况正好相反:他从"只爱一些人,不爱另一些人"的状态中解脱出来,不断地扩大自己对于人们的爱,也就不断地体悟到自己真正的生命和幸福。

——《论生命》

4.人生的意义就在于自由地承认真理

那种维护伪善的理论宣称,人们没有自由,无法改变自己的生活。伪善理论的宣扬者说:"一个人是无法改变自己生活的,因为他没有自由;而他之所以没有自由,是因为他的行动是由历史上的原因造成的。无论他做什么,都是已经存在的这种或那种原因促使他去做,因此他没有自由,不可能改变自己的生活。"这种观点假定人是没有意识的动物,他对真理的认识是静止不动的,也就是说,在认识某一真理后就不再往前推进了。然而人不是这样的,他是有意识的,能够不断深化自己对于真理的认识,达到新的层次。一个人采取这种或那种行动,是有原因的,从这个意义来说,他在采取某种行动的过程中是不自由的;然而他采取行动的原因,也就是用什么来指导自己的行动,却是牢牢地掌握在自己手中,即在确定是否采取行动时是完全自由的。这就像一名火车司机,他没有随意改变正在行驶的火车方向的自由,却拥有在开车前确定其运行方向的自由。

一个人做什么事情或不做什么事情，都是因为他认为自己是按照真理而采取行动的。他是进食还是绝食，是工作还是休息，是逃避危险还是迎难而上，完全取决于当下他认为怎样做才是符合真理的，或者原先就有这种认识。承认或不承认某种真理，这并不取决于外在的因素，而是出于其内在的原因。因此会发生这样的情况：外部条件十分有利于对真理的承认，然而他会拒不承认它；有时外部条件对真理的承认极为不利，他却毫不犹豫地认可它的存在。尽管一个人没有任意而为的自由，却总是有确立自己行动的根据，也就是承认或不承认真理的自由。这种自由不受外部事件的影响，甚至也不受他自己行动的影响。也就是说，尽管他可以采取违背自己所认识的真理的行动，仍然可以自由地决定承认或不承认真理：或者不承认真理，为自己采取这种行动的必要性辩护；或者承认真理，谴责自己行动的丑恶性。例如一个赌徒或酗酒者，经受不住诱惑，沉迷这种不良嗜好，仍然可以自由地做出选择，或者认为赌博和酗酒是恶习，或者认为它们是毫无害处的娱乐；前一种情况，由于他承认了真理，就有可能戒除这种恶习，而后一种情况，只可能让自己的恶习得到进一步加深。再如一个人在发生火灾的屋子里，由于受不了烈火的烧烤，扔下自己的同伴逃了出来。他仍然可以自由地做出选择：或者承认真理，谴责自己行为的丑恶性；或者不承认真理，为自己的丑行辩护，开脱责任。前一种情况，由于他承认真理，会在今后的行动中体现出舍己救人的态度；而后一种情况，由于他不承认真理，会继续沿着"人不为己，天诛地灭"的路子走下去。

一个人并不是在任何时候都有承认或不承认真理的自由。由于教育和传统的影响，有些真理早就被他接受和信仰，已经成为他的习惯或天性；他没有不承认这种真理的自由。有些真理对他来说是模糊不清的，似乎在遥不可及的远方；他没有承认这种真理的自由。此外还有第三种真理，它还没有被他承认，没有成为他的习惯,却十分清楚地展现在他面前,使他无法不去面对它并表明自己的态度。承认或不承认这种真理,就体现了他的自由。这就好比一个人借着灯光在黑暗中行走,他看不见前面灯光还没有照亮的东西,也看不见身后已处于黑暗之中的东西,他不能对它们改变自己的态度;然而不管他走到何处,他都可以看见灯光照亮的东西, 并且总是可以对这些东西选择自己应该采取的态度:是朝着这边走,还是往那边走。对于每个人来说,都有还未被他发现的真理,已经被他接受并已经成为其下意识的真理以及展现在他面前有待承认的真理。在最后一种情况下,是否承认真理,就体现了一个人的自由。

　　通常认为人的自由问题难以解决,这是因为人们往往把对真理的态度看成某种固定不变的东西。如果我们把人的认识看成固定不变的东西,看不到对真理的认识是一个由低到高、由夹杂着较多谬误到谬误逐渐减少的发展过程,那么我们就不可能有真正的自由。实际上,每一个人都会在生活中不断深化对真理的认识,也就是不断地消除谬误。一个人的自由就在于他承不承认那种十分清楚地展现在他面前、有待于他承认的真理。人的自由并不在于他可以随心所欲地去做任何事情,而在于他承认展现在面前的真理,信仰这种真理;能够做到这一点,他就成了上帝事业的自由而快乐的创造者;不承认这种真理,他就成了真理的奴隶,被它强行拖向自己所不愿意去的地方。无论什么人,最后都得走上真理的道路,不过有的人是自由地这样做的,而有的人则被迫走上这条路。有些人认为这种自由毫无价值;那些宿命论者认为这种自由太少了,不承认它是自由;那些绝对的自由论者只是关注着自己臆造的自由,也毫不理会这种看起来微不足道的自由。如果一匹马跟其他的马套在一辆大车上, 它就没有不在车前走的自由;如果它止步不前,大车就会砸到它的腿上,因此它只能顺着大车前进的方向走。然而这马是自动地拉车还是被动地被车逼着走,这就是它的自由。人的情况也是一样。尽管这种自由看起来比那些臆造的自由小得多,却是唯一实在的自由,它体现了我们人所可能有的幸福。

按照基督所说,人生的意义就在于自由,也就是能够认识并承认已经被揭示的真理。如果一个人认为人生的意义就是肉体享受,那么他所做的一切都是由外部条件决定的,他不是生活的创造者,而是生活的奴隶。如果他人生的意义在于承认和信仰展现在他面前的真理,他就让自己处于生活的本原之中,他所做的一切都不是外部条件决定的,没有任何原因,其本身就是原因,因此具有无限深远的意义。那些不肯承认和信仰真理的人,就像航行在大海里的船员,为了到达目的地,竟然熄灭了燃烧的锅炉,说是它影响了他们划桨,在狂风暴雨中抛弃了可用的蒸汽和螺旋桨,反而使劲划着那些根本就够不着水面的木桨。天国的建立要靠人们的努力,也就是承认和信仰真理。只要我们理解了这一点,不再关注那些我们的自由达不到的外部条件,把精力放在我们唯一可以选择的事情上,即承认和信仰展现在我们面前的真理,摆脱谎言和伪善的束缚,那么给我们带来不尽苦难的虚伪的生活制度就会在顷刻间垮塌为一堆废墟,而我们认识到的理想天国就建立在这一基础之上。

——《天国就在你心中》

5.为什么手工劳动是人生幸福的前提

亲爱的兄弟:

前封信已收到。读后甚为感动,不觉满含泪水。我本想回信,苦于没有时间,加之用法文写信对我是件难事,何况你的问题人们误会很深，要详加解释更为困难。你的问题是：为何手工劳动是幸福的重要前提，我们是否要放弃跟手工劳动不符的智力活动即科学、艺术活动？

我认为，我们之所以要从事手工劳动，是因为这个社会最根本的弊端，在于我们这些所谓有教养的人脱离劳动，反而占有那些贫困和无知者的劳动成果，这些不幸的人类似于奴隶，在地位上跟古代奴隶差不多。要衡量这个社会中那些信奉基督教、哲学或人道主义的人是否真心实意，首先要看他们能否解决这个根本矛盾。最为简单易行的办法就是首先去干那些原先由别人照顾自己的手工劳动。我认为，一个让女仆给自己端屎端尿的人是不会真心实意地具有上述信仰的。

有一条最为简洁明了的道德规则：要尽量减少他人为自己的服务，尽量增加自己为他人的服务；要尽量少地求索于他人，尽量多地奉献于他人。这一规则可以让我们的生活更合理，更幸福，也解决了所有的难题，包括你提的问题：我们应该怎样对待智力活动。从这一规则出发，只有在我的活动是有益于他人的时候，我才会感到幸福和满足。相信自己做的事情不是没有益处的，不是罪恶，而是为了他人的幸福，这就是我自己幸福的主要条件。正是这种思想可能促使一个在道德上诚实的人宁愿去干手工劳动，而不愿去搞科学和艺术。他是这样想的：如果我写一本书，就需要工人为我排字；我创作一首交响乐曲，就需要乐师来演奏；我进行科学实验，就需要有人制造实验仪器；我创作一幅画，就需要有人制造颜料和画布。所有这些活动也可能是有益于他人的，但在多数情况下，它们不仅无益，反而有害。然而当我在干这些十分可疑，还得迫使他人为我工作的事情时，我身边却有许多事情需要人去干，它们肯定是于人有益的，而且不用任何人帮着干：例如替那些干累了的人搬运重东西，替生病的农民耕地，给人包扎伤口，等等。这样的事情在我们身边随处可寻。干这样的事不需要他人帮忙,而且能够直接满足当事人的需要。种植树木、喂养牲口、给人打井等活儿肯定是对人有益的,任何一个内心诚实的人都宁愿去干这样的事情,也不愿从事我所生活的上流社会里所谓的崇高使命之类十分可疑的智力活动。

先知的职责是崇高的,然而那些自认是先知的教士并非真的先知,只是因为这样自我标榜对他们有好处。那些接受过关于先知教育的人并不是先知;真正的先知是那些深信自己是先知,并为此做出自我牺牲的人。真正的科学家和艺术家也是一样。任何一个音乐家都是像吕利一样,放弃厨师手艺而献身于小提琴,为此做出牺牲。而一个音乐学院的学生只是学习别人教给他们的东西,他们不是在履行音乐家的职责,而是他们所处的地位要比常人有利。对所有人来说,手工劳动都是一种职责和幸福,而智力活动则较为特殊,只是那些负有其使命的人才会有的职责和幸福。一个科学家或艺术家,只有在他为这一使命而牺牲掉自己宁静的生活和好处时,才能证明他确实具有这种使命。一个人以自食其力为前提,同时进行智力活动,为此而绞尽脑汁、锲而不舍地思考,这就证明了他的使命。而一个人以从事科学和艺术为借口,让自己过着占用他人劳动的寄生生活,他所提供的东西只能是伪科学和伪艺术。真正的科学和艺术作品,只能是一个人做出牺牲的产物,而绝不可能是谋取物质利益的结果。

为什么会出现否定科学和艺术的现象?例如对那些手艺人或农民,谁都不会对他们的作用提出疑问,而一个工人也不用去证明自己劳动的作用。他在生产,其产品是人们必需的,对他人是有益的。人们享受这些产品,谁都不会怀疑它们的用处,更不会去证明这一点。科学家和艺术家本来情况也是一样的,但他们当中的一些人为什么要尽力来证明自己的作用呢?其实那些真正的科学家和艺术家不需要证明自己是有用的,他们贡献自己的产品,而它们是对人们有益的,这就够了。然而许多自命为科学家和艺术家的人知道自己的产品不合格，反而像许多世纪以来的教士那样,反复证明自己的活动对于人类的幸福是必要的。

就像其他人类活动一样，真正的科学和艺术是一直存在的，还会永远存在下去，既不需要证明它们的作用，也不可能否定它们。现在之所以出现这种需要证明的怪现象，是因为在我们这个社会，有一个以科学家和艺术家的名义构成的特权阶层，它的作为是对其名义的一种侮辱，结果是伪宗教代替了真正的宗教,伪科学代替了真正的科学,伪艺术代替了真正的艺术。这个阶层最大的问题是压迫民众，使得民众失去了本应在其中普及的东西；这一阶层的成员言行之间自相矛盾,却自以为得意。

所有让人们团结起来的东西就是善和美,所有让人们分离的东西就是恶和丑。这是大家都知道的，它就存在于我们心中。因此，如果那些自命为科学家和艺术家的人真正关心人类的幸福，就会专门去创造那些让人们团结起来的东西;像法学、军事学、政治经济学和金融学这样的学科也就不存在了,因为它们的目的是让一些人在损害另一些人的基础上获得利益。如果人类的幸福是科学和艺术的标准，那么那些与此无关的烦琐学科，以及那些只供有闲阶层解闷的所谓艺术作品，就不会具有现在这样的意义了。

人类最重要的一门科学是关于怎样才能最少作恶和最多行善的科学，最重要的一门艺术是关于惩恶扬善的艺术;然而在那些自以为可以给人类带来幸福的科学和艺术中，却找不到它们。我们这个社会所谓的科学和艺术，不过是一个大骗局,是我们在摆脱了教会迷信之后又陷入的另一种更大的迷信。为了认清道路，我们应该摘下那顶虽然戴着温暖舒适，却被蒙住双眼的帽子,抵抗巨大的诱惑。要认识生活的真理,并不需要什么肯定的东西，也不用借助于任何哲学和科学，只需要一个否定的特性就可以了:那就是不迷信。应该让自己具有赤子之心,对自己说:我什么都不知道，什么都不相信，我只想明白生活的真理，因为我必须度过一生。其实早在许多世纪以前，对此已经有了简洁明了的回答。

情感对我说，我要为自己、为我一个人谋幸福；而理智对我说，所有的人甚至所有的生物都渴望幸福。这些跟我一样追求幸福的生物会压迫我，我得不到所希望的幸福。但我的生命就在于追求幸福，如果这不可能，我就无法生活下去。那么我就不活下去了？在这个所有的生物都只追求自身幸福的世界里，我不可能获得幸福，也不可能活下去。尽管对这一点看得很清楚，我仍然活着，仍然在追求幸福。我对自己说，只有其他生物爱我胜过爱它们自己，我才有可能获得幸福；然而这是不可能的事情。尽管如此，我仍然活着。我所有的活动，我对财产、名声和权力的追求，都不过是想迫使他人爱我胜过爱他们自己。财产、名声和权力等似乎给了我类似的东西，让我获得一定程度的满足，以至于忘记了这不过是类似，绝不是真实的东西。所有的生物都爱自己胜过爱我，我的幸福是没有指望的。有些人因为无法解决这一难题，认为生活只是一个大骗局，就开枪自杀了。

其实这一问题的答案十分简洁明了：只有这个世界的构成能够让所有的生物爱他人胜过爱自己，我才会获得幸福。如果所有的生物都能不爱自己而爱他人，全世界的人就都能获得幸福。我是一个人、一个生物，应该按照让所有生物幸福的原则去行事，我应该爱他人胜过爱自己。一旦做出这一判断，我的生活就完全不一样了。所有的生物都在互相残杀，他们同时又在互爱互助；而维持人类生活的不是残杀，而是互爱；促使人类进步的正是这互爱。整个人类历史就是将这个团结所有生物的原则得到越来越多的运用，历史和个人的经验都证实了这一点。其实我们通过自己的内心，就能给这一判断找到最为充足的根据。一个人可以获得的最大幸福和自由，就是否弃自我和爱他人；理性给他指示出这唯一的幸福之路,而情感则促使他往这条路上疾行。

——《给罗曼·罗兰的信》

6.体力劳动与人生

为了获得生活资料而同大自然做斗争,这是人类最为重要的职责,因为这是生命的法则,如果不这样做就会在肉体和精神上遭到毁灭。如果一个人单独生活,他放弃这个最重要的职责,马上就会遭到毁灭生命的惩罚。如果他自己放弃这一职责,同时却强迫他人以毁灭生命为代价来为他履行这一职责,那么他生活的合理性就被彻底破坏。他只有履行这一职责,才能让自己种种肉体和精神需要获得满足。吃、穿、爱自己和家人,这是肉体需要的满足;让他人也能做到这些,这是精神需要的满足。人的其他活动,只有在满足这些需要时才是合理合法的。

然而我过去的生活已经被扭曲得不成样子,以至于对这条最重要的法则,也就是上帝或大自然的第一法则视而不见,反而觉得照这样去做是一件十分奇怪、可怕和可耻的事情。刚开始的时候,我认为做这样的事情需要很长时间准备,都有一帮子志向相同者一起来做,还得获得家庭的同意并生活在乡村。后来我又认为,干这种我们不习惯的事情即体力劳动,就像是要表现自己似的,让人很难为情,不知道应该怎样开始。然而只要我一明白这不是什么特殊难办的活动,它不过是让自己从错误的做法中回归自然,是对错误的矫正,一切困难就烟消云散了。其实根本用不着组织和准备,也不用等待他人的同意,因为无论我处于什么地位,都有许多人为我供应吃的、穿的和取暖用的,等等,我任何时候都可以既为自己也为他们做些什么,只要我的时间和精力允许。我也不应该为做这些事情而感到羞耻,因为在不做这些事情的时候我已经感受到了真正的羞耻。

这样,在得到这一正确的理性结论之后,我十分惊讶地发现,以前看起来是那么困难和复杂的问题就这么轻易地获得解决。我应该怎么办?其实很简单:首先,应该去做自己所需要的一切,也就是给自己煮茶水、生火炉、提水、缝补衣服,等等。如果说人们对此感到奇怪,那最多也只会奇怪一个星期,此后就见怪不怪,视为常态了;倒是我又放弃了这种活动,回到从前,人们才会感到奇怪呢。这种体力劳动并不需要在一个组织之中进行,也不需要一定在农村,也不需要建立什么劳动组合;所有这些全都不需要,只要劳动的目的不是为了积攒金钱、占有他人的劳动,而是为了满足自己的需要,它就会把人们吸引到农村和土地上,因为这里是劳动最富有成果和最让人快乐的地方。不需要成立任何劳动组合,因为一个愿意劳动的人总是可以十分自然地融入其他劳动者已有的组合之中。这种劳动并不会耗尽我全部的时间,并不会让我无法从事自己以前所习惯的脑力劳动。实际情况是,这种体力劳动反而让我在从事脑力劳动时精力更加旺盛, 效率更加提高了。白天的时间有一半(即 8 个小时)用于体力劳动,剩下的 8 个小时,根据我自己的情况,拿出 5 个小时用于脑力劳动。我是个多产的作家,以前 40 年什么也没干,只是从事写作,一共写出了 300印张的文字。如果我这 40 年是跟劳动人民一起干那些普通的体力活,每天读书学习 5 小时,只是在节假日才写作,每个节假日写两页纸的文字,这样算下来,我 14 年就可以写出 300 个印张来。这样简单的算术题连 7 岁的小孩都会算,以前我竟算不过来。体力劳动不仅不排除脑力劳动的可能性,还大大提高了它的质量。

有人会问,这样的体力劳动是否会让我丧失享受艺术、获得知识、与人交往等方面的幸福生活?我的回答是不会;实际情况正好相反,体力劳动越是紧张,我获得的享受和知识就越是丰富,跟人们的关系也就越是亲密,生活也就越是幸福。还有人问,这样的体力劳动对于自己所需要耗费的劳动相比,就像一滴水投入汪洋大海里,会有什么结果吗?我的回答是,一旦我这样做了,它就成了我的生活习惯,我会立即抛弃以前许多错误的生活方式而没有任何勉强之处。不仅那种昼夜颠倒、讲究穿着和过分整洁在从事体力劳动的情况下根本就不可能存在,就是对饮食的习惯也有了根本改变。现在是最简单的食物如菜汤、粥、黑面包和加糖的茶成了我的最爱,代替了以前那些甜蜜油腻同时又刺激肠胃的复杂考究的食物。在不知不觉间,我的需要随着劳动生活发生了根本变化。我这一滴水逐渐与整个体力劳动的大海洋融为一体。我的体力劳动越来越有成效,对他人劳动的需要也就越来越小,生活自然而然地趋于简朴。以前那些对奢侈、讲求虚荣和打发无聊的要求,都是由于我的游手好闲的生活所致。在干体力活时既不需要讲求虚荣,也不需要消除无聊,因为这时的生活是既充实又愉快;劳乏之后可以喝喝茶、看看书、同朋友聊聊天,这要比上剧院、玩纸牌、听音乐会、开沙龙快乐得多,因为后一种情况是那些生活懒散、无所事事的人才需要的。

　　有人会问,这样紧张的体力劳动会不会让一个人的身体健康受到损害?有些著名的医生也断言,这会造成许多有害的后果,特别是像我这个年龄的人。实际上,这种劳动越是紧张,我就越是感到生活充实、精力充沛、精神愉快、充满善良之心。人类发明的那些玩意儿,如报纸、戏剧、音乐会、社交、舞会、纸牌、杂志、小说等,不过是为那些不干体力活的人们维持精神生活的一些手段;同样的,人类在卫生和医学方面的一些发明,如饮食、住所、通风设备、取暖设备、衣物、药物、水疗、按摩、体操、电疗等,也不过是为那些不干体力活的人维持肉体生活的一些手段。这种做法就像在一个完全封闭的屋子里运用各种机械、水汽蒸发装置和植物来制造适合呼吸的空气一样,其实只要在这个屋子开一扇窗户就可以解决问题。这扇窗子就是按照生活的法则行事,也就是通过体力劳动来释放摄入食物所产生的能量。说得通俗一点就是,干活挣饭吃,不劳动者不得食,多劳多吃。

其实这个道理是非常简单的:人有眼睛是用来看的,人有耳朵是用来听的,有脚是为了走路,有手和腰背是为了干活。如果人不这样做,他的状态就会每况愈下了。由此我想到,我们这些有特权的人就像我的一位朋友养的马。这位朋友的管家并不懂得养马,他按照主人的吩咐,挑选了一些好马后,就把它们分别关在单独的马厩里,给它们喂燕麦吃,喂水喝。由于这些马太名贵了,他不敢把它们交给任何人,不让任何人去骑它们,甚至不让它们出马厩。于是这些名马全都被毁了,一点用处也没有。我们这些人的情况也一样,跟这些马的区别仅仅在于,要让马违反本性地待在马厩里不动,就得强制性地用皮带把它们拴住;而我们由于受到诱惑,却心甘情愿地被束缚在这种违反本性的状态中。

然而任何骗局都是有尽头的。现在我们已经走到了这尽头。当前最时髦的叔本华和哈特曼的哲学宣称,如果人类的生活就是这样,那还不如不要这种生活。特权阶层中自杀的人越来越多,这表明,如果人类的生活就是这样,那还不如不要这种生活。各种医学所发明的妇女绝育手术也表明,如果人类生活就是这样,那么最好是连我们的后代也不要生活了。

——《那么我们应该怎么办》

7.我们应该怎样安排一天的劳动

我认为,一个人的一天可以按照他的进食分为4个时段,或者用农民的话说,分为4股劲儿:(1)早餐前;(2)早餐后到午餐前;(3)午餐后到喝午茶;(4)午茶后到夜晚来临。人的活动按其本性也分为 4 类:(1)体力劳动,即用手脚、肩膀、腰背干的活,这是让人出汗的重体力劳动;(2)用手掌和手指干的活,属于技巧性劳动;(3)智力和想象力的活动;(4)同他人交往的活动。一个人可以享受的福利也可以分为 4 类:(1) 重体力劳动的产物如粮食、牲口、房屋、水井、水塘等;(2)手工劳动的产物如衣服、靴子、日常生活用具等;(3)科学艺术等脑力活动的产物;(4)人与人的交往。

　　我认为,一个人在一天之中可以交替着做这 4 种事情,从而锻炼这 4 个方面的能力, 并且创造出人们可以享用的 4 种福利。也就是说,每天的第一时段干重体力活,第二时段是脑力劳动,第三时段干手工活,第四时段与人交往。只有这样,才能消除我们社会中的错误分工,同时建立起不会破坏人们幸福的正确分工。

　　以我自己为例:我一生都在从事脑力劳动。我认为自己的分工就是这样,从事写作,也就是脑力劳动,这是我的专门职责,而我需要的其他事情则交给别人去做(或迫使他们去做)。这看起来似乎是对脑力劳动有利的安排,其实恰恰是最不利的,而且它还是极不公正的。每天我都根据这几个小时的特殊工作来安排自己的生活,吃饭、睡觉、消遣,也就是除了这个特殊工作外什么事情都不做。这样导致的结果就是:首先,我的观察和知识的范围被缩小了,缺乏第一手资料,在描写人们的生活方面感到自己非常无知,往往不得不向人们请教那些非专业工作者都一目了然的事情。其次,尽管我每天都在写作,其实内心并没有写作冲动,因为没有人需要我的写作,也就是没有人需要我表达思想,我写作的目的只是为了在杂志上出名。尽管我绞尽脑汁想写出一点东西来,有时是什么都写不出来,有时写出一点来,却糟糕透了,让我苦不堪言。然而现在,自从我干了那些重体力活,还有那些手工活,情况就完全变了:我的时间被排得满满的,无论干什么事情,我的心情都很愉快,感到身心受益。在这种情况下,只有在我内心确实产生了一种写作需要的冲动时,我才会放下手中的事情去从事自己的专业活动即写作。唯有这样才能保证我的特殊工作是高质量的,同时也是愉快和有益的。因此,像其他人那样从事体力劳动,不仅没有影响我的特殊工作,反而为它创造了良好的条件。

我们知道,一只鸟儿只有在飞翔、走动、觅食、用脑时才是满足和幸福的,才是一只真正的鸟儿。人也一样:一个人只有在行走、搬运物品、用手指、眼睛、耳朵、舌头和大脑工作时才能获得满足,才是一个真正的人。一个认识到这一点的人会根据自己的种种需要自然而然地变换劳动方式,除非他内心对于某种特殊劳动产生了一种不可抗拒的需求,而他人也特别需要他的这种劳动,他不会轻易改变自己的这种状态。劳动的本性就是这样的:要满足人的所有需要,就必须交替进行不同的劳动,而这种变换使得劳动不再成为负担,而是一种快乐。只有把劳动看成是一种负担的人,才会脱离某些劳动,也就是占有他人的劳动;于是有些人只从事某种特殊劳动,我们将这称为分工。

我们往往以为,对一个鞋匠、司机、作家或音乐家来说,最好的状态就是摆脱其他任何劳动。其实这种看法是完全错误的。如果我们不是强行占有他人劳动,不是对劳动抱着某种错误观念,就不会由于从事某种特殊工作而脱离体力劳动;这是因为,特殊工作不是某种特权,而是一个人为了自己的爱好、为了他人而做出的牺牲。一个家在乡村的鞋匠为了给邻居缝补靴子而放弃了自己乐于进行的田地劳动,这是因为他特别喜欢缝补靴子,知道别人不像他缝补得那么好,还知道人们会为此而感激他,但他不会希望一辈子都不再从事其他快乐的劳动。村长、司机、作家、科学家的情况也一样。只有抱着某种错误观念的人才会认为,一个办事员被贬为农民或者一个部长遭到流放就是一件很坏的事情,是这些人的厄运。其实这对他们来说是一件好事情,也就是说,用一种快乐的劳动代替了原来十分沉闷乏味的特殊劳动。在自然形成的社会里,人们对此的认识是完全不同的。例如,在这样的村庄里,有一个人比其他人多受了一些教育,人们希望他读书给大家听,这样他必须在白天预作准备,好在晚上朗读。他很乐意这样做,认为自己对他人有用,这是做好事。然而时间长了,他开始感到厌倦,身体也变差了。大家看到他这个样子很可怜,就让他还是回到田地上干活。对于那些视劳动为快乐的人来说,生活的根基就是同大自然做斗争,也就是农业、手工业、脑力劳动以及同他人的交往。如果要放弃其中一种或几种劳动而去从事某种特殊劳动,那就只有在下述情况下才是合理的:他特别热爱此项劳动并且比别人干得好,为了满足他人的需要而做出牺牲。

　　总之,为了满足自己种种需要而从事的劳动很自然地分为好几种,其中每一种都有自己的特点,不但不会成为人们的负担,反而成了另一种劳动的休息。根据自己的需求,我把劳动分为以上 4 种,并且尽可能地满足每一种劳动的需要。

——《那么我们应该怎么办》

四、我的政治态度

1.不要杀人

当查理一世、路易十六、马克西米里安这些国王被依据法律处死时，或者当彼得三世、一些伊斯兰国王、波斯国王和中国帝王死于宫廷政变时，各国的政要们都对此不发一语。然而当亨利四世、亚历山大二世、奥地利女王、波斯国王以及当代的意大利国王亨伯特之死，既不是依照法律处决，也不是宫廷政变所致时，这些政要却都勃然大怒、震惊异常，好像他们自己就从未杀过人，没有借杀人以牟利，没有下过杀人命令似的。我们再看看那些被杀死的国王，他们当中即使像亚历山大二世或亨伯特这样心存善良的人，也指挥、策划或参与过杀人，导致数以万计的人在战争中死亡；至于在国内实施死刑来处决人，那更是他们必做的事情。而那些居心险恶的国王所残杀的人甚至多达数十万、数百万。

基督教已经废除了"以眼还眼，以牙还牙"的戒律，然而各国君王却还一直在实施这条戒律，并且还变本加厉，施行到无以复加的程度，这不仅体现在刑罚中，而且表现在战场上。他们还不仅仅是"以眼还眼"，甚至不等敌方挑战就抢先宣战，下令杀死成千上万的人。因此，当别人对他们实施这条戒律时，就没有任何理由感到愤怒，因为对方不过是杀掉一两个人，而被杀的国王没有一个不是同意或命令过杀人,杀死的人有数十万甚至上百万。说实话,各国君王对于亚历山大二世和亨伯特的被杀,不但不应该表现出愤怒,而且应该感到惊讶:君王们经常发动的全民大屠杀的战争是如此频繁,而刺杀君王的事件竟是这样的少。

普通民众的精神已经麻木,他们看到眼前经常发生的事情却不知晓其意义。他们看到国王和总统经常关注军队的纪律和士气,经常举行阅兵式和军事演习,就以此作为值得夸耀的事情。当他们的弟兄身着稀奇古怪的服装,在鼓声和军号声中变成一台台机器,按照某个人的口令整齐划一地行动时,他们兴致勃勃地在一旁观看,大声叫好,却不明白这意味着什么。其实这个意思十分明显:不过是做杀人的准备。各国君王就是以这种方式来麻醉老百姓,把他们变成杀人工具,并为自己的所作所为而倍感骄傲。他们以杀人为业,因此总是身着戎装,腰挎军刀;然而他们当中有谁被杀,就愤怒莫名,惊骇万分。

刺杀君王(如最近亨伯特国王被刺)之所以让人吃惊,并非由于其手段残酷。无政府主义者进行的谋杀活动,其残酷性不仅无法跟君王们指挥的巴多罗买之夜的宗教大屠杀、凡尔赛大屠杀、对农民起义的大屠杀相比,也远远比不上当代各国政府实施的死刑、单人囚室和军事集中营中的囚禁、绞刑、砍头和战争中的厮杀。君王被杀造成的惊骇也不是由于他们是无辜的:要说亚历山大二世和亨伯特的被杀是无辜的,那么成千上万死于普列夫纳城下的俄罗斯人和死于阿比西尼亚战争的意大利人就更是无辜了。君王被杀让人惊骇的真正原因是:杀死他们的人是缺乏理智的。

如果刺杀君王的人是激于义愤或为报私仇而为,尽管其行为是不道德的,还是可以理解的。然而那些无政府主义者,其目的是为了改善民众的生活境况,却没有任何好办法,只会派出暗杀者来对各国君王制造威胁。实际上杀死这些君王就像神话中砍杀妖怪的头一样,是白费劲的:你砍掉一个脑袋,它又长出一个新脑袋。各国君王已经建立了这样一种制度，就像市场上卖的玩具手枪一样，在射出一颗子弹后，会自动填入一颗新的子弹。老国王一死，新国王登基。既然是这样，又何必去杀他们呢？

认为只要杀了这些君王就可以解放受压迫的民众、消除残杀百姓的战争，实在是一种太过肤浅的想法。我们只要想一想尼古拉或亚历山大、腓特烈或威廉、拿破仑或路易、帕默斯顿或格拉德斯通、卡尔诺或富尔、马克·金利或其他人掌权时都施行过同样的压迫、进行过同样的战争，就可以知道，让老百姓遭受压迫和战争苦难的不是某个具体的人，而是社会制度所致；在这种制度下，所有的民众都被掌控在某几个人，或者更为常见的是被掌控在一个人手中，他或他们操有对千百万人的生杀大权。这种不正常的地位导致他或他们心理上的反常，多少有一些自大狂的倾向，只是因其地位特殊，不太为人所知。

这些人从小到大都生活在一种奢华、虚假和逢迎的氛围之中，他们所受的教育让他们只关注一件事：怎样杀人。他们从小就在学各种杀人方式，因此他们身着戎装，腰挎军刀，检阅和视察军队，观看演习、互相访问、授勋、派出军事人员，却没有一个人出来指责他们的作为是犯罪。恰恰相反，君王们到处听到的是赞美，是为他们的杀人行为叫好的声音。君王外出巡游、检阅和视察，受到人们狂热的欢迎，被高呼为万岁。于是他们以为，老百姓是赞同他们这样干的。无论君王的行为如何愚蠢暴虐，那些报刊都会给以肉麻的颂扬，而他们也就理所当然地认为这代表了民意，老百姓是拥护他们作为的。君王周围的那些人，无论是神职人员还是非神职人员，都竭力讨好奉承，怂恿他们任意胡为，同时又瞒骗他们，不让其知道事情真相。这样一来，君王始终碰不上一个诚实的人，听不到一句真话。有时看看君王的言行，真让人不寒而栗；不过一想到他们的特殊地位，也就见怪不怪了：无论谁处在那个位置上都会那样干。一个真正聪明的人处在这个位置，唯一应该做的就是不让自己处于这种地位。

德国威廉皇帝是那样愚蠢、粗野、虚荣,满脑子想的都是容克地主的利益,而民众却对他高呼万岁,而各国报刊还把他的话当成最高指示。如果威廉皇帝说,士兵们应该按照他的命令杀人,甚至去杀他们的父亲,他们会狂呼万岁;如果他说,要强迫人们相信福音书,他们也会狂呼万岁;如果他说,德国军队在中国打仗时要把俘虏统统杀掉,他们不但不会把他送进疯人院,还会马不停蹄地奔向中国去执行其命令。又如性格温和的尼古拉二世,他刚刚登位时说,不要个人独裁,要广开言路,于是大臣们和报刊就对他称颂有加;他一边提出一个既幼稚又虚伪的和平倡议,另一边又下命令扩军备战,人们照样对他称颂有加;他毫无理由地对芬兰民众进行残酷的侮辱和践踏,人们还是对他称颂有加;最后,他下令屠杀中国人,直接违背了自己的和平倡议,犯下极其残暴的罪行,人们还是对他称颂有加,既称赞军事上的胜利,又称赞皇帝和平政策的成功。

这些人的脑子里出了什么问题呢?我认为,压迫民众、发动战争杀人的主犯并不是亚历山大和亨伯特,也不是威廉和尼古拉,更不是张伯伦,尽管是他们指挥了这种压迫活动和战争;真正的主犯是那些拥护他们当政、同意他们掌握生杀大权的人。因此,不应该去杀亚历山大、亨伯特、威廉、尼古拉等,而应该改变产生了这些人的社会制度。人们由于自私自利而拥护各国现存的社会制度,为此而出卖了自己的自由和人格。

整个社会由低到高,形成金字塔样的各个阶层,他们都是被上一阶层拿很小的物质利益来诱惑,或者受到蒙蔽,从而出卖了自己的自由和人格;只是站在金字塔顶端的几个人或一个人,不须谋利,他们唯一的行为动机是权力欲或虚荣心。这样的人手握民众的生杀大权,在受到周围的人不断地讨好奉承后,很快就腐败了,从而变本加厉地为非作歹,却自以为是在为民众造福。各国民众为一己之利而出卖自己的人格，造就了这样的领袖人物，现在又因为他们的所作所为要去杀他们，这就跟有些人先是宠爱孩子、然后又打孩子的做法是一样的。

为了消除压迫人的现象和战争，也为了不去仇恨和杀害那些欺压民众的人，我们要做的事情其实十分简单：让人们知道事情的真相，知道军队是杀人的工具，而国王和总统们大张旗鼓地调集军队，实际上是在做杀人的准备。如果国王、皇帝和总统都认识到，他们对军队的统领并不是像那些讨好奉承的人所说的是什么崇高的使命，而是卑劣残忍的杀人准备；如果民众都认识到，交税用于武装军队或者去军队当兵，并不是什么小事，而是卑劣残忍地准备杀人；那么皇帝、总统和国王手中的权力就会自然消亡，而那些人就是为了推翻这种权力而刺杀君王的。因此，不应该去杀亚历山大、卡尔诺、亨伯特或别的君王，而是告诉他们：他们就是杀人凶手。我们要做的，是不让他们杀人，拒绝执行其杀人命令。

如果民众现在还没有这样做，那是因为各国政府出于自保而在他们身上施展了催眠术，因此，如果要让人们不再去刺杀君王，不再自相残杀，就不能用杀人的办法（杀人只会加重对民众的催眠效果），而只能让民众从被催眠状态中清醒过来。

我想说的道理就是这些。

——《不要杀人》

2.我不能沉默

1908 年 5 月 9 日，发生了一件可怕的事情。报纸上写道："今日在赫尔松的思特林斯基荒野，对 20 名农民施行绞刑；其罪名是抢劫了伊丽莎白堡的地主庄园。"

你们声称,制造这种恐怖事件是为了安定和秩序。但你们靠什么来实现它?你们这些所谓的基督教代表人物,受到教会的支持和鼓励,靠的是毁掉人们最后一点信仰和道德、制造最大的罪恶,也就是说谎、出卖、酷刑以及无穷无尽的屠杀,却拿那些被你们称之为法律的愚蠢条文为自己辩护。你们声称,这是安定人心和消除革命的唯一办法。这显然是骗人的话。十分明显的是,这并不是满足俄罗斯农民最根本的正义要求即废除土地私有,而是肯定这种私有制,并采用种种方法来激怒人民,激怒那些以暴力同你们抗争的铤而走险者。你们既然已经让他们的肉体和精神饱受折磨,遭到流放和监禁,连孩子和妇女都被绞死,就无法让他们处于安定状态。尽管你们无视于人类理性和爱的存在,它们仍然留存于你们心中;一旦觉醒,就会发现,像现在这样的行为和制造的罪恶,不但不能医治顽症,反而会让人病入膏肓。这一点应该是十分明显的。

造成这种情况的原因并不是物质方面的,而在于人民的精神状态。人民的精神状态变了,而且不可能恢复到过去,就像不能把一个成年人变成孩子一样。社会是激荡还是安定,这并不取决于彼得罗夫能活下去还是被绞死,也不取决于伊万诺夫是生活在坦波夫还是被流放到尼布楚去服苦役,而是取决于大多数人怎样看待自己的境况,怎样看待政府当局、土地私有制度和被宣扬的信仰,也就是怎样看待善和恶。这种恐怖事件引发的效应不在于物质生活方面,而在于人民的精神状态:如果你们折磨和屠杀的哪怕只有十分之一的人民,那么其余的人之精神状态就绝不会是你们所希望的那个样子。因此,你们现在所干的这一切,搜查、追踪、流放、监禁、苦役、绞架,不但不能把人民引向你们所希望的状态,还会大大激怒他们,让这个社会永远不能安定下来。

你们会问:"那么怎样才能让他们安定下来,停止正在发生的暴行呢?"我的回答很简单:停止你们正在干的这些事。如果谁都不知道怎样才能让人民安定下来，不知道为此需要做些什么，那么至少应该知道，要让人民安定下来，就不要去做只会激怒人民的事情，而你们现在做的恰恰就是这样的事情。你们这样做并不是为了人民，而是为了你们自己，为了维护自己的地位，维护那种看起来对你们有利实则可怜和可耻的地位。因此，你们就不要再说什么是为了人民，这是十足的假话。无论你们重复多少次，说你们所干的一切都是为了人民的幸福，人民都不会相信你们，而且越来越鄙视你们，越来越反对你们的压迫行径。

你们说："这些事不是我们发动的，而是革命分子，他们的暴行只有通过政府的强硬措施才能制止。"你们还说，革命分子的暴行太可怕了。对此我不予争辩，还可以补充一点：他们干的事情除了可怕以外，还跟你们一样愚蠢和无法达到目的。但他们干的事情，炸弹、暗杀、谋财害命等，尽管十分可怕和愚蠢，在程度上还是大大地不如你们。他们跟你们一样，有着一种荒谬的看法：既然他们能够设计出一个理想的社会，就有权按照这个来支配人们的生活，为此可以采用一切手段直至杀人。其理由是，为多数人的幸福去干坏事，不是不道德的；因此，为了实现这种想象的幸福，可以说谎、抢劫、杀人。既然你们同样使用那些不道德的手段来达到自己的目的，就没有任何理由来谴责这些革命者，他们干的不过是你们也干的事情：你们培养奸细，欺骗人民，在报刊上散布谎言，他们也这么干；你们采用种种暴力来掠夺人民的财产并随意处置之，他们也这么干；你们杀死认为是坏人的人，他们也这么干；你们想出种种理由来为自己的恶行辩护，他们也这么干；此外你们还干了许多他们没有干的坏事，如大肆挥霍人民的财产、准备和发动战争、征服和压迫外族人民，等等。

因此，如果说你们跟他们有什么区别，那就在于你们希望一切保持现状，而他们希望变革。在这一点上他们比你们正确，然而他们又跟你们一样有着极其荒谬的看法，即相信自己掌握了人民未来的生活方式,因此有权采用暴力来实现之。此外他们的所作所为跟你们完全一样,他们不仅是你们的学生,还是你们的产物或孩子,没有你们就不可能有他们。如果还要找出你们和他们之间的区别,那对你们更为不利,而对他们的责罚则可以减轻。首先,他们的暴行是个人冒着极大危险干出来的,要比你们冒的危险大得多,这就让许多年轻人愿意原谅他们的行为。其次,他们大都是年轻人,而年轻人本来就易于犯错,而你们却大都是年纪较大的人和老人, 本来就应该对犯错者采取一种宽宏大度的态度。再次,无论他们的杀人行为是怎样令人厌恶,都没有达到你们在施里萨堡要塞、苦役、绞索、枪毙中所做的那样暴虐残忍的程度。最后,他们都无一例外地不接受任何宗教教义,自认通过目的的实现就可以证明手段之正确,而你们却打着保卫基督教的旗号来干那些跟其毫不相容的事情。

　　你们是年纪大的人,位居高职,信奉基督教,却说:“这事不是我们发动的,而是他们。”就像小孩打架一样。你们这些人民的统治者,难道就说不出比这更好一些的话来吗?你们承认,上帝不仅禁止任何屠杀,还禁止向弟兄们发怒;他不仅禁止法庭和刑罚,也禁止责罚弟兄们,应该废除所有的惩罚,在任何时候都要宽恕;如果你的左脸被人打了,就要伸出右脸让他打,而不要以恶抗恶。

　　我明白,所有的人都是人,我们都是弱者,都会犯错,因此一个人不应该去指责另一个人。因此,长期以来,我一直在抑制自己被那些可怕罪恶激发出来的感情,这种感情因那些罪恶的加深而越来越强烈,现在终于爆发了。我的情感爆发是因为,首先,这些无视自己罪行的人需要别人来揭发,既要揭发他们的罪行,还要揭发那些赞扬和仿效他们的人。其次,我希望通过这种揭发,把自己从那些犯罪者中剥离出来,而现在我生活在这个圈子里,不能不认识到自己是周围这些罪恶的参与者。我感到,是为了我,人民才这么贫穷,被剥夺了最基本的权利,也就是使用自己诞生于其中的土地；为了我，数十万农民被迫穿上军装和训练杀人；为了我，才有这么多假冒的教士在歪曲真正的基督教；为了我，才把人们从一块土地赶往另一块土地；为了我，才有数以千万计的工人忍饥挨饿；为了我，无数的不幸者在要塞和监狱中死于伤寒和瘟疫；为了我，那些被流放、监禁、绞死的人之父母妻儿痛苦万分、伤心欲绝；为了我，才有这么多的特务暗探和阴谋诡计；为了我，才让那些杀人的军警获得赏赐；为了我，成百上千的人遭到枪决；为了我，愿意干刽子手这一曾令人厌恶的行当的人越来越多；为了我，才有了这些吊死在绞刑架上的妇女、儿童和男人；为了我，人们相互间就像狼一样凶残。

所有这些都是因我而发，为我所做，我是这些罪恶的参与者。这样的话听起来有些荒谬，实际上我无法不感受到，我这间宽敞的房屋、午餐、衣物、闲暇和那些可怕罪行之间的关系。尽管我知道，如果没有政府的暴力威胁，那些无家可归、满含仇恨、道德堕落的人就会把我的东西一掠而空，我仍然感到，我现在的安宁完全依靠政府制造的恐怖。看清了这一点，我再也无法忍受内心的痛苦，要从中解脱出来。我再也不能就这样生活下去。因此我写了这篇文字，我还想方设法让它在国内外发表，为的是造成如下后果：要么终结这些杀人事件；要么斩断我跟这些事件的联系，把我关进监狱，从而让我意识到，这些恐怖事件都不是因我而起；或者更好的办法是像对待那 20 个或 12 个农民一样，也给我穿上死囚服，戴上死囚的圆帽，勒紧套在我这老衰喉管上的被抹上肥皂的绞索。

为了能实现这两个目的其中之一，我要向所有这些恐怖事件的参加者呼吁，向大家呼吁，从那些给弟兄、妇女、儿童戴软圆帽、套绞索的人开始，从监狱官到你们这些可怕罪恶的主要指挥者和下达命令者，弟兄们，醒醒吧、悔悟吧，要搞清楚你们是谁，在干什么。要知道，在成为刽子手、将军、检察官、法官、内阁大臣、沙皇之

前,你们首先是人。现在你们出现在这个世上,明天你们就不存在
了。你们这些转瞬即逝的人为什么看不到,你们的使命不是折磨
人、杀人而面临自己被杀时却吓得浑身发抖?你们向自己、他人和
上帝说假话,却要自己和他人相信你们做这些事是为了人民的幸
福。你们这样做只是为了做坏事还要充好人。你们应该知道,跟这
世上的每个人一样,你们唯一应该做的事情就是遵从那个让我们
来到这个世界上的意志,而这一意志就是人人相爱。然而你们做
了些什么?你们爱谁,谁又爱你们?是你们的妻子儿女吗?但这并
不是爱,妻子儿女的爱不是人类之爱,因为动物也会这样去爱,而
且爱得比人更为强烈。人类之爱是去爱所有的人,就像爱上帝的
儿子,也就是爱自己的弟兄一样。你们对谁有这样的爱吗?没有。
那么有谁这样爱你们吗?也没有。人们害怕你们,就像害怕野兽一
样;也许他们在表面上会讨好你们,其实在内心蔑视你们、仇恨
你们,而且恨之入骨。其实你们明白这一点,你们也害怕他们。你
们都好好想想吧,无论是位居高位还是低级的杀人者,好好想想
你们是什么人,停止你们干的勾当吧。停止吧,不是为了你们自
己,不是为了个人,不是为了人们不再谴责你们,而是为了你们
自己的灵魂,为了上帝,无论你们怎样压抑他,他仍然活在你们的
心中。

——《我不能沉默》

3.我反对政府暴力和革命者的暴力

大约一个月前,有两个年轻人来我这儿,要我的小册子。他们
一个头戴鸭舌帽,脚穿树皮做的鞋;另一个戴着制作精良的黑礼
帽,但有点旧,穿的皮靴有点破。他们告诉我,他们来自莫斯科,是

工人,因为参加武装起义而被迫离开那里,说话中流露出十分自豪的样子。一路上来到这里,被雇用在这个村的果园里当守卫,干了还不到一个月。昨天园主把他俩辞退了,原因是他们鼓动当地农民捣毁果园。他们带着微笑否定了园主的说法,说他俩只是晚上到村里转转,跟当地农民聊聊天,并没有鼓动谁干什么。

他俩,特别是那个显得更活泼一些的,笑的时候一双黑眼睛炯炯有神,露出一口白牙。他们都读过不少革命书籍,因此在谈话时满口专有名词:演讲家、无产阶级、社会民主党人、剥削什么的,不管使用是否得当。我问他们读过一些什么,那个皮肤稍黑的笑着回答:读过各种小册子。我问是什么样的小册子。回答是:"什么样的都有,例如《土地与自由》。"我问他们读后的感想。皮肤稍黑的回答:"里面写的都很对。"我问:"对在什么地方?"回答是:"说明生活已经无法忍受了。"我继续问:"为什么无法忍受?"他们回答:"这是显而易见的:没有土地,又没有工作,老百姓不为什么就受到政府的残酷压迫。"

接下来他俩互相打断对方的话,抢着说哥萨克人是怎样用鞭子抽打老百姓,警察是怎样胡乱抓人,甚至把那些无辜的人打死在家中。我认为武装起义是不好的、不理智的,并谈了一些理由。那个皮肤稍黑的笑了一下,语气平静地说:"我们不这样认为。"我接着说起杀人是一种罪恶,谈到上帝,他俩互相看了一下,那个黑眼睛耸了耸肩说:"那么按照上帝的法规,我们无产者就应该让人剥削吗?以前是这样,但现在我们觉醒了,不再……"我给他们拿了一些小册子,大都是宗教方面的,他们看了看标题,显得不太满意。我说:"也许你们不喜欢,那就不要拿去了。"那个皮肤稍黑的说:"为什么不拿?"同时把这些小册子塞进怀中,然后他俩向我告辞。

尽管我没有看报,从家里人的谈话、接收的信件和来访者的议论中,我对近来国内发生的事情有所了解,特别是知道老百姓的看法发生了巨大变化。以前只有一部分人谴责政府,现在是几乎所有的人都指责政府的行为是非法的、有罪的,风潮的产生其根源在政府。持这种看法的有教授、邮政官员、作家、小店主、工人甚至警察。国家杜马被解散后,人们的激愤愈加强烈,最近频发的政府杀人事件使得这种激愤达到顶点。我知道这些情况,而跟这两个人的谈话就像一种力量, 使逐渐凝固的水突然变成了冰,我以前获得的这些印象突然变成清晰无误的信念。

　　跟他们谈话后我清楚了:政府为打压革命而采取的种种罪恶行径,不但不能把革命打压下去,反而让它愈演愈烈。我清楚了:即使革命烈火由于政府的恐怖镇压而暂时熄灭,它也不会真正消亡,只不过是潜藏着,以后会以给更大的能力爆发出来。我清楚了:革命的烈火已成燎原之势,只要碰上易燃物一点就着。我清楚了:政府只有停止所有的镇压活动,不仅停止死刑和抓捕活动,还要停止流放、迫害和查禁活动,才有可能缓解民众的愤慨。我认为,现在政府能够做的就是向革命者妥协,允许他们按照自己的想法去做。我也知道,如果我提出这样的建议,只会被人看作疯子。因此,尽管我知道,政府继续这样干下去,只会让局面越来越坏,而不会有丝毫改善,我却不能把这一点写出来,也不准备把它讲出来。过了快一个月,我对时局的估计不幸被言中了:死刑、屠杀和抢掠越来越严重。我从人们的谈话中和随便翻翻的报纸上可以知道这一点,我还知道民众对政府的敌对情绪也越来越强烈。

　　前天我散步时,一驾马车与我顺向而行,到我身边时,车上跳下一个年轻人,来到我面前。他个子不高,留着一撮淡灰色的胡子,看起来很有灵气,但目光不友好,似乎有些忧郁,脸色也不太健康。他身穿一件皮夹克,有些破旧,脚穿一双高勒皮靴,头戴一顶带盔头的蓝帽子,人们说这是最时髦的革命服。他向我要一些小册子,我看出这是他想同我搭讪的借口。我问他从哪里来。他说就住在附近这个村子里,是农民。前不久村子里有一些妇女来找过我,她们的丈夫被关进监狱。我对这个村子很熟,曾带着官方出版的识字课本来到这个村子,这些农民身体健美,很有灵性,给我留下深刻印象。在我办的学校里,那些学得好的学生大都来自这个村。

我问这个年轻人,那些被关在监狱里的农民的情况。他以一种十分肯定的态度说:这一切都要归咎于政府;这些农民都是毫无缘由地被抓进去的,先是遭到残酷的殴打,浑身是伤,然后被关进监狱。我问他,这些农民被定的什么罪;他说了半天我才听明白,他们聚集群众,发表演讲,大讲没收土地的必要。我表示,要实现所有人平等占有土地的权利,只能让土地不再成为任何人的私有财产,但不能采用土地国有以及其他强制性的方法。他不同意我的看法:“为什么? 只要组织起来就可以。”我问:“怎样组织?”他说:“到时候就知道了。”我问:“你说的是武装起义吗?”他回答:“这是必然的,尽管很可悲。”

我给他讲了一些道理,是最近我经常讲的,即不能用恶来战胜恶;只有通过不参加暴力才可能战胜它。他看了看我,皱着眉头说:“但人们已经活不下去了:没有工作,没有土地,出路在哪儿?”我说:“我不想跟你争论,从年龄上讲,我可以做你爷爷了。我只想告诉你一点,年轻人,如果政府的行为是不对的,那么你们的行为也同样不对。年轻人,要好好生活,不犯罪,不违犯上帝的法规。”他表示不满地摇摇头:“每个人都有自己的上帝,一万个人就有一万个上帝。”我说:“无论怎样,我还是希望你不要再干下去。”他回答:“那到底怎么办呢? 我们总不能就这样忍受下去吧? 到底怎么办?”我感到这个谈话不会有什么结果,就想离开,但他叫住了我:“你可以为我订一份报纸吗?”我拒绝了这个要求,心情沉重地离开了他。这人就是本村种地的农民,还不是失业的手艺人;而现在有数以万计的手艺人无事可做,在全国各地流浪。

回到家中,我发现家里人也跟我一样心情沉重。他们刚刚看过新来的报纸(这是 10 月 6 日)。女儿告诉我:"今天又有 22 个人被处死,这太骇人听闻了。"我说:"这不仅是骇人听闻,简直是荒谬到极点。他们的倒行逆施越来越厉害了。"有谁接我的话说:"那么到底怎么办?总不能让这些杀人的、抢劫的就这样算了。"这样的话我已经听过多次。那两个从果园来的流浪汉和今天遇到的那个农民都对我说:"到底怎么办?"

有一种人,即革命者说:"我们不能就这么忍受这个无德政府的疯狂暴行,它祸国殃民,为害极大。我们也并不满意自己的做法,但到底怎么办?"还有一种人,即保皇分子说:"决不能让那些组织动乱的人夺取权力,决不能让他们按照自己的意志来管理、破坏和毁掉俄罗斯。现在我们采取的做法是严厉了一点,但到底怎么办呢?"这样,我想起跟我接触的革命党和保皇分子,包括今天的那个农民,还有那些制造炸弹、杀人抢劫的革命党以及那些成立军事法庭、枪杀和吊死人的人,他们都是走上歧途的不幸者。这两种人都认为自己做得对,同时又问道:"到底怎么办?"

他们都问:"到底怎么办?"然而这问话的意思并不是"我应该怎么办",而是说"如果我不这么办,那么情况会更糟"。我想对他们说,如果你真是把这作为一个问题提出,而不是为自己辩护,那么它的答案十分简单:你不应该把自己看成是一个沙皇、部长、士兵,或者革命委员会的成员,而应该仅仅把自己看成一个按照本性去行事的人,也就是遵循将你送到这个世界上来的力量之要求去行事,遵循上帝的要求去行事。这样一来,所有的罪恶都可以消除,人们有如拨开云雾见青天,因为以前他们都以为只有自己是出类拔萃的人,可以拯救万民于水火之中,其实是给民众带来深重的灾难。

这个世界上存在着一种普遍规则,是有理性的人所公认的,并被各个民族的传奇、宗教、科学和人们的良心所证实。这一规则是:为了实现人类的使命和幸福,所有的人都应该互相帮助和关爱,最起码不应该有意侵犯他人的自由、杀害他人的生命。然而现在人们却分为不同的派别:有些是皇帝、部长、士兵;另一些是各种委员会的成员。他们进入这种种角色后,忘乎所以,以为违犯原先的普遍规则反而可以给人类带来更大的幸福。但我相信,目前深受其害的大多数人最终会识破这种骗局,从而摆脱暴力和犯罪。我们应该做的只有一件事,就是按照上帝的要求去行事。一个没有完全丧失良心的人,一旦抛开自己的社会地位,无论是部长、警察还是某个委员会的成员,都会意识到上帝的这一要求。这样一来,我们的悲惨命运就会改变,种种灾难就可避免,俄罗斯大地就会成为天国。

即使现在只有一部分人这样去做,以后人会越来越多,而这个世界的罪恶就会越来越少,我们离所期盼的天国也就越来越近。

——《到底怎么办》

4.个别自由和一般自由

现在人们都在谈什么个别的自由,例如言论自由、出版自由、信仰自由、选举自由、集会自由、结社自由、劳动自由,等等。这表明,那些俄罗斯革命者对一般自由还缺乏了解,或者说对自由的理解是错误的。现在的人们认为,他们顺从政府的暴力是很自然的行为,如果政府允许他们干一些事情,这就是自由了。这就像过去奴隶心中的自由就是星期天获准去上教堂,或者在暑天获准洗澡,或者在收工后获准缝补自己的衣服一样。实际上,只要我们抛开已经习惯的看法,就会发现,我们自以为是自由的种种情景,其实都是受奴役的表现。

　　一个人从他诞生之日起,就受到一大堆法律的制约,规定了他该做什么、不该做什么;国家制度越是完善,这种规定就越是细密。这些法律首先规定他必须宣誓遵守所有的法律;规定他怎样才能结婚,怎样才能离婚,怎样抚养子女,哪些子女是合法的,哪些是不合法,谁能继承财产以及如何继承;规定他触犯了什么法律就要被审讯和判刑以及如何判刑;规定了他在什么年龄可以开始雇用工人,工人每天劳动的时间以及他应该提供给工人的食物;规定了他应该怎样对子女进行疫病防治,他和家属以及家畜染上某些疾病时应如何处置;规定了应该送子女进什么样的学校;规定了他可以建造多大面积以及坚固程度如何的房子;规定了他可以喂养怎样的家畜、怎样使用水源等事宜;规定了他应该怎样惩罚那些不遵守法律的行为。这些法律的规定多如牛毛,难以尽述。

　　由于这些法律的规定,无论他买什么生活必需品,如盐、啤酒、葡萄酒、衣料、铁器、煤油、茶叶、白糖等,都得多花一大笔钱去支付那些他也说不清楚为什么要缴纳的费用。每搬一次家,每得到一笔遗产,或者每做一笔生意,都得多花钱。如果他占有一块土地,在上面盖了房子或用作耕地,还得缴纳更多的钱。因此,如果他是靠自己的劳动生活,他的大部分劳动成果都被用在缴纳各种税费上面了。法律还规定,他到了成年就得应征入伍,也就是接受最为残酷的奴役,还得去打仗。人们并不认为这是处于奴隶地位,反而以此为骄傲,就像仆役以伺候自己的主子而自豪一样。如果一个人还没有被统治者完全洗脑,他会对自己说:"我为什么要干这些事情?我要工作,要养家糊口,不要以俄罗斯的名义来盘剥我。我不需要它。你们可以用暴力抢走我的一切,也可以杀死我,但我不会去参与奴役自己的行为的。"然而现在人们都不说这样的话,他们认为一个人必须得隶属于一个国家;这就像笼子里的小鸟一样,尽管笼子的门已经大开,它却不飞出来,这是因为习惯了在笼中,也不知道自己已经获得自由。

那些生活在城市的人不愿飞出笼子外还情有可原,因为他们的利益跟统治者的利益是联系在一起的,觉得奴隶地位似乎对自己比较有利。例如洛克菲勒不会拒绝本国的法律,因为这种法律可以保证他在损害劳动人民利益的基础上赚取亿万财产;他下面的那些企业经理以及雇员也不会拒绝这种法律,因为他们都是这种法律的受益者。然而各国那些从事农业劳动的人,包括大多数俄罗斯人民,为什么要对这种并不需要的权力顺从呢?生活在图拉、波兹南、堪萨斯、诺曼底、爱尔兰、加拿大等地的人,跟彼得堡、高加索、波罗的海沿岸的攻城略地以及外交活动有什么关系呢?生活在波兹南的一家人跟普鲁士的柏林以及非洲殖民地毫无关系;生活在爱尔兰的一家人跟不列颠的伦敦以及埃及等地的事件毫无关系;生活在堪萨斯的一家人跟美利坚的纽约以及菲律宾的事务毫无关系。然而他们都得为此付出自己的劳动成果,得参加战备和打仗,得服从他人制定的种种法律。他们被告知说,由于他们选举了一个并不认识的人作为代表,他们现在所服从的,并不是别人,而是他们自己。实际上,只有那些自欺欺人的人才会相信这种鬼话。一个人隶属于某个国家,他就不可能有真正的自由。只要国家以及用来支撑它的暴力存在,无论它采取什么样的形式,都不会有真正的自由。人们往往会就此产生疑问:“如果没有国家,我们怎么生活呢?”他们已经习惯于让自己隶属于某个暴力机构,或者是一个法国人,或者是一个英国人、德国人、美国人、俄罗斯人等,就像习惯于自己是父母的儿子、祖父母的孙子一样。如果他们不隶属于某个国家的政府,就觉得自己无法生活下去,就像几千年前人们觉得如果没有那些决定他们怎样行动的祭司和预言家就无法生活下去一样。

人们发问:“如果不隶属于任何一个政府,我们怎样生活呢?”我对此的回答是:跟现在一样生活,只是不再去做那些由于迷信而干过的蠢事和恶行。他们跟现在一样生活,只是不把自己的劳动成果拿去交税,也不参加任何暴力、审判和战争。以从事农业劳动为主的俄罗斯人民,他们大多数人在过去和现在都是自己处理所有的公共事务,对于政府毫无所求。在当前的情势下,他们更加清楚,他们不需要任何政府,无论是最专制的还是最为民主的,就像一个自由人不需要任何质地和长短的锁链一样。人民不需要任何个别的自由,只需要一个真正、完全、一般的自由。为此他们不需要同政权做斗争,也不需要任何代表制度,只需做到不要对人顺从。只要人民不再顺从政府,就不会有税收、剥夺土地、压迫、兵役、战争。这样的做法简单易行,为什么人们不去这样做呢?这是因为,如果他们不再顺从政府,就得顺从上帝,也就是必须过一种善良的有道德的生活。人们在多大程度上顺从上帝,过这种有道德的生活,就能在多大程度上不对人顺从,从暴力中解放出来。

——《论末世》

5.我们不应该参加任何暴力

那些富人习惯了自己奴隶主的角色,在涉及改善工人生活状况问题时,他们以主子的身份为这些奴隶设计出种种方案,然而在观念上却没有任何改变,也就是说,他们并没有意识到自己是没有权利支配他人的;如果他们真正是为这些人好,就要停止正在做的坏事, 这种坏事就是不仅享受奴隶的强制性劳动的成果,还亲自参加确立和维护这种强制性制度。那些工人由于长期受到奴役,在精神上也处于麻木不仁的状态;他们认为自己的境况之所以十分糟糕,是因为主人占有生产工具,而支付给他们的工钱太少。他们没有想到的是,这种境况主要怪他们自己,他们也得停

止做坏事;这种坏事就是他们为了改善物质生活状况,不惜牺牲
自己的尊严和自由去接受那些下贱的不道德的职务,或者去生产
那些有害的非必需的物品,或者以缴纳赋税和直接服务的方式来
参与政府活动,从而让自己处于奴隶状态。要想改变这种状态,无
论是富人还是工人,都应该明白,不能只顾自己的利益,必须为他
人做出牺牲。他们不仅要改变自己的生活习惯,牺牲自己获得的
利益,还得准备着进行斗争,不是跟政府斗,而是跟自己和自己的
家庭斗,准备着由于拒不执行政府的要求而受到迫害。因此,对于
我们应该怎么办的问题的回答十分简单明了,并且易于接受和实
行。它就是:一个人无论是奴隶主还是奴隶,都应该不做坏事,因
为这种坏事会造成对他和他的兄弟的伤害。首先,无论他是否自
愿,都不应该参加政府活动,因此不能接受任何名头,无论士兵、
将军、部长、税务员、证人、村长、陪审员、省长、议员,凡是跟暴力
有关的所有职务都不能接受。其次,他不应该自愿向政府缴纳赋
税,无论是直接的还是间接的;同样也不应该享用靠赋税获得的
金钱,无论是薪水、养老金还是奖金;还不应该享用政府举办的各
种事业, 因为它们都是靠用暴力从人民那里征收的赋税来维持
的。最后,他不应该依靠政府暴力来维护对土地和其他物品的占
有以及自己和家人的安全;他对土地或劳动产品的占有,应该限
制在他人对此不提出要求的范围之内。

　　有人会说:"要这样做不可能,因为拒绝参加政府事务就等于
拒绝生活。"一个人拒绝服兵役,就会被送进监狱;他不缴纳赋税,
就要被没收财产来充抵赋税;他拒绝在政府中服务,如果没有其
他生活来源,就会全家饿死;他如果拒绝政府对其财产和人身的
保护,后果也差不多。如果他不享用征收赋税得来的物品,就很难
生存下去,因为这些物品大都是最必需的;同样的,如果他不享用
政府举办的事业,如邮电、交通等,在生活中也是寸步难行。尽管
现代人要拒绝参加政府的任何暴力是很难的,这并不表明他没有

可能逐渐地摆脱它。尽管不是所有人都能做到拒绝当兵,他们每一个却都可以不自愿地在军队、警察局、法院、侦查处服务,还可以少拿一些报酬而放弃政府职务去为私人工作。尽管不是所有人都能够放弃土地所有权,他们每一个却都可以在知道私有权罪恶的基础上逐渐缩小它的范围。尽管不是所有人都能放弃资本、不再享用暴力保护的物品,他们每一个却都可以减少消费和对那些物品的需要。尽管不是所有人都能够放弃自己在政府的俸禄,他们每一个却都可以尽可能地少拿俸禄,同时减少自己职务与暴力的关系。尽管不是所有人都能够拒绝进入政府开办的学校,他们每一个却都可以做到尽可能地去上私立学校,尽可能少地享用政府举办的事业。

　　每一个正直有良心的人都会说:"也许国家是个性发展的必要形式,国家暴力对于社会幸福是必要的。然而有一点是我确信不疑的:屠杀是犯罪。你们要我去当兵,要我成为屠杀的参与者,我决不会同意这样做;我也不会使用你们以屠杀相威胁从饥寒交迫者身上搜刮来的钱财;我也不会使用你们靠屠杀来保护的土地和资本。如果我不清楚这些事情的罪恶性质,也许我会去做这些事;然而一旦我看到事情的真相,就无法不正视它们,也就不会再参加进去。我很清楚,所有的人都受到暴力的束缚,很难完全摆脱它,但我仍然要去做自己所能做的事情,也就是不参与暴力,不当它的同谋,尽可能地不享用靠屠杀获得和保护的东西。我的生命只有一次,在这短暂的一生中,我为什么要违背自己的良心去做这些卑鄙可耻的事情呢?我决不会去做这样的事。我不知道这会有什么结果,我只是相信一点:这绝不会有任何坏处,我按照自己的良心做了那些该做的事情。"每一个正直有良心的人都会这样来回答那种对于政府和暴力必要性的论证,拒绝任何参加暴力的要求或请求。

　　有些人最为担心的是,在没有暴力的情况下,私有财产不能受到保护,因为每个人可以随意从他人那里去拿他所想要的东西而不受到惩罚。针对这种说法,我的回答是:这就像我们本来是由于酗酒而患病,却还指望通过适度饮酒来改善自己的状况,或者是一边吃着那些庸医胡乱开的处方,一边继续喝酒。如果我们社会的病症是由于一些人对另一些人行使暴力,那就不应该继续以这种方法来改善社会的状况,也就是继续保留现在的政府暴力,或者增添新的暴力即所谓的社会主义革命暴力。这样做是不可能改善我们的状况的。要拯救酒精中毒症患者,只有一种方法,那就是戒酒,也就是要消除患病的原因;同样的,要想让人们不遭受恶劣的社会制度的伤害,也只有一种方法,就是禁止暴力,禁止个人暴力,禁止对暴力的任何宣扬和辩护,也就是消除造成社会灾难的原因。这是消除社会灾难的唯一方法。这种方法还符合了当代每个人的道德原则。既然我们知道了对私有财产和人身的保护,都是依靠屠杀或威胁要屠杀来实现的,就不能问心无愧地享受这样获得的东西,更不能去参与这种屠杀或要屠杀的威胁。因此,无论是为了消除社会的灾难,还是为了满足每个人的道德情感需要,都要求我们每个人不参加暴力,不为暴力辩护,不利用暴力获得好处。

——《当代奴隶制度》

6.人类没有政府能否生活

工人之所以贫困,是由于奴隶制度,而奴隶制度的原因是法律;法律又是建立在有组织的暴力基础上的。因此,只有消灭有组织的暴力,才可能改善工人的状况。然而有组织的暴力就是政府。难道说没有政府人们也能够生活吗? 没有政府社会就会混乱,出现无政府状态，一切文明成果就会毁于一旦，人们重新回到野蛮的原始时代。如果破坏现有的秩序，消灭政府，就会造成巨大的灾难：动乱、抢劫、凶杀，坏人横行无忌，好人将被奴役。不仅那些感到现有秩序好处的人会有上述想法，就是那些感到现有秩序对自己不利的人也是这样认为，他们无法想象没有政府暴力也能够生活下去。

我要说的是，破坏现有秩序会产生动乱和无秩序状态，这一点并不能证明这一秩序就是好的。"只要碰一下现有秩序，就会产生巨大灾难"。这就像用成千上万块砖头垒砌一个又长又高的立柱，只要挪动其中一块砖，所有的砖头就会垮塌下来。然而这并不能证明这种建筑是合理的；恰恰相反，这表明该立柱的设计很不合理，基础很不牢固。现在的国家机构也是一样的不自然、不牢固，稍微碰一下就可能摧毁它；这不但不能证明它是必需的，反而表明，即使在过去某一时期它是必需的，现在它已经不被需要了，因此是有害的、充满危险的；在这种机构里，社会上的所有罪行不但没有减少，反而越来越多，因为它们得到辩护或被隐藏起来。在这种依靠暴力来管理的国家里，所谓的人民幸福只是一种虚假的外表，而那些可能破坏这种外表的东西，如饥寒交迫的穷人、无钱治疗的病人、在社会上混的无业游民等，都被隐藏到人们看不到的地方。但这并不等于说这些人就不存在。恰恰相反，这表明，这样的人数量之多，以及政府对他们的迫害之残酷。

破坏政府的活动，特别是停止政府的任何活动，也就是停止有组织的暴力，会毁掉我们生活那种歌舞升平的外表，却不会毁掉我们的生活，只是暴露出那些曾被隐藏的东西，从而让我们有可能去改正它们。直到最近，也就是本世纪末，人们都相信没有政府就无法生活。然而现在人们已经开始摆脱幼稚状态，搞清楚了自己生活的真实条件。他们当中已经有人站出来对政府说："你们告诉我们，如果没有你们，周围国家的人民如中国人、日本人就会来打我们。然而我们从报纸上得知,没有任何人用战争来威胁我们,只有你们这些统治者,为了一些我们并不知晓的目的而互相仇恨,最后打了起来,却又打着保护人民的幌子,就像你们现在对爱好和平的中国人所做的那样。你们为了养活庞大的陆军和海军、购买大量武器装备、修筑战略铁路,所收的赋税之沉重让我们破产。你们说是为了我们的幸福才维护土地私有制,然而这种维护却让所有的土地落入那些不劳而获的公司、银行家、富人手中。我们大多数人失去土地,被那些不劳而获者所统治。你们制定土地私有制的法律不是为了维护土地的私有权,而是要从劳动者那里抢掠土地。你们声称,你们保护任何一个人的劳动产品,实际上在你们所谓的保护下,所有那些生产贵重物品的人都无法获得自己劳动的价值,其生活不得不依赖于那些不劳而获者。"到了世纪末,人们开始这样来理解事情和发表意见。最近五六年来,无论在城市还是乡村,无论在欧洲还是俄罗斯,人民在社会舆论方面都发生了根本变化。有人说,如果没有政府,就没有人们需要的文化、教育、社会等方面的机构。这种说法是不正确的。情况恰恰相反,在现代生活中,人们自己来安排生活,要比统治者给他们的安排好得多。如果没有政府干涉,人们可以组织起各种社会机构如工人联合会、合作社、铁路公司、劳动组合、工团;其实就是政府在干涉,这样的组织也建立起来了。那么为了某种社会事业,自由的人们就可以不用暴力自愿地筹集到足够的款项来为它捐款,并建立其相应的机构。同样的,他们也可以不用暴力来建立起自己的法庭。过去曾有过受到被审讯者信任的法庭,因此整个审判过程并不需要用暴力来维持。这样的法庭将来也会有。由于我们长期受到奴隶制度的毒害,难以设想那种没有暴力的管理。俄罗斯的村社如果可以迁移到遥远的地方,政府无法干涉他们的生活,他们自己筹集捐款建立自己的管理机构、法庭、警察,只要不受到政府暴力的干涉,就会过着幸福的生活。同样的,他们也会在普遍同意的情况下分配土地的使用权。

在乌拉尔的哥萨克人不承认土地私有制，他们的生活是幸福和安宁的，这是在用暴力维护土地私有制的社会所不可能有的。现在还有一些村社不承认个人的土地私有权。就我的印象所及，整个俄罗斯人民过去都不承认土地私有制。通过政府的暴力去维护土地私有制，不仅无法消除争夺土地私有权的争斗，还会加剧这种争斗；实际上，这种争斗大都是政府暴力造成的。如果不去维护土地私有制，土地价值就不会提高，人们就不会挤在一个地方，而会向空闲的地方流动；这样空闲的地方在地球上还有很多。然而现在土地私有权的争斗不断，其争斗的工具就是政府关于土地私有制的法律。在这一争斗中获利的往往不是那些土地上的劳动者，而是参加政府暴力的人。

在劳动产品方面的情况也一样。真正由人们生产的生活必需品总会受到社会习俗、舆论、正义感和人们之间的感情的保护，根本不需要由暴力来保护。如果几万亩森林属于一人所有，而周围几万人却没有柴烧，那么这座森林是需要暴力来保护的；如果某个工厂的工人祖祖辈辈受剥削，这个工厂也需要用暴力来保护；如果一个人占有几十万普特的粮食，等到灾荒来临时高价卖给饥饿的人们，那么这些粮食也需要用暴力来保护。如果一个农民是靠自己的劳动养活自己，那么除了地主和政府，谁都不会去掠夺他种植的庄稼，哪怕是道德上最为堕落的人也不会去做这事；也不会去抢夺他用来养活自己孩子的奶牛，或者抢夺去他自己制造的用来生产的木犁、镰刀和铁锨。有人说如果消灭土地和劳动产品的私有权，人们担心自己的劳动成果会被人掠夺，因此谁都不会努力劳动了。情况恰恰相反。现在实行的用暴力来保护非法的私有财产，才会大大地削弱人们在使用物品时的公正意识。那种"没有有组织的暴力，人们就不能安排自己的生活"的说法是没有任何根据的。

　　如果说,没有人对牛马行使暴力,牛马就不能生存,似乎还有一点道理,那么要说不对人们使用暴力,他们就不能生存,就是毫无道理的了。因为对人的暴力并不是什么更为高级的动物来行使的,而是跟他们一样的人;为什么人们应该服从那些掌握权力的人的暴力呢?难道这些人是比他们更有理性吗?这些人对人行使暴力,仅此一点就表明,他们要比服从他们的人更加没有理性。就我所了解的,中国实行的科举制度并不能保证那些掌权者都是最有理性的优秀者。同样的,在欧洲国家,那种世袭制度或选举制度也不能保证做到这一点。情况往往是相反的:那些能够钻进政府机构的人往往要比其他人更加寡廉鲜耻、毫无道德。人们通常的说法是,如果没有政府,也就是没有暴力,我们怎么能生存呢?实际上这话应该反过来说:人是有理性的动物,如果他们不把理性的和谐放在首位,而是把暴力视为自己生活的内涵,他们怎么能够生存呢?人要么是理性的动物,要么是没有理性的。如果他们没有理性,所有的事情都得靠暴力来解决,但没有理由让一些人具有行使暴力的权力,而另一些人没有这种权力,因此政府的暴力没有存在的理由。如果人是有理性的动物,他们之间的关系就应该建立在理性的基础上,而不是建立在那些获取权力者的暴力之上,因此政府的暴力同样没有存在的理由。

——《当代奴隶制度》

7.怎样消灭政府

　　奴隶制度来源于法律,而法律是由政府制定的,因此,只有消灭政府,才能把人们从奴隶制度中解放出来。然而怎样消灭政府呢?迄今为止,所有试图用暴力来消灭政府的做法,都不过是用一个新政府来代替旧政府，而这个新政府往往要比旧政府更加残酷。社会主义者认为，要消灭资本家的暴力，也就是实现生产工具社会化，建立新的经济制度，就必须通过新的有组织的暴力来实现。那些用暴力来消灭政府的尝试，并没有把人们从暴力即奴隶制度下解放出来，而将来也不会做到这一点。情况不可能不是这样的，因为一些人对另一些人使用暴力，就是要强迫后者违背自己的意愿来执行他人的意志，这就是奴隶制度。因此，只要存在着强迫一些人执行另一些人的意志的暴力，无论这暴力是怎样的，都必定会产生奴隶制度。用暴力来消灭奴隶制度，就像用火来灭火，或者用水来淹水，是无济于事的。因此，如果存在着把人们从奴隶制度下解放出来的手段，它必定不是建立新的暴力，而是消灭那种产生政府暴力可能性的东西。而政府暴力之所以可能产生，往往是由于少数人拥有武器，而多数人没有，或者少数人的武器优于多数人的。例如希腊人、罗马人、骑士、西班牙和葡萄牙等发动的战争就是这样的，而现在对非洲人、亚洲人的征战也是这样的，所有的政府在和平时期对人民的镇压也是这样的。无论古今，一些人能够建立对另一些人的统治，只是因为他们拥有武器，而另一些人没有。

在古代，征战者进攻那些毫无保护的居民，征服并抢掠他们，按照作战的参与度、勇敢和残忍的程度来分配战利品；每个征战者都很明白，他所使用的暴力对自己是有好处的。而现在的征战者大都是从工人中征召来的，他们在攻击那些毫无保护能力的人，镇压罢工者、暴动人员和外国居民，征服并抢掠他们时并不是为了自己，而是为了那些并没有直接参加征战活动的人。古代的征服者和现代政府的区别在于，征服者亲自带领士兵，向毫无保护的居民进攻，为了让其屈服而拷打和屠杀；而政府在居民不屈服的情况下，不须亲自动手，而是让那些受欺骗的人去干这些事，他们正因为受骗而特别凶残，尽管这些士兵也是被暴力统治的人。因此,以前的暴力是由个人的能力即征服者的勇敢、残忍和机智来实现的,而现代人的暴力则靠欺骗得以实施。如果说以前为了不受武装者的暴力就应该武装起来,用武装的暴力来反对武装的暴力,那么在当代,由于人民不是直接被暴力征服,而是被欺骗征服的,因此只有揭露那种可以让少数人对大多数人实施暴力的欺骗,才可能消灭暴力。这种欺骗表现为,现代的统治者从前人那里获得征服者确立的权力,却对大多数人说,尽管你们人数很多,却十分愚笨,缺乏教养,无法管理自己,也不会处理社会事务,因此我们不得不承担起这些事务, 并保护你们不受外来之敌的欺凌,在你们中间建立并维护秩序,裁决是非,兴办学校、交通、邮电等事业,总而言之,这一切都是为了给你们谋福利。为了做到这一点,我们只有一个要求:你们要服从一切法律,因为它们都是为了你们的安宁和福利而制定的;到了一定年龄你们要应征入伍;再就是要缴纳赋税,我们得用这些钱来雇用军队。而人们通常会同意这种说法,这并不是因为他们善于权衡利害,而是由于他们一出生就生活在这样的条件之中, 不断地受到那些欺骗者的灌输,即如果没有政府和军队,他们就不能生存;这些管理他们和指挥军队的人都是社会的精英,是值得效忠和崇拜的。那些被征召或被雇用的士兵, 一入伍就会受到一种被称之为军纪的特殊训练,也就是通过长期复杂的反复训练,让他们失去人的主要特性即具有理性的自由,变成各级指挥官手中驯服的杀人工具。这就是军队里的欺骗,政府就是靠这种欺骗得以统治人民。

因此,消灭政府的唯一方式不是暴力,而是揭露这种欺骗。首先,要让人们明白,在基督教世界里,一个民族是不应该通过反对另一个民族来保卫自己的;各个民族之间的敌对完全是政府引起的,军队只有统治者需要,对人民来说它不仅无益,而且十分有害,是奴役人民的工具。其次,要让人们明白,政府如此重视的纪律是人类最大的罪恶,是政府罪行的最有力的证据。所谓的纪律,是对人的理性和自由的毁灭,其目的是让人去干在通常情况下不敢干的恶行;对于人民自卫的战争来说,就像不久前布尔人所表明的那样,根本就不需要什么纪律。威廉二世说过,所谓纪律,就是让人去犯杀害父兄这样的弥天大罪。因此,无论是国王、皇帝,还是共和国的政府都特别重视这样有纪律的军队。这是他们假借他人之手来犯滔天之罪的主要工具,可以让其达到迫使人民屈服的目的。

人民之所以贫困,是因为奴隶制度,而奴隶制度的存在则要靠法律,法律又是由政府制定的,因此,为了改善人们的生活状况,就必须消灭政府的暴力。为此,必须认识到政府并没有必要存在,它对人民的奴役是极大的罪恶。德国作家奥根·史密斯在布达佩斯的一家报纸上发表了一篇文章,观点新颖、正确,用语得当。他表明,如果说政府也保证人民的某种安全,那么它的做法就像卡拉布里亚强盗对待过路者一样,逼着对方交出买路钱。由于这篇文章,作者受到审判,不过律师为他成功地进行了无罪辩护,人们最终承认他的说法是正确的。事实上,国家难道不像这种强盗吗? 它不过要比卡拉布里亚强盗更为复杂、更不道德、更加残忍而已。强盗收了买路钱后,所有的过路人都可以同样顺利地走过。而在一个国家里,谁参与的欺骗越多,他得到的安全保证就越大,还会得到更多的奖励。最有安全保证的是皇帝、国王和总统,他们都有大批的卫士相随,而他们花的钱也最多,这些钱都是从纳税人那里搜刮来的。接下来是总司令、部长、警察总长、省长,一直到普通的警卫士兵,根据他们参与政府罪行的程度而获得的保障逐渐减少。至于那些根本就不参加政府罪行的人、拒绝为政府服务的人、拒绝缴纳赋税的人、拒绝受审判的人,则不但得不到任何保障,反而跟那些强盗一样要受到暴力的惩罚。

为了消除灾难和废除奴隶制度,有必要让人们明白,政府并不是必要的机构,也没有什么神圣性,不必向它屈服和表示敬意。

抬头仰望政府的时代就要过去了,人们开始明白,它是最为有害、最不道德的机构,一个自尊自重的人是不会参与它的活动的,也不会享受它带来的利益。只要人们都认识到这一点,就不会参加政府的任何事情,不再为它提供士兵和金钱;如果大多数人都能这样做,那种奴役人们的欺骗就会自然消失。只有这样,人们才可能从奴隶制度之下解放出来。

——《当代奴隶制度》

8.致亚历山大三世

皇帝陛下:

我本是一个无足轻重、软弱无能之人,但不揣冒昧,斗胆呈书俄罗斯皇帝,进言你在如此错综复杂、困难重重的境况下应该怎样行动。我自知这样做属于行为怪诞无礼,但还是要写。我知道,信写出来,要么是无人需要它,甚至连看都不看;要么是有人认为它是有害的,我因此而获罪。但这都没有什么,我不会为自己的行为而后悔。如果我不写这信,以后知道再没有别人向皇帝奏明类似的话,而等到形势发展到不可挽回的地步时,皇帝会说,当时如果有人进言那该多好啊,那么我会为自己没有写信而抱憾终生。因此,我不得不向陛下写出自己想说的话。

我写信时身处穷乡僻壤,很难获得准确的信息;我所了解的事情都是来自报刊和传闻,因此所说的话也可能是没有根据的无稽之谈,那就请陛下原谅;不过我写这信并不是自以为有什么了不起,而是感到自己对所有的人都有愧疚,如果不写这信则愧疚更多。在信中我不采用通常上奏皇帝的语言,不用称颂虚华之词,因为那会掩盖了我的真实情感和思想。我想写得朴实无华一些,就像两个普通人通信那样。至于我对你作为一个人和一个君王所具有的敬意，即使不用华丽之词也可以看出来的。

你的父亲是一位广为善行的俄罗斯皇帝，一位善良的老人，却被残忍地杀害了，而凶手却并非为他的私仇，而是现行制度的敌人，杀害他是打着维护全人类利益的名义的。你继承了他的地位，也就要面对那些杀害你父亲的敌人。他们也成了你的敌人，这是因为你继承了父亲的地位；这些人为了实现那种虚幻的全人类利益，也希望能够杀害你。很自然的，对于这些人，你会产生复仇心理，同时又会有一种因承担责任而产生的恐惧。这种境况是太可怕了，因为你面临着去作恶的巨大诱惑。你会想到，这些人是国家的敌人、民众的敌人、可恶的家伙、人民安宁生活的破坏者、不信上帝的败类、杀父的凶手；对他们没有别的办法，只有把他们从俄罗斯大地上清除干净，统统杀死；而这样做既不是出于个人的感情，也不仅仅是复仇，而是有责任这样做，整个俄罗斯要求这样做。正是这样一种可能的想法，也就是诱惑，使得你的境况十分可怕。

无论我们是什么人，是皇帝还是牧羊人，我们都受到基督的教诲。这里我先不说你作为皇帝的责任；在此之前，先有做人的责任，做人的责任是做皇帝的责任之基础，并且两者是合而为一的。上帝不会问你是否尽到了做皇帝的责任，只会问你是否尽到了做人的责任。你的境况十分可怕，而基督的教诲就是在人们遇到可怕的诱惑时，指示我们该怎么做。现在你遇到最可怕的诱惑，但基督的教诲会消除它。《马太福音》5 章 43 节说："你们听人说要爱周围的人，而仇恨你们的敌人；但我对你们说，要爱你们的敌人，为他们祈祷；你们就可以成为天父的儿子。"38 节说："你们听人说要以眼还眼，以牙还牙；但我对你们说，不要跟恶人对抗。"18 章 20 节说："对人的宽恕不止于 7 次，而是 70 个 7 次；不要仇恨敌人，而要对他行善；不要跟恶对抗，不要停止宽恕。"这话是对我们每个人说的，是每个人都能做到的。任何皇帝的理由、国家的理由，都不能违背这些教诲。5 章 19 节说:"不论是谁哪怕是违背了这些教诲中最不重要的一条,他就成了最难进入天国的人;而不论是谁只要遵循这些教诲,还教人这样去做,他就成了最先进入天国的人。"7 章 24 节说:"凡是听了这些话就去做的,就是一个明智之人,好像是把房屋建在坚固的石头之上,任凭风吹雨淋,它终不会倒塌。"

我很清楚,我们现实生活的世界要离基督所教诲的真理有多遥远,然而真理终究是真理,它就活在我们心中,让我们满怀欣喜去实现它。我很清楚自己是个无足轻重、软弱无能之人,在遇到比你的小得多的诱惑时往往不是朝向真理和善良,而是被诱惑所征服。尽管如此,我还是要不揣冒昧地要求你表现出巨大的精神力量,作为皇帝和儿子,不顾周围的重压,以德报怨,宽恕杀父的凶手。我不能不这样希望,因为我看到,你的任何一个宽恕都是迈向善,而任何一个惩罚都是走向恶。我没法不看到这一点。在没有受到诱惑时我会倾心向善,现在我为你祈求,希望你能像天父一样完美,希望你能做出世界上最了不起的善行,克服诱惑,作为皇帝,为实现基督的教诲而开创一个伟大的先例,也就是以德报怨。请你以德报怨,不要跟恶对抗,宽恕所有的人。

我们每个人在生活中都不能不遵循这些体现上帝意志的语言。遵循这些教诲是你和你的臣民最为明智的做法。无论在人世间还是在天国,真理和善行永远是真理和善行。许多人认为,宽恕那些违犯人间法律的穷凶极恶的罪犯,只是一种理想主义的甚至是疯狂的举动,还有不少人认为这是别有用心的行为,他们叫喊道:"不能宽恕这些败类,要把他们统统消灭干净。"然而一旦深究下去就会发现,变得疯狂或别有用心的,正是他们自己。

大约二十年前,有一群人聚集在一起,大都是青年,对现行社会制度和政府充满仇恨。他们虚构了另一种社会秩序,或者什么秩序都不要,采取违背上帝意志和不人道的所有手段,通过放火、抢劫和暗杀来推翻现行社会制度。20年来人们一直在同这伙人斗争。然而这一伙人都像发酵的醋一样,不断地吸纳新人,不仅没有被消灭,反而越来越壮大。他们就像一颗毒瘤,变本加厉,其罪行愈演愈烈,对国家造成极大的破坏。那些采用外在手段同这颗毒瘤斗争的人用过两种方法:一种是直接清除毒瘤,对这些人严加镇压;另一种是听之任之,希望有病的机体能自行调理,得到改善。后一种方法是自由主义者的做法,目的在于迎合这伙人,试图以此来削弱他们的攻击。总之,这些人只从物质方面看问题,认为要么就坚决镇压,要么就放任自流,此外再无他法。前者的做法是严加惩罚,施以绞刑,判处流放,出动警察,加强检查制度等;后一种做法是给予自由,从轻处理,甚至允许他们推选代表、实行宪政、召开议会,等等。然而尽管这两种方法都采用过,并没有解决这颗毒瘤的问题。这种病一直拖延到今天,越来越恶化,毫无治愈的可能。

既然这两种方法都已经试过,结果都是无效,为什么不再试一试按照上帝的意志这一方法呢?既不考虑到国家,也不考虑民众的利益,只是为了上帝,为了遵循上帝的教诲,那就不会有恶了。这种新的治疗方法会给人的灵魂带来欣喜和幸福。宽恕和以德报怨自身就是善行。你现在的境况以及俄罗斯的境况就像一个病入膏肓的病人,只要用上一剂无用或有害的药,就足以致死。现在,在对凶手进行审讯的两星期之内就要做出决定:走哪一条路?镇压犯罪和放任自由都是走不通的路,只剩下一条新的道路:皇帝作为一个人去实行上帝意志的基督徒的道路。

陛下,革命者出于误解,对你的父亲产生了可怕的仇恨,进行了令人发指的暗杀。但这种仇恨随着你父亲的去世有可能被消除。革命者可以指责他杀死了几十个革命党人(尽管这种指责并不公道),但你在整个俄罗斯包括他们面前是清白无辜的。你的手没有沾上血,由于你的地位,你成了无辜的受害者。你在上帝面前是清白无辜的。现在你正站在十字路口上。几天以后，如果那些声称基督的教诲只是说说而已、国家生活一定要杀人流血的人起了作用，你那宝贵的清白就会永远丧失，再也不能跟上帝在一起，而走上一条维护国家的不归路，那时所有违反上帝意志的行动都变得合理合法。如果你不宽恕他们，而是动用绞刑，从几百人中绞死三四个人，那么从罪恶中就会再产生罪恶；消灭了三四个人就会马上产生三四十人，你就永远失去了一个百年难遇的宝贵时刻；这时你本可以遵循上帝的意志却没有这样做，你本可以选择善却滑向了恶，从而陷入所谓国家利益的万劫不复的恶行之中。

请你宽恕吧！以德报怨吧！这样一来，那几百个作恶之人中，就会有几十个不是投向你，也不是投向他们，而是离开恶魔投向上帝；而此时俄罗斯有千百万人看到皇帝在父亲被害的可怕时刻做出的善行，心中将充满感动和喜悦。陛下，如果你能把这些人召集来，赏给他们一些钱，并把他们送到美洲某地，同时发表上谕，在开头处写道："我告诉你们，要爱自己的敌人。"那么不知道别人怎样，我这个不好的臣民愿意为你当牛做马，成为你的奴仆。我会热泪盈眶，就像现在我一听到你的名字就忍不住哭泣一样。

有人说，把这些人放了，他们还会作乱；放得越多，作的乱就越大。他们说起革命党来，好像是在说江洋大盗；如果把这些人悉数抓起来，天下就太平了。实际情况并非如此：问题不在于他们的数量，不在于流放或消灭他们多少人；关键是要消灭其存在的基础，并建立一种新的基础。革命者是些什么人？他们仇视现行秩序，认为它是坏的，想要为将来的好秩序打下一个基础。用杀头的办法是无济于事的，关键是他们的思想：要同他们在精神上进行斗争。他们的理想是共同富裕、平等和自由；为了同他们斗争，就要有一种能与其理想相抗衡的理想。这种理想既包含了他们的理想，同时又超出其理想。其实他们的理想也是源于这一理想，只是他们不明白，反而在亵渎它。这一理想就是爱人、宽恕人、以德报怨。只有由皇帝你说出并实行基督的宽恕和爱,以此来治理国家,才能消除这些破坏俄罗斯的恶。在实行上帝法规的皇帝面前,所有的革命斗争都会像蜡遇到火一样熔化掉了。

(1881 年 3 月 8 日到 15 日于亚斯纳亚·波良纳庄园)

9.抗议政府对我的迫害

陛下:

7 月 6 日,在我外出的时候,一位宪兵军官在地方官员的陪同下来到我的庄园,在我家里度假的有我的几位客人,他们是大学生和在我管理的社区里任教的教师,还有我的姑妈和妹妹。这个宪兵军官宣布说,逮捕这几位教师,并要他们交出自己的物品和证件。我的庄园被搜查了两天,这些官员搜查了学校、地下室和储藏间。据这个军官说,他们未发现任何可疑物品。

不仅我的客人受到侮辱,我姑妈和妹妹也同样受到侮辱。宪兵军官搜查了我的书房,还有我妹妹的卧室。我妹妹质问他为什么这样做,他的回答是,他是按照陛下您的旨意办事。其他宪兵和地方官员肯定了他说的话属实。这些官员进入我妹妹的卧室,翻看检查了所有的信件和日记。他们离开时向我的客人和家人宣布:没有发现任何可疑物品,他们自由了。这就表明,这些官员成了我们的审判者, 由他们决定我们是否可疑以及能够享有自由。这个宪兵军官还说,不要以为他走后就太平无事了,他随时可能再来这里。

我认为,已经没有必要向陛下证明我所受的这种侮辱之不公正。我过去的经历、社会关系、职务和人民教育活动以及我主办的杂志都可以证明我不可能搞阴谋活动、编写传单和杀人放火的,因此根本不必采用这种毁坏人的幸福安宁的方式来对付我。他们的这种行动让我承受社会舆论的凌辱，被迫时时生活在威胁之中，还大大地降低了我在老百姓中的声誉，而这一点是我极为重视的，因为它是我多年来的努力而赢得的，并且是我开办人民教育学校所必需的。

十分正常的是，我得搞清楚谁应该对发生在我身上的事情承担责任。责任不在我自己，我认为自己是完全无罪的。我也不知道是谁在诬告我，无法追究他们的责任。我也无法追究那些侮辱和审判我的官员，因为他们再三声明是按照陛下您的意旨才这样做的。

我认为我的政府和陛下您是不会这样做的，我不相信他们的话。让一个无罪的人时时处于被侮辱和惩罚的恐惧之中，这绝不可能是陛下您的意旨。

为了弄清楚这到底是谁的责任，我十分冒昧地直接上诉到陛下。我只是希望能够消除对陛下的不公正的指责，让那些滥用陛下名义的人受到惩罚，至少也要把他们揭露出来。

（1862 年 8 月 22 日于莫斯科）

——《给亚历山大二世的信》

伊凡·洛杰诺维奇阁下：

我满怀善意和尊重，以一个普通人的身份给你写信，也把你当成一个普通人。我希望你也以这种态度来对待这封信。只有以诚相待，才能彼此协商，获得谅解。

我要说的事情是，有些人受到你属下官员的迫害。他们手中有我写的书，这些书在俄罗斯是被查禁的，他们把这些书送给那些索要的人阅读。据我了解，受到这种迫害的人有各个阶层的。最近在图拉又发生一起这种事件。一位姓赫伦思科的女医生遭到搜查并被捕入狱，现在正因被控传播我的著作而接受审讯。

这一迫害赫伦思科夫人事件让我特别震惊。她年纪很大，体弱多病，神经也很脆弱。她人格高尚，受到人们广泛的敬重。就我了解的情况看，她遭到迫害的原因是，她跟我的几个女儿很熟，有密切交往。图拉的一个工人多次写信索要我写的《我信仰什么》一书。但我手头没有多余的书，而且我也不认识他，因此他的几次来信我都没有答复。今年冬天我又收到他索要书的来信，于是就把这信转交给我女儿，嘱咐她说，如果她那里有这书就寄一本给他。我女儿那里也没有，但她想起赫伦思科夫人也住在图拉，手中有我的一些书。于是就寄了一张自己的名片给那个人，名片上写着：如果赫伦思科夫人有这本书，就给来人。这句话就成了赫伦思科夫人被捕和遭受迫害的缘由。

我认为这种做法是毫无意义、极其愚蠢和十分残忍的，特别是很不公正。说它极其愚蠢，是因为无法解释，把我的著作给熟人阅读的人数以万计，为什么单单选中了赫伦思科夫人作为迫害的对象。说这种做法毫无意义，是因为这样做的人根本就无法达到目的。这种做法无法不让人们阅读我的书，因为把我的书借给别人阅读的人成千上万，不可能把他们都抓起来关在监狱里。说这种做法十分残忍，是因为对于像赫伦思科夫人这样身体衰弱、疾病缠身、神经脆弱的人进行搜查、审讯和关押，会加重他们的病情，甚至导致其死亡。最重要的是，这种做法很不公正，因为其矛头没有对准政府认定是危害的真正制造者。

这个危害的制造者就是我。这书是我写的，政府认为有害的那些思想是从我这里传播出去的。因此，如果政府要阻止这些有害思想的传播，就应该把这种对付那些偶然受到我的影响的人的做法用来对付我。这些人的过错只是拥有这些禁书并把它们借给别人阅读，而我不仅没有否认自己是这种传播的根源，还在这封信里声明，这些被政府认为是有害的书是我写的和传播的，无论在我的书中,还是在这封信里,我都在继续传播这些思想,我在与人谈话中也在传播这些思想。这些思想是要把上帝的法律告诉人们,它是在任何人的法律之上的。按照上帝的法律,所有的人都不应该互相仇恨和使用暴力,而应该互相友爱和帮助,对待他人就像你希望他人对待自己一样。我在自己的书中全力表达的正是这些思想。我在与人谈话中,再跟那些认识或不认识的人的信中,谈的也是这些思想。现在我指出你下属的官员违犯上帝法律而制造残忍的暴力事件,也是为了向你阐明这些思想。

就传播基督教教义这一问题,伽玛利说过,一个人的所作所为,如果是由于人力,必定会毁灭;如果是由于上帝,你们不但不能毁灭他,反而是在冒犯上帝了。这就是政府应该汲取的对于人们活动的教训。如果某个活动是错误的,它必定会失败;如果它实质上是上帝的意旨,那么任何外部力量都不能加速或延缓,更不可能阻止它的实现。如果像现在这样去迫害那些掌握并传播这些思想的人,尽管可以让那些软弱胆小、信念不坚的人放弃这种传播,同时却可能加强那些意志坚强、信念坚定的人的传播行为。因此,无论政府采取什么办法,这种传播真理的过程都不会停止,也不会加速或延缓。

我认为,这就是真理传播的永恒法则。因此,政府对待它不喜欢的思想时,最为明智的做法就是不采取任何行动,而不能采取像现在这样迫害无辜者的做法,这些无辜者不过做了成千上万人都在做的事情。因此这种做法是十分卑劣、极其残忍和很不公正的。

如果政府一定要用这种方法来对付这样的活动,那么为了把其不公正性降到最低程度,它就应该只是对付那个作为这种恶行根源的人,也就是只对付我一个人。我已经声明过,我将会把这种政府所谓的恶行进行到底,直到死亡,因为它是上帝的意旨。不要以为我这样说,是因为由于我的名声和地位使得政府这样来对付我时有困难,从而使我免受搜查、审讯、流放、监禁等暴力迫害。我不但没有这样想,而且恰恰相反,我相信政府要这样做一定不会遇到什么困难;就社会舆论而言,大多数人不但不会对政府的做法表示气愤,反而会大加称赞,并且说早就应该如此了。

上帝可以为我作证,我写这封信并不是要向政府示威,也不是随意而谈,而是出于道义上的要求,也就是不能让无辜者为我的行为承担责任,向政府官员(包括你)指出这种做法的残酷、愚蠢和不公正,并且请你停止这种行为,从而避免承担由此产生的一切道义责任。

如果能够简单地回复一下,表明对我以上所说有什么看法,是否答应我的请求,也就是如果一定要实施这些迫害,是否可以只加到我一个人身上,我将感激不尽。

怀着诚挚友好的感情向你致以敬礼。

(1896 年 4 月 20 日)

——《给俄罗斯内政部长戈美津的信》

五、我看当代奴隶制度

1.为什么说存在着当代奴隶制度

　　如果有一个来自完全陌生国度的人,对我们国家的历史和法律毫不知晓,在看到我们的生活状况后,被问起我们生活方式的主要差别是什么,他的回答必定是:少数人养尊处优,吃、穿、住的条件都很优裕,很少劳动,劳动量极轻,或者完全不劳动,只是娱乐消遣,并为此消耗他人成千上万个工作日的劳动。而大多数人衣不蔽体、食不果腹,住的是草棚,身上总是脏乎乎的,手上都磨出了厚厚的茧,从早到晚不停地劳作,有时还 24 小时连轴转,为那些自己不劳动而专门娱乐享受的人劳动。如果说现在很难把奴隶和奴隶主像以前那样泾渭分明地区别开来;有些奴隶只是暂时性的,以后还可能变成奴隶主;或者有些人既是奴隶又是奴隶主;那么有一点并不因为这些情况而有任何改变,那就是现在所有的人都被划分为奴隶和奴隶主,这种划分就像一天 24 小时尽管有早晨和黄昏,仍然可以明确地划分为白天和黑夜一样。在现代,奴隶主没有一个现成的奴隶伊凡可以指使去为他清扫厕所,然而他可以拿出 3 个卢布,从几百个愿意清扫厕所的伊凡中随便挑选一个为他干这事。在现代,奴隶不仅是指所有的那些工厂的工人,还指几乎所有的农民。这些农民在他人的土地上干活,把收获的所得交到他人的粮仓里，或者即使耕种自己的土地，也得偿还银行难以计数的债务和利息。此外那些听差、厨子、女仆、妓女、杂工、车夫、澡堂工、跑堂等也是奴隶，他们终其一生都在干着违反其本性的劳动。

当代的奴隶制度确实是存在的，只是我们没有意识到它，这就像 18 世纪末期以前的欧洲人意识不到农奴制是一种不折不扣的奴隶制度一样。那时人们认为，那些为主人耕地和从事其他服务的农奴是自然而然的存在，是当时经济条件的必然要求，这种情况不是奴隶制度。当代的情况也一样：人们认为工人是自然而然的存在，是当前经济条件的必然产物，不是什么奴隶制度。从 18 世纪末开始，欧洲人逐渐意识到，看起来似乎很自然、具有必然性的农民生活状况，其实是很糟糕、不公正和不道德的，应该改变。而现在人们也开始意识到，雇佣工人和其他工人的生活状况看起来似乎很自然、具有合法性和正当理由，其实是很糟糕的，必须改变。现在的奴隶制度正好处在类似欧洲农奴制 18 世纪末的阶段或我国农奴制以及美国蓄奴制度 19 世纪三四十年代的阶段。现在工人受到的奴役，只有社会上少数先知先觉意识到，而大多数人还是相信我们社会是没有奴隶制的。不相信当代奴隶制的存在，还有一个原因：俄罗斯和美国是刚刚废除奴隶制。然而废除农奴制和蓄奴制度仅仅废除了奴隶制的旧形式，取而代之的是更为巩固、获取奴隶数量更多的奴隶制形式。

在俄罗斯，农奴制是在所有的土地都被占完的时候废除的；在给了农民土地的同时，也规定了用赋税来代替土地的奴役。在欧洲，奴役人民的赋税是在人民失去土地、离开农村、染上城市消费习惯而依附于资本家时才废除的。那时在英国只是取消了粮食税，而在德国和其他一些国家开始把赋税从工人转移到有钱人身上，这是因为大多数人民已经处在完全依附资本家的状态。一种奴隶制形式，只有在另一种形式来代替它时，才会废除。这样的形式有多种。不是采用这一种，就是采用那一种，有时是几种方式同时采用，使得人民处于被奴役之中，而极少数人有权支配大多数人的劳动和生活。人民的生活之所以贫困，就是由于这种极少数人对大多数人的奴役。因此，要改善工人的生活状况，就应该首先承认，在我们中间，存在着奴隶制度，这不是在比喻的意义上说的，而是在最直接的意义说，即大多数人受到极少数人的控制；其次，在承认了奴隶制的存在后，找出一些人奴役另一些人的原因；最后，在找出原因后，再找出消除这些原因的办法。

那么在当代，奴隶制度表现在什么之上呢？是什么东西促使一些人奴役另一些人呢？如果我们去问问那些工人，无论是俄罗斯的、欧洲的，还是美洲的，无论是工厂工人，还是各种职业的雇佣工人，他们的回答必定是，这是因为他们没有可以耕种并生存于其上的土地（所有的俄罗斯工人和大多数欧洲工人都会这样说）；或者是因为向他们征收的直接和间接的赋税，他们只有为别人劳动，才能缴清这些赋税；或者是因为已经养成的消费习惯使得他们无法离开工厂，他们只有出卖自己的劳动和自由，才能满足自己的习惯性的需要。前两个原因，也就是缺乏土地和缴纳赋税，是他们受到奴役的外部力量；最后一个原因，即满足习惯性需要，是其内在的力量在起作用。按照亨利·乔治提出的方案，可以把土地从私人占有中解放出来，从而消除人们受到奴役的第一个原因。我们也可以设想取消赋税，把它加到富人身上，就像现在有些国家做的那样。然而在现在的经济制度之下，我们却无法设想，富人不会形成越来越奢侈的生活习惯，而与之接触的工人阶级不会必然受到影响，变成他们自己的习惯性需要；而为了让它们获得满足，工人就不得不出卖自己的劳动。这第三个原因尽管看起来不是强制性的，也就是说，一个人也可以不受这种奢侈消费的诱惑，因此那种实证科学不承认它是工人贫困的原因，实际上它是造成工人被奴役的最为真实的原因。受到富人的影响，工人不断有新的需求产生,而其获得满足的程度是跟他出卖自己的劳动成正比的。因此,英国和美国的工人,尽管有时的工资能够购买 10 倍的生活必需品,仍然跟以前一样处于被奴役状态。

按照工人自己的解释,他们是由于这三个原因而受到奴役,他们受奴役的历史和现状表明这种解释是合理的。所有的工人都是由于这些原因而处于被奴役的状态。在当代,一个人无论在什么情况下,都逃不了做奴隶的命运。当他没有土地或很少土地时,为了养活自己,不得不出卖自己的劳动给占有土地的人,经常性地或短时性地受其奴役。如果他获得足够的土地,又得缴纳直接和间接的各种赋税,为此而不得不再次受到奴役。如果他想摆脱在土地上遭受的奴役,不再耕种土地,而是以搞手工业为生,那么他既要缴纳各种赋税,又要受到资本家的不正当竞争,受到他们的奴役。如果他去给资本家打工,看起来是自由的,然而他必定会养成的新的消费习惯,也会让他不得不出卖自己的劳动,从而受到奴役。由于缴纳赋税、缺少土地和新的消费习惯,工人必定成为奴隶,被他人奴役。

——《当代奴隶制度》

2.金钱只是奴役的工具

如果政治经济学这门所谓的科学不是意在为暴力辩护,就不会看不到这一事实:有关财富的分配,对一些人土地和工具的剥夺,一些人奴役另一些人,全都取决于金钱;一些人仅仅是由于有钱而占有另一些人的劳动,也就是奴役他们。我要强调的是,一个人有了钱就能把粮食全买下来,而让另一个人饿死,或让他为了粮食而受到奴役。这些的事情越来越多地发生在我们眼前。应该探寻奴役现象与金钱的关系,然而科学却一口咬定,金钱跟人的奴役没有任何关系。科学声称,金钱只是一种商品,跟其他具有生产价值的商品一样;如果说有区别的话,金钱是各种商品中最为方便的定价、储存和支付的交换工具。例如,一个人制造了许多靴子,另一个收获了许多粮食,还有一个人养殖了许多绵羊,为了便于他们交换,就创造了代表相应劳动量的货币,通过货币鞋匠用鞋掌来换取羊肉和面粉。这些所谓的科学家乐于把事情想象成这样,然而这样的情况却是从来没有发生过的。这一想象跟以前哲学家所想象的十全十美的人类原始社会是类似的,然而这种状态并不存在。在所有用金钱作为货币的人类社会,都存在着强者对弱者、持有武器者对手无寸铁者的暴力,而只要有暴力的地方,诸如货币、牲畜、毛皮、金属就必定要失去其价值尺度的意义,而具有一种从暴力中获得救赎的意义。上述科学列举的金钱无害而有益的性质,只能出现在一个没有人对人实施暴力的社会,也就是理想的社会里;然而如果真有那样的社会,也就不会有金钱存在,这就像所有未曾遭受国家暴力的社会不存在金钱一样。

在所有存在金钱的社会,金钱之所以用于交换,仅仅在于充当暴力的工具。它主要的意义不在交换,而在于为暴力服务。由此可见,只要存在暴力,金钱就不可能是真正的交换工具,因为它们不可能是价值的尺度;这又是因为,只要这个社会上有一个人能够剥夺另一个人的劳动产品,这一价值尺度就立即被破坏掉。如果把从他人手中夺过来的牛马和自己喂养的牛马放在一起,拿到市场上去卖,那么其价值不会跟纯粹由自己喂养大的牛马的劳动相一致,而且会导致其他物品的变化,金钱也就无法确定它们的价值。此外,如果能用暴力获得牛马和房屋,那么也就能用暴力获得金钱本身,并通过这些金钱去买任何物品。如果金钱是通过暴力获得的,那就跟交换工具没有任何关系。那些用暴力夺取金钱者在用这些钱去买劳动产品时,并不是在实行交换,而是通过金钱去拿所有他需要的东西。

　　即使存在着那种想象的没有任何国家暴力的社会,金钱确实具有价值尺度和交换工具的功能,然而只要有暴力出现在这个社会上,金钱就会立即失去自己的功能。如果实施暴力者征服了这个社会,他既要夺取当地人的牛马,又要抢占其房屋,但占有这一切很不方便,于是很自然地想到去夺取那种可以交换任何物品的东西,也就是金钱。这样金钱就失去了价值尺度的意义,因为这时所谓的价值尺度是由征服者随意规定的:他认为比较有用的,会多付钱,于是该物品获得较高价值,反之亦然。因此,在一个被暴力控制的社会里,金钱对于暴力征服者来说立即成为暴力的工具;对于被征服者来说,尽管它还是在起交换的作用,却是在对征服者有利的情况下。

　　只要存在着一个人对另一些人施以暴力的情况,所谓金钱的价值尺度只不过是施行暴力者意志的表示而已,而金钱的交换功能也变成了占有他人劳动的最方便的工具。施行暴力者利用金钱不是为了交换,他不必交换就能得到自己所需要的东西;利用金钱也不是为了确定价值尺度,他自己就可以随意规定这种尺度;他需要金钱仅仅是为了更方便地实施暴力,这是因为金钱可以储存起来,金钱可以让更多的人受他的奴役。如果他想要马牛羊时再去抢牲畜,对他很不方便,而且还得喂养它们;他把粮食储存起来也不方便,因为粮食容易变质发霉;使用劳役的情况也一样,有时需要一大批人,有时一个也不需要。如果是向那些承受暴力者索取金钱,就可以避免所有这些不方便,可以要什么就有什么,就因为这一点他才需要金钱。除此之外,实施暴力者需要金钱,还在于让自己占有他人劳动的权利扩大到所有缺钱的人身上。在没有金钱参加的情况下,一个地主只能占有自己农奴的劳动;如果两个地主商量好分别向自己农奴征收金钱,他们就可以同样地占有两个领地农奴的劳动。这样,实施暴力者采用征收金钱的方法让自己的占有活动更为方便。而那些承受暴力者,那些被剥夺劳动者,不是为了交换而需要金钱,他们不用金钱就能进行交换,就像所有无政府的民族做的那样;他们也不可能为了确立价值尺度而需要金钱,因为他人在确立价值尺度时根本无视他们的存在;他们也不可能为了储存而需要金钱,因为被剥夺了劳动产品的人是不可能有储蓄的;他们也不可能为了支付而需要金钱,因为他们的支出总是大于收入,即使是收入,获得的也往往不是金钱,而是商品。如果暴力承受者交不出钱,实施暴力者就不给他土地和粮食,还要抢走他的牛马和房屋,让他服劳役,或者让他坐牢。他只有通过出卖自己的产品、劳动或子女的劳动才能逃过这一劫。然而他出卖产品和劳动时的价格并不是由正常的交换规定的,而是由向他索取金钱的实施暴力者所规定。在这种情况下,科学还要大谈特谈金钱是交换工具和价值尺度,这就不能不让人感到惊讶了。

——《那么我们应该怎么办》

3.法律是奴隶制度的原因

在德国社会主义者看来,工人附属于资本家,这是一种"铁的工资法则",所谓铁的,就是指这一法则是永恒不变的。然而这里没有任何永恒不变的东西。造成工人附属于资本家的诸条件,只是由于人们制定了关于赋税、土地和以满足消费为主的财产的法律,而法律是由人制定的,也可以由人来废除。因此,没有什么铁的法则造成对人的奴役,只有法律产生这种作用。法律规定,任何数额的土地都可以为私人所占有,并可根据继承权、遗嘱和买卖,从一个人转移到另一个人手中。法律还规定,所有的人都必须缴纳向其征收的赋税,不得推脱。无论通过何种方式获得何种数额的物品,都构成人们不可剥夺的私有财产。有了这些法律,也就有了奴隶制度。

对于这些法律,我们已经习惯性地认为它们的产生是十分自然的,毫不怀疑其必要性和公正性。古时候,人们对农奴制和奴隶制的法律也是这样看待的,当时看不到任何不公正的地方。然而到后来,人们看到其有害的后果,开始怀疑农奴制法律的必要性和公正性。现在的情况有些类似:当代经济制度的有害后果已经显现出来,人们开始对造成其后果的土地、赋税和私有财产方面的法律产生怀疑。以前人们会质疑:一些人附属于另一些人,他们一无所有,而其所有的劳动成果都要交给其主人,这是公正的吗?现在我们也提出质疑:人们不能使用作为他人私有财产的土地,以赋税形式缴纳自己的劳动成果,不能享用作为他人私有财产的物品,这是公正的吗?

首先,把土地当成那些不种地的人的私有财产,而其他人无权使用这些土地,这是公正的吗?有人说这一法律的制定,是为了繁荣农业;土地私有制是这种繁荣的必要条件,如果没有土地可以继承,人们就会为此而发生冲突,互相驱赶,也就没有人去劳动,土地也得不到改良。这是真的吗?从历史上看,之所以产生土地私有制,并不是为了保障对土地的占有,而是那些征服者把公共土地据为己有,再把它分封给那些为他们服务的人。因此,土地私有制的目的并不是为了鼓励农业。从现实情况看,由于土地为极少数人所私有,几乎所有的农民都是在别人的土地上耕种,而随时有可能被驱赶出这片土地。因此,现有的土地私人占有根本不是为了保障农民享有其劳动成果的权利,而是一种剥夺农民所耕种的土地并把它转给那些不劳动者的方式;不是为了鼓励农业,而是破坏农业的方式。

其次,关于赋税的法律。有人说赋税之所以是必要的,是因为缴纳赋税是获得普遍同意的，尽管这种同意不是用话语表达的；而且它是用于所有人的社会福利需要方面。这种说法是正确的吗？从历史上看，赋税的征收从来就没有获得过普遍的同意；恰恰相反，情况往往是，一些人通过征服和其他方式获得了对另一些人的统治，向后者征收赋税并不是为了社会的需要，而是为了自己的需求。这种情况到现在仍然在继续。如果赋税中有一部分被用于公共事业，那也是对大多数人有害无益的。例如在俄罗斯，向人民征收的赋税占总收入的三分之一，用在国民教育方面的，只占五十分之一，而且这种教育是愚民教育，对人民的害处要大大超出其益处。其余的赋税是用在对人民完全无用、极其有害的事业上，例如装备军队，修建战略要道、要塞、监狱，供养教士、宫廷人员、文武百官，也就是供养那些想方设法向人民征收这些金钱的人。不仅在波斯、土耳其和印度是这种情况，在那些基督教君主立宪的国家和民主共和国也是这种情况。向大多数人民征收赋税不是根据国家的需要，而是根据可能征收到的，完全不考虑纳税人的意愿。征收来的钱也不是用于社会福利方面，而是用于统治阶级自己认为需要的事情，例如用于古巴和菲律宾的战争、用于掠夺和占领德兰士瓦等。因此，说什么人们应该缴纳赋税，赋税是在人们普遍同意的情况下确定的，并且是用社会普遍的福利，这种说法是完全错误的。

最后，关于私有财产的法律。法律规定，如果某些物品是他人的私有财产，其他人就不能为了满足自己的而消费需求而享用它们。有人说这样规定是为了保障劳动者的劳动产品不被人剥夺。这种说法是正确的吗？在现实生活中，由于这种私有权，工人们不断生产出来的所有物品，随着生产的发展而不断地被剥夺。它先是不公正地强行抢夺去工人的劳动产品，然后再在法律上规定，这种被抢夺的产品成了抢夺者不可剥夺的私有财产。与此同时，工人们的劳动和在劳动中受到摧残的生命却不被认为是工人的私有财产,反而被认为是工厂主的私有财产。同样的,通过放高利贷和敲诈勒索从农民那里抢夺来的几十万普特粮食,也被认为是商人的私有财产;农民在土地上种出的粮食也被认为是有土地继承权的人的私有财产。有人说,法律同样地保护工厂主、资本家、地主的私有财产和工人、农民的私有财产。实际上这种所谓的平等,就像两个人搏斗,一个人被紧紧捆绑双手,而对手却拿着武器,在搏斗中按照同样的要求进行一样。

因此,认为产生奴隶制度的这三项法律是公正和必要的,这是完全错误的说法。这些法律只是用新的奴隶制形式来取代旧的形式。以前制定的法律是人口可以买卖、可以占有他人的人身和劳动,从而有了那时的奴隶制度;而现在人们制定的法律是不准使用他人的土地、必须缴纳赋税、不得享用他人的私有财产,从而有了当代的奴隶制度。

有些人主张取消加在工人身上的赋税,把它转移到富人身上。另一些人主张取消土地私有权,在新西兰和美国的一个州已经在做实现这一主张的尝试。还有一些人也就是社会主义者想要主张实现生产工具社会化,征收所得税和遗产税,限制资本家的权利。好像这些法律一旦废除,就可以消灭奴隶制度了。然而只要进一步考察一下这些法律的情况,就可以发现,这些方案不过是用一种新的奴隶制度的法律来代替现存的奴隶制度的法律而已。例如,有人主张废除穷人的赋税,取消直接赋税法,把这些赋税转移到富人身上。这样就必定要保留土地、生产工具和其他物品的私有权法,赋税的重负都转移到这些私有财产之上,工人仍然会遭受土地占有者和资本家的奴役。亨利·乔治等人主张废除土地私有法,制定义务地租法,然而义务地租会产生新的奴隶制形式;这是因为,如果必须缴纳地租或单一税,穷人在粮食歉收或灾荒年景必定会向有钱人借贷,于是落入新的奴役之中。社会主义者主张废除土地和生产工具私有的法律,却仍然保留赋税法,还制定强制劳动的法律,从而让原始的奴隶制度得到复活。因此,迄今为止,无论是在实践上还是理论上,在废除一种奴隶制度的法律的同时,总是代之以一种新的奴隶制度的法律。这就像监狱里的看守把锁链从犯人的脖子上转移到手上,或从手上换到脚上,或者虽然解开了他的锁链,却把牢笼锁得紧紧的。

强迫奴隶劳动的法律被所有的土地都属于地主的法律所代替;土地属于地主的法律又被赋税法所代替;赋税法又被消费物品和生产工具的私有权法所代替;而后者又被有人主张的强制性劳动的法律所代替。而原始的奴隶制度就是直接的强制劳动,也就是说,奴隶制度经历了各种形态的变化,绕了一圈,又回到原始形态上来。因此,十分明显的是,仅仅废除当代某一种奴隶制度的法律,并不能消灭奴隶制度,只是取消了它的某一种形态,而代之以一种新的形态。甚至这三种法律都被废除了,也不可能消除奴隶制度,只会产生我们还不知晓的新的奴隶制度形态。这种新形态已经渐露端倪,例如限制工人自由的法律,对工时、年龄、健康状况的限制,对一定教育年限的要求,对老年工人和残废工人抚恤金金额的限定,有关工厂监督措施的规定,合作社的规章等方面都是在为这种新形态的奴隶制度的法律做前期准备。因此,奴隶制的实质并不在于这三项法律,而在于存在着法律这一事实本身,在于一些人有权制定对自己有利的法律;只要人们有可能制定法律,就会产生奴隶制度。

法律的实质不在于什么法权的主体或对象,也不在于什么国家体制、人民总体意志等模糊不清的概念,而在于一些人掌握着有组织的暴力,可以强迫人们执行他们的意志。因此,法律就是那些掌握着有组织的暴力者所制定的规则,不按此规则行事的人就要受到殴打、失去自由甚至被处以死刑。

——《当代奴隶制度》

4.所有权只是一种占有他人劳动的手段

在过去的时代，占有他人的劳动是通过暴力和奴隶制度，而现在，在我们的社会里，占有他人劳动是通过所有权而得到实现。在我们这个时代，富有的人和被剥夺了财产的人都有烦心事：那些滥用财产的人会在良心上受到谴责，在富有财产的人和被剥夺财产的人之间往往会产生让人担忧的冲突，其根源就在所有权上。在现代，所有权几乎成了一切社会活动的目的。为了莱茵河两岸、非洲、中国和巴尔干半岛的土地，在国与国之间、政府和政府之间彼此争斗，大打出手。为了所有权，那些金融巨头、商人、工厂主和地主钩心斗角，彼此算计，让自己和他人都苦不堪言。为了所有权，那些官员和手工业者也是互相欺骗、压迫和争夺。那些法官和警察所保护的也是所有权。由此看来，所有权是万恶之源。几乎世界上所有的人都为着所有权而奔忙操劳，所谓"熙熙攘攘，皆为利往"。

那么所有权到底是什么呢？人们通常认为，所有权就是指某个东西属于某个人，因此才称它为所有物。我们说起房屋和手时都会说：这是我的房屋，这是我的手。然而这里存在着谬误和盲信。我们知道，所有权只是一种占有他人劳动的手段。然而他人的劳动无论如何也不会成为我私有的东西，甚至跟私有这一概念都毫不相干。无论在什么时候，一个人私有的东西，都只能是他自己，也就是始终服从其意志、成为其活动的工具或满足其种种需要之手段的东西。人们通常认为，属于这种工具和手段的，首先是自己的身体，手足、耳鼻、眼睛和舌头等。如果他们把那些不是其身体的东西当成自己的私有物，希望它们能够像自己的身体服从其意志，就会造成错误，给自己带来失望和痛苦，同时也让他人痛苦。人们往往把自己的妻儿和奴隶看成私有物,然而实际情况会让他们发现自己错了,应该抛弃这种盲信的东西,否则就会造成自己和他人的痛苦。现在我们至少在表面上放弃了这种人身私有权的概念,然而却认为自己对土地、物品和金钱拥有所有权,也就是能够占有他人的劳动。就像妻儿和奴隶不可能像我们的身体那样来服从我们的意志,金钱和其他身外之物也不可能真正为我们所有。对这些东西的占有只是一种自我欺骗,是一个人痛苦的根源。真正能够成为私有物还是我们的身体,也就是那个始终服从我们意志的东西。

我们只是由于习惯使然,总是把那些不是自己身体的东西也称为自己的私有物,而且认为这样做并没有什么害处。其实只要认真思考一下,就会发现,它就像其他盲信一样,会造成十分可怕的后果。这些所谓的私有物会激发我们产生一些并不适当的需求,而且往往无法得到满足,反而影响了我们真正的私有物即我们的身体去获取应有的知识、能力和良好习惯,最后让我们一生的精力白白浪费在那些根本不是自己私有物的东西上面。

一个人为自己设立一个图书馆,开办一个画廊,购置一套住所和许多衣物,为此而赚取属于自己的金钱,于是他就以为这些就是自己真正的私有物,反而意识不到那作为其真正活动对象的东西,也就是真正的私有物。说到底,什么是私有物呢?这就是生来就属于我一个人的东西,是我可以随心所欲去做一切事情的东西,是从生到死都为我所有、不可能被任何人夺走的东西,是应该为我运用、发挥和改善的东西。这种私有物只能是我自己。然而人们通常理解的私有物却只是他们所想象出来的东西,并且为了这样的东西,发生了战争、死刑、法庭、监狱、挥霍、腐败、屠杀、死亡等,也就是说,这一切都是为了把那些不可能实现的东西变成现实。

我们可以作一个设想:有 10 个人去干种地、劈柴、缝制靴子这一类的活,但这样做不是因为贫穷,而是由于意识到一个人是需要劳动的,他的劳动是越多越好,那么这会产生什么结果呢?他们以自己的想法和行动向大家表明,那种想象中的私有物并不是必然的命运或上帝的意志,而是一种盲信,无足轻重,只要不再把它当成偶像,轻轻一击就能把它粉碎。一旦我们以充满喜悦的心情来从事劳动,就会摆脱对这种私有物的盲信。这时我们就会看到,世上所有那些为维护这种私有物而设置的机构都是毫无用处的,它们违反人们的本性,十分有害。对于一个以劳动为乐事的人来说,自身以外的私有物,也就是占有他人劳动的权利是毫无益处的,是对他人的压迫。如果我已经习惯了自己做饭吃,那么别人给我做饭就会剥夺我做饭的乐趣,使我不能获得这方面的满足。一个视劳动为生命的人只会通过劳动来让自己的生活过得充实,他根本不需要通过占有他人的劳动来消磨时光以获得乐趣。

如果一个人的生活中既有充实的劳动,又有适当的休息,他就根本不需要有许多房间来居住、有许多家具作摆设、有许多华丽漂亮的衣服来打扮自己,也不需要吃许多昂贵奢侈的食物,也不需要有许多交通工具去兜风。最重要的是,一个视劳动为生命和乐趣的人,决不会利用他人的劳动来减轻自己的劳动负担,而随着他的能力、技巧和耐性的不断提高,各种劳动会越来越充实他的生活。对他来说,劳动工具也就不成为问题。如果有可能,他会选择生产效率最高的工具;不过即使是使用生产效率最低的工具,他也同样会获得劳动给他带来的满足。如果有蒸汽机的犁,他就用它来耕地;如果没有,他就用马拉犁来耕地;再没有,他就用人力拉犁耕地;如果连犁也没有,他就用铁锨翻地。无论在哪种情况下,他都可以达到自己的目的,也就是通过有益的劳动让自己获得满足。这种人的生活,无论从外部条件是从内在条件看,都要比那些一心谋求私有财产的人幸福得多。从外部条件来说,由于这种人一心热爱劳动,人们乐于帮助他们完成自己的工作,就像总是乐于把磨坊造在水边一样,让他们的物质生活有保障。然而对于那些追求私有财产的人,人们是不会这样对待的。而物质生活的保障是人们幸福的基本条件。从内在条件来说,这种人总是可以得到他所希望的东西,而那些追求私有财产的人永远达不到自己追求的目标。正像格言所说,无论是谁,无论他是体力衰弱的人、老人还是濒临死亡的人,只要有一个编造草鞋的铁锥在手,其劳动天性就能获得充分满足,并受到人们的热爱和同情。

　　这样,这 10 个看似有些疯癫的人去种地、缝制靴子等,而不是把空闲时间用于抽烟、打牌、闲逛,就会产生这样好的效果。他们用自己的行为表明,那些让人们痛苦和烦恼的私有物对于幸福生活来说毫不重要,是压迫人的,是一种盲信。真正的私有物只是我们的头脑和手足;要很好地利用这种私有物,就应该抛弃那种身外私有物的概念。只有这样,我们才能成为一个十分有用、强大和善良的人,无论身在何处都能立下足来,成为大家的兄弟,被他人所理解、需要和尊重。我们通过这 10 个看起来有些疯癫的人可以发现,我们应该怎样做才能摆脱对私有物的盲信以及找到自己的出路。

　　　　　　　　　　　　　　　——《那么我们应该怎么办》

5.生产三要素能够成立吗

　　什么是金钱?一些有教养的人十分肯定地说:金钱代表的是持有金钱者的劳动。以前我居然相信这种说法。我必须更为深入地探讨这一问题。为此我向科学求教。科学说,金钱自身并没有任何不公平和有害的东西，金钱是社会生活的必要条件：首先是方便交换；其次是确定价值尺度；最后是用于支付。

如果我手上有 3 个用不着的卢布，在城市，只要打声招呼，就会有成百的人愿意按照我的意思去做最艰苦、最让人厌恶、最可鄙视的事情。这种常见的现象并非由金钱造成，而是由各个国家一些较为复杂的经济条件造成的。一些人之所以可以通过金钱来统治另一些人，是因为工人并没有获得自己劳动的全部价值，而这又是由于资本、地租和工资之间的复杂关系，财富的生产、分配和消费之间的复杂关系造成的。按照我们俄罗斯人的通俗说法，有钱人压榨没钱人的程度就像是要把他们搓成一根绳子一样。

然而科学却说，这不是问题之所在。它说，所有的生产都有土地、资本和劳动三要素。正因为前两个要素不在劳动者手上，以及由此产生的复杂关系，造成了他们的被奴役。我认为科学的这一答案太怪了。它不仅没有回答金钱的作用问题，还对生产要素作了很不自然、不切实际的划分。既然所有的生产都有土地、资本和劳动三个要素的参加，那么财富即金钱的分配自然就是：地租即土地的价值属于地主，资本的利润属于资本家，劳动工资属于工人。但事实究竟是怎样的呢？

首先，所有的生产都有三要素参加，这一说法是正确的吗？现在，我正在写这篇东西时，屋外正在进行干草生产。这一生产是由什么构成的呢？按照科学的说法，它是由生长干草的土地，资本即收割干草所需的镰刀、耙、叉、大车等，以及劳动构成的。我认为这完全是虚假不实之词，是谎话。参加干草生产的，除了土地，还有太阳、水、保护这些土地的组织、劳动者的知识、他们的语言能力以及其他许多生产要素；然而不知道为什么，政治经济学没有把它们考虑进去。

太阳的热力是所有生产的要素，甚至比土地更必不可少。我们可以想象一下：例如在城市里，有些人利用权力用墙或树木遮挡住他人需要的阳光。为什么太阳就不能列为生产要素呢？水跟土地一样，也是不可缺少的生产要素，空气也是。我们也可以想象有些人被剥夺了水和清新的空气，那是由于另外一些人动用手中的权力独占他人也不可或缺的水和空气。同样的，社会治安也是生产不可缺少的要素。劳动者吃饭穿衣也是生产要素，有些经济学家已经指出了这一点。教育同样是必不可少的生产要素，没有对人们的最基本的教育，生产就无法进行。如此等等。我可以把这些被科学漏掉的生产要素写满一整本书。为什么只有这三个要素被科学选中呢？为什么不把阳光、水、食物看作生产要素，只是把土地、生产工具和劳动当成生产要素呢？这只是因为，在我们社会，极少有人去争夺人们享受阳光、水和食物的权利，却经常发生争夺使用土地和生产工具的权利的现象。因此，仅仅把生产要素划分为这三个，完全是随意而为，并不能反映事物的本质。

我们来看看情况究竟如何。人们说，在欧洲社会，生产诸要素已经划分完毕。这就是说，有些人占有土地，另一些人占有生产工具，还有一些人既无土地又无生产工具，他们就是工人。人们经常听到这种说法，以至于感受不到它的荒谬。然而只要我们仔细思考一下这一说法，就会发现它的自相矛盾之处，是极不合理、毫无意义的。

劳动者这一概念就应该包含他生活于其中的土地和用来劳作的工具；如果既不生活在土地上又没有工具，他就不是一个劳动者。如果没有可以耕作的土地、镰刀、大车和马匹，一个人就不能被称为农民；如果没有盖在某块土地上的房子、水、空气和做靴工具，一个人就不能被称为鞋匠。如果一个农民没有土地、马匹和镰刀，一个鞋匠没有房子、水和鞋锥，那就只能是有人把他们从土地上赶走，抢走或骗走他们的镰刀、大车、马匹和鞋锥。这样他们就不得不用他人的生产工具来生产并非自己需要的产品，但这并不等于说生产的性质就是这样的,而是表明生产的自然属性被破坏了。既然科学可以把一个劳动者被他人的暴力剥夺的一切当成生产要素, 那为什么不把对奴隶的人身占有也当成生产要素呢? 为什么不把对阳光、空气和水的占有也当成生产要素呢? 把对土地和生产工具的占有说成是生产要素, 这是错误的, 完全是虚构的; 这就像把对阳光、空气、水以及对他人人身权利的占有说成是生产要素一样错误和虚构。

确实有人声称自己有权占有土地和劳动者的生产工具, 正像过去有人声称有权占有劳动者人身、现在还有人声称有独享阳光、水和空气的权利一样。确实有人把劳动者从一块土地赶到另一块土地, 强行占有他的劳动成果和生产工具, 强迫他不是为了自己而是为老板工作。尽管如此, 没有土地和生产工具的劳动者毕竟是不存在的, 这就像长期以来尽管总有人想把他人变成一个东西, 却总不会实现一样。你可以占有一个人的人身, 却无法泯灭他追求自身幸福而非主人利益的本性; 同样的, 尽管你可以占有土地和他人的生产工具, 却无法泯灭一个劳动者生活在土地上、用自己或公共的工具生产对自己有用的物品之天性。

由上可知, 科学所说的东西无非是有些人要求占有土地和劳动者的生产工具, 从而破坏了部分劳动者符合其天性的生产条件, 使得他们被剥夺了土地和生产工具而不得不使用别人的生产工具。然而科学却没有说, 这只是对生产规则的偶然破坏, 而生产规则本身还是存在的。经济学家声称, 生产各要素的划分就是生产的基本规则; 这就像动物学家看到许多被剪短翅膀的小鸟关在一些小笼里, 就声称小笼子、沿着轨道活动的小桶和小桶里的水是鸟类最为重要的生活条件, 是鸟类生活的三要素。无论这小笼子里关了多少被剪短翅膀的小鸟, 这些小笼子都不会成为鸟类的自然本性。同样的, 无论有多少劳动者被从一块土地赶到另一块土地, 被剥夺了劳动产品和生产工具, 他们要生活在土地上并用自己的工具生产自己所需要的物品这一自然本性不会改变。然而科学却把一些人占有他人自由的非法要求说成是生产的自然本性。科学不是把人类社会的自然本性作为自己立论的基础，却把发生的个别情况作为基础，其原因是想为这个别情况辩护，于是声称一个人有权占有另一个人赖以生存的土地、赖以工作的生产工具，也就是声称一种自相矛盾的权利之合理性：一个人不在这块土地上劳动，却具有占用它的权利；他不使用这些工具生产，却具有占用它们的权利。

　　科学对生产要素的划分，是把劳动者的不自然状态说成是自然状态，这就像古代社会把人分为公民和奴隶的不自然状态说成是人的自然本性是一样的。这种要素的划分，是科学为现实存在的罪恶进行辩护，因此它无法正确解释任何现实的经济现象。经济科学要回答这样一个问题：为什么那些有土地和资本的人能够奴役那些没有土地和资本的人？一个人只要稍有理性，就会回答说：这是金钱造成的，因为它具有奴役人的特性。然而科学却否定了这一答案；它说，这不是因为金钱具有奴役人的性质，而是因为一些人有土地和资本，而另一些人没有。然而我们问的是"为什么"，科学的这个回答等于没有回答。这是因为，科学在解答这一问题时，没有离开自己确立的并非自然本性的基础，画地为牢，循环论证，只能在原地打转转。要做出真正的解答，科学首先得否弃自己对生产要素的错误划分，不再倒果为因，而应该探究那些不自然现象产生的真正原因。它应该回答：是什么导致一些人被剥夺土地和生产工具而另一些人则占有它们？这样一来，就会有一种全新的思路，而不会停留在"劳动者的贫困地位是由于其地位的贫困"这样的废话中打转转。

——《那么我们应该怎么办》

6.现代科学是维护奴隶制度的

　　真正的科学研究的是某一时代和社会最重要的真理和知识，并让人们认识到它们。而确定这种重要程度的，是这一时代和社会的宗教意识，也就是人们对自己生活目的的共同认识。最有助于这一目的的，就是最重要的科学；不太有帮助的，就是不太重要的科学；对达到这一目的完全没有帮助的，就不能算是科学。然而现在上层阶层的科学否定任何一种宗教，认为它们是迷信，因此很难算是真正的科学。现代科学家说他们均等地研究所有的科学，然而科学的种类又何其多，要均等地研究它们是不可能的，他们只是在理论上这样说说而已。实际上他们所研究的，只是自己所需要和喜爱的东西。他们意在维护可以保证其特权的社会制度，喜爱的只是可以满足其单纯的求知欲、不必花费精力在应用方面的东西。

　　有一种科学包括神学、维护现行制度的哲学、历史学和政治经济学等，其主要工作就是论证现有生活秩序的合理性，将它说成是不以人的意志为转移的客观规律，并认为任何企图改变这一生活秩序的做法都是非法和徒劳的。另一种科学即实验科学，包括数学、天文学、化学、物理学、植物学等，其主要工作是研究那些跟人类生活没有直接关系的古怪离奇的东西，其应用只是有利于上等阶层的生活。为了论证自己研究的正当性，现代科学家提出了"为科学而科学"的理论。根据这种理论，研究任何让我们感兴趣的东西，都是科学。由此可知，现在所谓的科学有两种：一种不去研究我们怎样才能达到人类生活的目的，反而论证那种虚假恶劣的生活之合理性和永恒性；另一种只是研究那些仅关乎单纯求知欲或改革技术的知识。

　　第一种科学之所以有害，是因为它弄乱了人们关于科学的观念,占据了那些真正的科学应该占有的位置。如果人们要开始研究人类生活中那些重要问题,就必须花大力气首先清除在这些问题上的大量谎言,它们是这种伪科学长期积累并加以维护的。

第二种科学往往是现代科学家引以为自豪的,认为是真正的科学;它之所以有害,是因为转移了人们对真正重要事物的注意力,把他们引导到一些没有价值的东西上。此外,在现行制度下,它的技术成果大都成为对人类有害无益的东西了。科学家们之所以认为这种科学是十分重要和有益的,是因为他们看不到周围的世界,眼睛只盯着自己研究的对象。如果他们能够将目光从自己的心理显微镜上移开,看一看自己的周围,就会发现,所有那些让他们感到自豪的知识,先不说像几何学、银河光谱分析、原子形状、石器时代人类头颅大小这样烦琐的东西,就是关于微生物、X光等的知识,同那些被我们所忽略而被神学、法学、政治经济学教授们大肆歪曲的知识相比,也是无足轻重的。真正科学的活动不是随意研究那些我们偶尔感兴趣的东西,而应该研究怎样才能建立人类的生活,研究宗教、道德、社会生活等方面的问题;如果这些问题得不到解决,所有那些对自然界的认识都是无足轻重或有害无益的。

现在的科学可以让我们利用瀑布的动力,让它发动工厂的机器,或者我们还可以在山里开一条隧道等,我们为此而感到高兴和自豪。然而让人遗憾的是,我们利用瀑布的动力不是为了人民的利益,而是让那些生产奢侈品和杀人武器的资本家变得更为富有;我们开山挖隧道的炸药被用来打仗,我们不但不抛弃战争,反而认为这是必需的,时刻准备着战争。如果我们现在能够做到对白喉进行预防注射,能够用X光在人体内寻找一枚针,能够让驼背变直,能够治好梅毒,能够完成高质量的手术等,即使这些都是真实存在的,只要我们了解了科学的真正使命,就不会对这些感到自豪。如果我们把花费在单纯求知欲和纯粹技术上的精力的十分之一用在建立人类生活的真正科学之上，那么就会有半数以上的病人免除他们的不治之症，也就不会有那些由于工厂恶劣环境造成的驼背孩子，不会有现在高达百分之五十的儿童死亡率，不会有每况愈下的堕落现象发生，不会有卖淫现象，不会有梅毒，不会有数十万人死于战争，不会有这么多的疯狂和痛苦，然而现代科学却认为这是人类生活必要的条件。

由于科学的概念遭到严重歪曲，当我们说到科学可以降低儿童死亡率，消除卖淫、梅毒、每况愈下的道德堕落和大屠杀时，人们就会感到奇怪。在他们看来，科学就是在实验室把一些液体从一个瓶子倒进另一个瓶子，或者进行光谱分析，或者解剖青蛙和海豚，或者用所谓的科学术语来修饰那种他自己也不懂得的神学、哲学、历史、法律和政治经济学，以证明现行制度的合理性。然而真正的科学绝不是这样的；它知道该相信什么，怎样建立人类共同的生活，怎样建立性关系，怎样教育儿童，怎样使用土地，怎样自己种地而不剥削他人，怎样对待外国人，怎样对待动物，以及人类生活中其他许多重要事情。这样的科学现在已经初露头角，却遭到那些维护现有生活秩序的学者否定和反对；那些搞实验科学的人也认为它是大而无当的，是不科学的，没有必要存在。例如真正的科学指出那种狂热的宗教是一种精神上的病症，已经过时，十分荒谬，应该代之以一种合乎理性和时代精神的宗教观；那些神学家就跳出来批驳这种观点，编造许多理由来论证那些过时的迷信之合理性。又如真正的科学认为人民贫困的一个主要原因是无产阶级没有土地；那些政治经济学家就跳出来反驳道，土地等所有权就像其他所有权一样，应该越来越集中在少数人手中。再如，真正的科学认为战争和死刑是不合理和有害无益的，卖淫是反人道和有害的，使用毒品和吃动物的肉是荒谬有害和不道德的，狂热爱国是十分有害和很不合理的；然而这样的作品都被认为是不科学的，而证明这些现象应该存在的作品却被认为是科学,或者那些研究跟人类生活毫不相干、出于单纯求知欲的问题的作品也被认为是科学。

　　某些科学家提出他们关于科学的理想,并获得大多数学者的认可,从中可以看出现代科学偏离其真正的使命有多远。这种理想就是,人类未来的食物不再是来自耕种或畜牧,而是来自实验室,采用化学的方法制造出来的。那时一个人吃不到自己喂养的鸡下的蛋,吃不到自己种植的稻麦,吃不到自己栽培的果树结下的果实,只能吃实验室里培养出来的食物,据说那是极其美味和富有营养的。这样人们就不必劳动了,所有的人都可以过上现在上等阶层那种悠闲舒适的生活。在现代,大多数人都没有足以果腹的良好食物,他们还不得不过度劳动,因此更加损害了自己的身体和利益;然而只要能够消除彼此的争斗、奢侈和铺张、社会财富不合理分配,也就是消除了现存的虚假有害的生活秩序,建立充满理性的人类生活, 这种不幸的状况是可以从根本上改变的。但现代科学却告诉人们,现存的生活秩序是不可改变的,就像宇宙星球的运行一样,因此科学的使命不是论证这种生活秩序的错误,而是在不改变这种秩序的前提下,让所有的人都有饭吃,都能过着跟上等阶层一样悠闲舒适的生活。这种科学忘记了一个最重要的事实:我们用自己的双手在土地上种植出来的稻麦、蔬菜和水果才是最有益于人类健康、易于消化、纯粹自然的食物,为人们所喜爱,而用于其中的劳动也可以锻炼我们的身体,是人类生活不可或缺的条件,就像呼吸空气一样重要。现在科学家想出的办法,就像一个人住在空气极其糟糕的封闭的房屋里,为了解决他的呼吸难题,就把氧气灌入他的肺中一样荒唐可笑;其实解决的办法很简单:只要让这个人从这个封闭的房屋里出来就可以了。

　　我们应该指出"为科学而科学"理论的错误,以真正的基督教学说为基础,重新估计那些我们曾引以为自豪的知识,指出实验知识的次要性,而宗教、道德和社会知识才是最重要的。这些知识不应该像现在这样只是被上等阶层所掌握，而应该成为所有热爱自由和真理的人研究的对象，只有他们才能推动真正的科学发展。只有在数学、天文学、物理学、化学和生物学、技术科学和医学等能够帮助人们摆脱宗教、法律和社会的欺骗时，它们才是值得研究的；这时它们不是只为一个阶级服务，而是为了全人类的利益。

——《什么是艺术》

7.新科学教义是为不劳而获者辩护

一种为靠他人生活者辩护的教义是孔德的学说。它的历史不长，大约五十年，其主要创始人是法国学者孔德。孔德原先是一个分类学家，虔信宗教，受到当时生理学研究的影响，同时也接受了古罗马时期美内尼·阿格利波有关思想，他提出了人类社会有机体的学说。在他看来，人类社会或整个人类是一个有机体，而每一个人都是这个有机体上为整个机体服务的某个器官的部件。孔德对这个理论喜欢到了痴迷的地步，为它建立了一个哲学基础，却忘记了这一理论充其量也就是一个还不错的比喻，用在寓言故事里面还合适，却不能充作科学基础。孔德是把自己喜爱的假说当成了公理，自以为其基础扎实可靠。他通过这个理论得出结论：既然人类是一个有机体，要弄清楚人是什么以及人应该对世界采取何种态度，就得认识这个有机体的属性。为此，人们可以通过观察其他较为低级的有机体来归纳有关情况。因此，孔德认为，真正的科学方法只有归纳法，所有的科学都是以经验为基础。他还认为，科学的顶峰就是关于人类有机体的科学，它就是所谓的社会学。于是在他看来，人类自我认识的历史应该分为两段：第一段是自有人类社会以来直到孔德创立社会学之前,这是神学和形而上学阶段;第二段是从孔德创立社会学开始,这是真正的科学即实证科学阶段。这一切似乎都说得不错,只是有一个根本问题:这一切都是建立在一个错误之上,就像一座大厦建立在沙滩上一样,说人类是一个有机体,这是一个任意的错误判断。之所以说它是任意的,是因为我们根本不可能观察人类有机体的存在,就像我们不可能观察三位一体的上帝存在一样。之所以说它是错误的,是因为把人类看成是有机体,这仅仅是一种类比,实际上作为一个整体的人类并不具有有机体的本质特征,即它是一个感觉或意识的中枢。

尽管这种实证哲学的观点具有很大的随意性,是完全错误的,却在所谓的有教养阶层中获得热烈响应。其中有一个现象很发人深省:孔德的论著分为两大部分,即实证哲学和实证政治学;这一阶层只接受了前一部分,因为它用经验原则来为人类社会的许多罪恶作了辩护;同时置后一部分于不顾,因为它的结论有着利他主义的成分,被认为是不科学和没有意义的。康德的学说也遭遇了同样的命运:纯粹理性批判部分被人们认为是有科学性的,而实践理性批判部分由于包含道德的成分而被抛弃。由于孔德实证哲学根基不牢,那些拥护其学说的人又想出一个新的论断作为其支撑;其实这个论断也是任意的和错误的。它认为一种生物或有机体是起源于另一些有机体,例如在 100 万年间,从一个原始的有机体可以变出鱼和鸭子等东西来,从一群蜜蜂也可以变出某个动物来。这一任意的错误论断也被所谓有教养的阶层所普遍接受。之所以说它是任意的,是因为从来就没有人看到一些有机体是怎样从另一些有机体变化而来,因此,这一物种起源学说始终只是一种假说,而不是经验上的事实。之所以说它是错误的,是因为它对物种起源问题的回答之根据,是在无限长的时间内遗传和适应规律在起作用,然而这并不是真正的回答,而是以一种新形式重复这个问题而已。摩西认为,所有的生物都是根据上帝的意志和无限能力产生出来的,而根据这种进化论,它们是由于偶然性、遗传和不同的环境条件在无限时间里产生的。换言之,这种进化论要证明的只有一个东西:根据无限时间里的偶然性,可以从一种东西变出任何东西来。这种提法实际上只是把上帝的意志换成了偶然性,把无限能力换成了无限时间。然而这个看似新的理论对于孔德的论断是一种支撑,而这一理论的创造者达尔文承认,他是受马尔萨斯提出的规律的启发,才提出了这种生物和人的生存斗争理论的。而这一理论是那些不劳而获的人可以拿来为自己辩护的。

这两个根基都极不稳固的理论互相支撑,似乎可以立下足来。它们为人们所重视的原因是相同的,它们都证明了一点:现有的社会秩序是合理的,他们对人类社会的罪恶不承担任何责任。这种新科学教义就是建立在这个基础之上,从而受到人们的信任和吹捧。

这种新科学教义的另一个代表人物斯宾塞在其早期著作中对这种教义做了表述。他认为社会和有机体之间有这样一些类似之处:

(1)两者刚开始时都是一些小的集合体,慢慢地增大,有的可以大到原先的一万倍。

(2)尽管最初两者的结构都很简单或几乎没有结构,但在其发展过程中,结构变得越来越复杂。

(3)最初两者的内部各部分之间没有任何依存关系,在发展过程中这种互相依存关系会建立起来并越来越密切,以至于每一部分都只有在其他部分生存和活动的情况下才能存在。

(4)一个社会的生存和发展是独立的,它要比构成自己的任何个体的生存和发展长久得多;这些个体一个个出生、发展、劳作、改变、死亡,然而他们构成的社会有机体的生命却一直延续下来,而且在数量、完善性以及活动的有效性上获得不断发展。

　　接下来斯宾塞还谈到社会和有机体的一些区别,同时又证明这些区别只是表面上的,两者的相似性是主要的。然而一个头脑正常的人会直接产生疑问:人类社会为什么是有机体或类似于有机体?这4个所谓的类似的特征实际上是杜撰的,是把有机体的某些特征硬套在人类社会的身上。这种做法是玩弄那种诡辩游戏。要用这种方法,你可以把有机体的特征硬套在任何一种东西上。例如我现在想到森林这东西,就可以说它在生长过程中有如下4个特征:(1)它在某个地方,刚开始时是一个小集合体,然后面积慢慢增大,等等。(2)它最初只是一些小白桦树,然后有了藤蔓、榛树丛,并且互相缠绕,也就是说,刚开始结构很简单,后来变得越来越复杂。(3)森林里的榛树丛可以维持较温暖的温度,森林边缘的灌木丛起到防风的作用,有种子的树可以繁衍后代,枝繁叶茂的大树可以遮阴,这里每一棵树的生存都取决于其他树木的情况,也就是说,每一部分的依赖性不断加强,取决于其他部分的生存和活动。(4)每一个树都有死亡的时候,而整个森林长存,也就是说,每一个体都可能死亡,但总体是不灭的。总之,这种新科学教义可以把无论什么东西都塞到有机体的框架里面。

　　人们常说分工是人类社会应该存在的东西。然而有这样的问题:我们现在看到的这种分工是否是应该有的那种分工?如果人们认为某种分工是不合理、不公平的,那么无论怎样的科学也不能证明它是应该存在的。斯宾塞之流说,既然存在着一大群织布工人,那么织布活动就是有机体的分工,也就是说,它是应该的。这种说法跟神学家的话如出一辙,后者说,既然存在着这种权力,它就一定是上帝给的,无论它具有什么性质。如果权力和一大群织布工人是自动生成的,那么这样说似乎也有点道理,然而我们知道,它们并不是自动生成的,而是由我们制造出来的。那么需要进一步确认，我们制造了这种权力，这到底是上帝的意志还是我们自己的意愿；我们制造了一大群织布工人，这到底是由于有机体的规律还是别的什么原因。

人们以种地为业，生活在这个世界上，这才是人的本性。后来有个人建造了一座火炉打铁，修理自己的犁头。一个邻居请求他帮忙修理一下自己的犁，答应替他干一些农活或给他一些钱作为答谢。接下来还有其他的人也来求他帮忙，于是在这些互相交往的人中产生了分工，产生了铁匠。另一个人教育有方，他的子女很有出息，于是邻居就把自己的子女交给他教育，教师就是这样产生的。然而这里铁匠和教师能够存在下去，仅仅是由于有人求他们干铁匠活和当教师。如果发生了这样的情况：一下子出现了许多铁匠和教师，其中一些人的工作不再被人们需要了，他们就会放弃自己的专门技艺而重新回到田地上劳作。他们这样做是发自良心和理性。我们认为这样的分工是正常的、合理的。然而如果情况是这样的：铁匠能够强迫别人替他们种地，即使人们不需要马蹄铁，他们还是要继续制造这种东西；或者一个教师没有任何学生，他还继续去教书，同时强迫别人为他干活；那么任何一个头脑正常、有良知的人都会认为这根本不是什么分工，而是占有他人的劳动。然而恰恰是这样的情况被新科学教义称之为分工，实际上这是一些人干一些别人没有要求他们干的事，却要求别人因此而供养他们，反而说这是十分公正的，因为这是分工。

我们社会的主要灾难是被称为管理的东西，也就是那些数不清的官吏。而经济方面的灾难是所谓的生产过剩，也就是生产出的东西没有地方可以存放，也没有人需要。这些政府、教会、科学、艺术方面的人士没有做任何对人民有利的事情，他们的产品无任何人需要，却同样以分工为由要求人民养活他们，给他们吃香的、穿好的。分工只有在一个人的特殊工作是人们所需要的，他们要求他提供服务并愿意为此供养他的情况下才是正确的、合理的。

如果一个人从小到大，一直到 30 岁都依靠别人养活，只是答应学业完成后去做一些谁也没请他做的事情，然后从 30 岁一直到死继续过着这种被人供养的生活，仍然只是答应去做没有人请他做的事情，那么这就不是分工，而是强占他人的劳动，我们的社会情况就是这样。而新科学教义却把它称之为有机体的分工。

这种新科学教义装得一本正经，声言要通过对有机体的研究来解决我们人类生活问题，实际上是在骗人。而一些年轻人容易轻信，为其所惑，在这种探究中走错了道路。他们在这种探究中陷得越深，就越来越失去解决真正的生活问题的愿望，越来越不习惯于观察，而是越来越习惯于相信他人的所谓观察（例如细胞、原生质、物体形态等），越来越追求形式的东西，越来越不辨善恶，越来越被那些毫无意义的所谓科学术语所左右，越来越在科学迷宫里找不到出路。他们逐渐丧失了独立思考的能力，无法理解真正的人类思想；他们与劳动渐行渐远，虚度时光，却认为这是天经地义的；他们在肉体上成了毫无用处的寄生虫，在精神上成了毫无创造性的被阉割者。他们在变得愚蠢至极的同时，又有一种坚执的盲信，使得他们再也不能回到普通的劳动生活之中，也无法获得与之并存的简单明了的人类思维能力。

——《那么我们应该怎么办》

8.伪善学说的毒害作用

在以前，伪善只是以宗教学说为基础，通过宣扬人类堕落、赎罪等来得以实现；现在它又从所谓的科学中获得了自己的根据。因此在今天，那些信教或不信教的伪善者都有东西可以用来掩盖自己的卑劣行径。一个地主向耕种他土地的农民百般盘剥，使得他们食不果腹、衣不蔽体，当农民有所反抗时，他就让军队来鞭笞和屠杀他们。这样的人无论怎么说都不能算是基督徒或自由主义者。然而伪善学说却让他可以充当这样的角色。在伪善的宗教学说看来，一个人有没有土地跟他灵魂的拯救没有关系；在伪善的科学学说看来，一个人要放弃自己的土地是毫无益处的，要增加人民的福利只能通过外部条件的改变来实现。因此，这个地主只要去参加什么农业博览会或戒酒协会，或者让妻子和女儿给几个老太太送去几件毛衣和几块面包，就自以为是一个对农民慈悲为怀、具有人道主义精神的人。他跟那些地位相当的人在一起正儿八经地讨论，还可以采取哪些措施来改善农民的生活状况，设想了种种方法，唯独不涉及唯一可能改善农民生活的办法，就是不强行占有农民赖以生存的土地。

再例如，一个商人靠诈骗发财，利用人们的无知和经受不住诱惑，低价买进，高价卖出，一辈子干的都是损人利己的事情。这样的人是不可能标榜自己是基督教徒或自由主义者的。然而伪善学说告诉他，只要他作为教徒信教，或者作为自由主义者相信应该促进外部条件的改变也就是发展工业，完全可以一面继续损人利己，一面获得善人的好名声。只要他在经营活动中不直接欺骗同样干着诈骗勾当的同伙，他周围的人就会称赞他是一个诚信和善良的好榜样。如果他从自己诈骗得来的钱中拿出千分之一随便捐给哪个公益机构如医院、博物馆、学校等，大家就会认为他是一个大慈善家；如果他拿出一点钱来捐给教会和救济穷人，那就成了大发善心的好基督徒。

又如一个官员，无论是哪方面的官，他之所以当官就是为了提升社会地位、满足自己的权力欲，首先是要获得高额的薪水，这全是靠搜刮老百姓的血汗钱而得来的。如果他还没有直接去贪污国家公款，就会被周围的同僚称赞为廉洁自律的好人。任何一个法官、检察官或行政官都知道，他做出的判决或决定会让许多犯人被迫离开家庭、被关进监狱或服苦役,导致精神错乱,最后用玻璃片割腕或绝食来结束自己的生命;他也知道,这些人的父母妻儿饱尝屈辱和痛苦,不能探监,徒劳地哀求宽恕自己的亲人或给他们减刑。当然他不会考虑这些人的感受,对他们无动于衷。尽管如此,他和他的同事,还有他的家人都相信他是一个善良而有同情心的好人,因为按照伪善学说,他所做的事情是对社会有益的。因此,尽管他让许多人受到伤害,被他们所诅咒,让这些人失去对善良和上帝的信心,却仍然信心满满,高高兴兴地去做礼拜,听神父宣讲福音书,发表具有自由主义色彩的言论,与妻儿共享家庭的欢乐,告诉他们做人应恪守的道德,并表示自己慈悲为怀的精神。

这些人以及所有附属于他们的妻儿、家庭教师、厨师、艺人、驯马师等,就像一群吸血鬼,靠吮吸劳动人民身上的鲜血生存。他们明明知道这些劳动者及其家人遭受的巨大苦难,明明知道只要这些人反抗这种剥削就会被送上绞索架,却不但不克制自己的占有欲,不掩盖自己穷奢极欲的生活方式,反而似乎有意刺激这些被他们剥削和压迫,因而充满敌意的劳动者,炫耀着那些只供他们享用的公园、宫殿、剧场、打猎场和赛马场;同时他们又总是希望自己和他人都相信,他们对于人民的福利是十分关心的;到了星期天,他们会穿着华丽的衣服,乘坐豪华马车,前往教堂倾听那些穿着法衣或不穿法衣的人宣讲所谓的博爱精神。他们这样做的时候,完全相信自己就是正在扮演的角色。这种普遍存在的伪善已经到了深入人们骨髓的地步,无论怎样表现都不会招人愤恨。主教给那些拿枪杀害自己兄弟的人画十字,要他们祈祷上帝保佑;基督教的牧师同刽子手一起参加死刑的执行,表明杀人和基督教是可以并存的;这些已经是司空见惯、习以为常的现象。自由主义的科学在标榜自由、平等、博爱的同时,表明军队、死刑、海关、书报检查、娼妓制度、开除工人的权力、禁止迁移国外的法令等存在的必要性；还强调了建立所谓正义的殖民统治的必要性，而这是建立在压迫、掠夺和消灭那些所谓的野蛮民族的基础之上的。这些也都让人们见怪不怪了。

即使宗教学说和科学学说所鼓吹的改善外部条件的目标统统得到实现，所有的人都皈依了基督教，所有的改革都得以完成，只要那些伪善仍然存在，只要人们不相信他们明知是真理的东西，反而装成相信他们实际上并不相信的东西，那么他们的生活状况不仅得不到任何改善，还会越来越糟。这是因为，人们越是富裕，电报、电话、书籍、报刊的数量就越多，用来传播谎话和伪善的手段也就越多，他们就分化得越是厉害，结果就越是糟糕。这在现实生活中是有无数事例可以证明的。如果情况不是这样，如果我们每一个人都相信他认识的真理，或者至少不再维护那些伪善的东西，那么从现在开始，人类就会朝着解放和实现真理的道路前进，人类社会就会发生几百年后也不可想象的巨大变化。因此，基督在其一生中唯一的一次勃然大怒，就是怒斥伪善和伪善者。

那种大明大白的盗窃、抢劫、杀戮、淫乱等并不会让人们变得更坏、更丑恶、更粗野和更加分化，而谎言却可以做到这一点。正是伪善者的谎言让人们模糊了善恶的界限，无法只行善、不作恶，丧失了辨别真理的能力，不能完善自己。那些毫无掩饰的作恶者的行为会引发人们的反感，受害者只是这种恶行的对象；然而那些伪善的作恶者的行为，由于它们披着行善的外衣，就会不仅让这种恶行的对象受到伤害，还让作恶者自己以及被其伪善蛊惑的人们深受其害。小偷、强盗、骗子和杀人者犯下的罪行会招致所有人的反感和愤慨，然而那些犯下更大罪行的人，同样在偷窃、抢劫、鞭笞和杀戮，却打起宗教和自由主义的大旗来掩盖自己的罪行，例如那些地主、商人、工厂主和政府官员就是这样的人。他们的行为不仅伤害了其罪行的对象，还让许许多多被模糊了善恶界限的人们深受其害。这些人经营人民生活的必需品或让人民腐败的奢侈品，或者进行股票交易，或者低价收购能够大幅度升值的土地，或者创办各种有害于劳动者身心健康的企业，或者在政府和军队担任公职，或者开办各种让人们纵情声色的娱乐场馆，他们对人民的毒害作用要大大超过那些进行偷窃、诈骗和抢劫的罪犯。他们实施的任何一桩绞刑判决，由于有牧师的参加，对于人民的毒害作用要超过那些没有受过教育的人在头脑发热时干下的千百桩杀人案件。他们发起的任何一场战争，哪怕是时间最短的那一种，也会造成大量的资源耗费、庄稼毁损、奸淫烧杀，然而却会获得人们的辩护和称赞，颂扬其正义性；这样的战争在一年之内对人们造成的毒害作用，要比所有的单个犯罪者一百年里抢劫、放火和凶杀的总和大得多。他们每个人为了维持自己穷奢极欲的家庭生活，所花费的钱财足以养活附近数以千百计的贫民家庭，这种毒害作用要大大超过那些酗酒闹事、毁坏餐具的普通人数千次的狂吃滥饮。他们举行的任何一次仪式、祈祷或在讲台上的演说所产生的毒害作用，都要大大超过数千种假冒伪劣产品的总和。

现代人的伪善以宗教学说和科学学说作为基础，已经发展到我们难以想象的程度。他们麻木不仁，对所有不合理、不正当的东西都视而不见、充耳不闻、无动于衷。现在人们的生活完全违背了他们的思想；如果不是由于伪善，他们就不会甘心于这种生活。这种违背其思想原则的生活之所以能够存在，全靠伪善所起的掩护作用。人们的现实生活跟其思想之间的差距越大，伪善发展得越是严重；然而伪善也是有一个限度的。在我看来，现代人的伪善已经达到了这一限度。

——《天国就在你心中》

9.暗示对民众的作用

为什么俄罗斯民族尽管深受政权之害,却不去用最为简单的方法来摆脱政权,反而继续听命于现有政权,或者重建一个暴力政权而再去服从它。这是什么原因呢? 他们知道自己的苦难是暴力造成的,要消除苦难就得去争取自由,然而尽管他们寻找和采用了各种方法,例如搞暴动、变更统治者、改变政体、制定宪法、确立新的国际关系、采取殖民政策、建立无产阶级组织、成立托拉斯、创建社会主义制度,各种手段用尽,就是不去采用那种可以消除所有苦难的方法,即不再服从任何政权。对于任何一个头脑清醒的人来说,这一点是十分明显的:暴力只会产生暴力,要避免暴力的唯一方法就是不参与任何暴力。然而大多数人之所以受到少数人的奴役,恰恰是因为他们也参与了对自己的奴役。那些受到奴役的民族,只是因为以暴抗暴,或为了自身利益参与暴力而被奴役的。如果一个人不以暴抗暴,或不参与暴力,他就不可能受到奴役,这就像一条溪流的水是不会被刀切断一样。他也许会被抢掠,会失去人身自由,会被拷打甚至杀害,但他不可能被人奴役,也就是不可能被迫去做那些违反自己意志的事情。

一个人是这样,一个民族也是这样。如果两亿印度人都不服从那个暴力政权,不去当兵,不交税,不指望实施暴力者会给他们带来什么好处,不服从英国人的法律,那么不要说是在印度的5万名英国人,就是所有的英国人都到了印度,也无法奴役印度人,哪怕这时印度人不是2亿,而只有1000人。像波兰、捷克、爱尔兰等被征服的民族的情况都是如此。那些遭受资本家奴役的工人的情况也是一样的。如果工人不去帮资本家干活,不帮他们来奴役自己,那就没有任何一个资本家可以奴役工人。所有这些都是一目了然的,然而人们不仅看不到这一点,他们的行为方向跟自己的理智和自身利益正好相反。每个人都说："这件谁都没有做过的事情不能由我来带头,应该让别人先去做,那时我也会不再服从政权。"他们都以无人带头为借口,不去做那些于大家都有益处的事情, 仍然继续去做那些有违人性、有害自己的非理性的事情。没有任何人拒绝服从政权,为的是避免遭到政权的迫害,尽管他们都知道, 这种服从会让自己在战争和动乱中遭到更为严重的灾难。

为什么会有这种情况出现?这是因为人们普遍受到一个东西的影响,那就是所谓的暗示或催眠。这种暗示就是让人们以为,那些以国家名义干的种种暴行并不是简单的不道德行为,而是一个被称为国家的神圣之物的表现, 而人们离开了它便不能生存,因此永远无法离它而去。不仅小孩、精神病人和傻子会受暗示或催眠的影响, 所有那些宗教意识薄弱的人都会受到这种催眠的影响,而在我们这个时代,人们正越来越丧失这种宗教意识。大多数人之所以出于自我欺骗状态,为自己的罪行辩解,为自己所服从的政权唱赞歌,以此来代替上帝的法规。这样,他们就受到国家的催眠,在幻想中那些奴役者不是简单的实施暴力的人,而成了神圣之物的代表,这种神圣之物就是国家,而他们的生活似乎离不开它。这样,对于政权的服从更减弱了人们的宗教意识,而宗教意识的减弱又使得他们进一步去服从人的权力。政权造成的罪行是这样开始的: 实施暴力者对被奴役者说:"按照我们的要求做,否则就杀死你们;如果听话,就建立一种秩序保护你们不受其他施暴者的侵害。"于是被奴役者就回答说:"好的,我们完全服从你们,无论你们建立怎样的秩序,我们都会遵守,只要能过上安稳的日子、活得下去就行。"

由于政权不断扩大,实施暴力者获利颇丰,完全看不到自己的罪行,而被奴役者也认为,只要完全服从施暴者,他们就没有犯罪,因为服从终归比斗争为好。然而这种服从就是犯罪,其罪行并不比那些施暴者轻。如果被奴役者在遭受种种暴行时并不承认施暴者政权的合法性,不服从他们,那就没有犯罪;如果答应服从,这就是犯罪,跟施暴者的罪行是一样的。被奴役者对暴力的服从,其罪责有两种:一是纵容了施暴者的犯罪行为;二是背离了自己的真正自由即对上帝意志的服从。对人的权力的服从就是对上帝意志的背离,这是因为,暴力政权要求自己的服从者参加到杀人、打仗和执行死刑中来, 参加制定和通过发动战争和死刑的法律,而这些都是跟上帝的意志背道而驰的。

人们一旦失去上帝的法规,就会退化到其生存的最为低级的阶段,他们的行为动机就只是满足自己的种种欲望以及受到的暗示。每一个生活在国家之中的民族都被这种暗示所支配,即一定要服从这个国家。俄罗斯民族的情况也不例外。这就是俄罗斯出现奇怪现象的原因:尽管这个民族的绝大多数人是农民,有整整一个亿,他们从事农业劳动,对政府毫无要求,却不去选择那一条最为自然、对他们最为有利的道路,也就是不再服从任何暴力政权,反而要么继续服从旧政权,让它更加厉害地奴役自己,要么就是与旧政权斗争,再建立一个本质上一样的新暴力政权。

——《论俄罗斯革命的意义》

10.三种剥夺人生命的暴力

一个人奴役另一个人的根本原因就在于他可以剥夺对方的生命;只要抓住这一点,他就可以强迫对方去执行他的意志。我们可以肯定地说,只要有着奴役现象,也就是一个人按照另一个人的意志违心地做自己不愿做的事情,其原因就只能是以剥夺他人生命相威胁的暴力。如果一个人把自己所有的劳动产品都给了他人,自己却无吃无穿,还要把年幼的子女送出去干活,自己也远离家乡去干那些让他厌恶、并不需要的活儿,就像我们经常可以看到的那样,那就可以肯定地说,他这样做只是因为有人在威胁他:如果不这样做就会要了他的命。因此,在这个所谓有教养的社会里,大多数人处于贫困状态,正在做自己厌恶而不需要的工作,正在遭受以剥夺生命相威胁的奴役。那么这奴役是怎么回事,剥夺生命的威胁又是怎么回事呢?

在古代,奴役和剥夺生命的情况是一目了然的,那时奴役人的方式很原始,就是以刀剑杀头相威胁。手握武器的人对手无寸铁者说,我可以杀死你,就像刚才杀死你的弟兄一样,但我现在不杀你,因为杀你并不让我感到有多快活,而让你为我干活要比杀了你对我更为有利,因此,你要按照我的要求去做一切事情;如果拒绝,我就杀了你。于是这个手无寸铁者只有听从他的命令去做任何事情。手无寸铁者不停顿地劳作,手持武器者不断地威胁他,这就是最早出现的人身奴隶制度,现在在一些原始部落那里还可以看到。这种最早的奴役方式随着社会生活的复杂化,也会发生变化,这是因为它对于奴役者来说越来越不方便:奴役者为了占有被奴役者的劳动,必须让他们有饭吃,有衣穿,即维持其生命,让他们可以劳作,这就使得被奴役者的人数受到限制。此外,这一方式还让奴役者得不断地以杀头来威胁那些被奴役者。

于是一种新的奴役方式出现了,这就是饥饿的方式。它不是直接通过刀枪即通过杀人的威胁来强迫被奴役者劳作,而是通过夺取粮食等储存并派人把守它们,来迫使被奴役者为了活命而不得不卖身劳作。《圣经》里约瑟对挨饿的人们说,我能让你们饿死,因为我有粮食,但我不这样做;我只是让你们为了得到粮食而去做我要求的一切。要采取第一种奴役方式,奴役者只需要有一批武装的人经常在被奴役者中巡查,以死亡来威胁他们,从而满足奴役者的要求,而奴役者要付出的代价是得分给这些武装分子一杯羹。奴役者在采用第二种方式时,除了需要那些守卫粮食储存的武装人员以外,还需要不少粮食的管理发放人员,因此必须多付出一杯羹。对奴役者来说,这种方式的好处是,他不必用强力来逼迫被奴役者为他劳作, 劳动者会自己来出卖劳动力, 这样一来,能够逃避他暴力的人就会大大减少。当然,为此他得多付给那些帮手一杯羹。对于被奴役者来说,这一方式可以让他较少地遭受暴力,较多一些自由,甚至可以指望在运气好的时候变成对他人施暴的奴役者;对他不利的地方是,始终不能逃避某种程度的暴力。

这种新的奴役方式跟旧的方式联系在一起,但还是不能完全满足奴役者榨取和奴役尽可能多的人的愿望,也不适应更为复杂的社会生活状况。于是又产生第三种奴役方式,这就是赋税。它跟第二种方式一样,是建立在饥饿之上,但不仅仅剥夺粮食,还要剥夺人们的其他生活必需品来奴役他们。奴役者规定被奴役者缴纳一定数目的货币,而这些货币又被掌控在奴役者手中;被奴役者要得到这些货币,不但要卖掉自己的粮食,还要卖掉肉类、皮毛、衣物、燃料甚至房屋,因此奴役者通过饥饿、寒冷和其他剥夺总能让被奴役者按照自己的意志去做任何事情。这就形成了第三种形式的奴隶制即金钱奴隶制度。这种制度使得奴役者可以对被奴役者说,我可以对你们任意而为,也就是说,可以杀死你们,或者夺走你们的土地,或者用钱买下所有的粮食而让你们饿死,我可以夺走你们的一切包括牲畜、房屋和衣物;但我这样做很不方便,也不让我有多快活,因此我让你们自己处理劳动产品,但得交给我一定数目的货币, 此外你们可以按照自己的意思去做任何事情;明白告诉你们,我不会对寡妇、孤儿、病者、老人或受灾者有任何救助,我唯一要保护的是这些要收上来的货币;只有如数缴纳这些货币,你们才是无罪的,才能得到我的保护,至于你们怎样去筹措这些货币,对我来说是无所谓的。对奴役者来说,这种方式的好处是可以更为方便、更多地夺取劳动产品；可以让那些没有土地的人无处可逃：现在他们除了要交出换取粮食的那一部分劳动之外，还得交出无法逃避的赋税。对于奴役者来说，不利之处是他得跟更多的人分一杯羹。对被奴役者来说，有利的地方只有一个：他获得人身自由更多一些，可以随处而居，可以随意工作，只要手中有钱，就可以自认是完全自由的，如果有钱买上土地，还可能成为新的奴役者。对他来说，不利之处是，这种奴役方式总的来说会让被奴役者的境况更为艰难，失去的劳动产品更多，因为占有他的劳动的人数增加了。

这种方式存在的时间也很漫长，它并不排斥前两种方式，而是同它们结合在一起。我可以把这些奴役方式比作一个个螺丝钉钉在木板上，而木板就压在劳动者的头上。中间的那个螺丝钉是主要的，缺了它别的螺丝钉就拧不上去，它就是人身奴隶制度，也就是以杀人为威胁的奴役方式；第二个螺丝钉就是通过对土地和粮食储存的掠夺来奴役人，它也需要通过杀人的威胁来予以维护；第三个是通过索要人们缺乏的货币来奴役人，它同样要靠杀人威胁来维护。这三个螺丝钉都拧在木板上，拧紧其中一个只会让另外两个松动一些，但为了压迫被奴役者，这三个螺丝钉都是不可或缺的，而且通常都被拧得紧紧地。

——《那么我们应该怎么办》

11.所有的特权都是建立在鞭笞和屠杀之上

今年9月9日我乘火车到图拉和梁赞两省交界的乡村。去年那里发生饥荒，而今年的饥荒更为严重。在火车站，我乘坐的火车遇到一个特快专列，上面坐着以省长为首的一支军队，携带着枪支弹药和树枝条,他们是去鞭笞和屠杀这一带的饥民的。尽管在30年前法律就已经取消了体罚,现在俄罗斯当局却越来越多地采用鞭笞这一残酷的刑罚来让老百姓服从他们。

以前我听说过这种事情,还在报纸上看到过这类事情的报道,例如诺夫哥罗德省省长巴拉诺夫实施的令人发指的暴行,还有在切尔尼可夫、坦波夫、萨拉托夫、阿斯特拉罕、奥廖尔等地发生的暴行,但我并没有亲眼看到过他们是怎样实施这种酷刑的。这一次我是亲眼看见那些所谓有着善良本性和基督教精神的俄罗斯人携带枪支弹药和树枝条去鞭笞和屠杀自己饥饿的兄弟。

他们出动军队前往镇压的理由是这样的:这个村庄的农民在公有的牧场上种植了一片树林,长期以来他们一直在使用这片树林,因此认为它是属于他们的,或者至少也是公共财产。然而后来地主霸占了这片树林,开始砍伐树木。农民向初级法庭递了诉状,状告这个地主侵吞了他们的财产。初级法庭做出了有利于地主的判决。以后各级法院包括枢密院明明知道这一判决是错误的,却都做出维持原判的决定。于是这片树林最终被判给了这个地主,地主继续砍伐树木。但农民决不相信这种不公正的判决是来自最高当局,他们拒不执行判决,把被雇来砍伐树木的工人赶走,并宣称这片树林是属于他们的,他们决定把诉状告到沙皇那里,绝不让树木遭人砍伐。

这个案子被报到彼得堡一位部长那里,他向皇帝做了报告,皇帝的旨意是执行法庭的判决。于是部长给省长下达命令。省长要求派军队支援,于是满带着枪支弹药和树枝条的士兵乘坐火车前去执行任务。他们将根据农民是否进行反抗来决定执行任务的方式:是屠杀,还是鞭笞,抑或是只以屠杀和鞭笞作为威胁。

第一种情况是农民进行反抗,于是长官对他们讲话,要求他们服从当局的决定。愤怒的人们根本听不懂这位官员那一套官腔说的是什么,骚乱继续发生。接下来这位长官宣布,如果他们拒不服从和撤离,他将使用武力。如果这时老百姓仍不服从和撤离,他就命令士兵装好子弹,朝向人群上空开枪示警。如果这时老百姓仍然不肯散去,他就会下令直接向人群开枪,而不管击中什么人。这时人们会开始四散逃命,而士兵在长官的指挥下去逮捕那些在后者心目中是首恶分子的人,并把他们关进监狱。然后这些屠杀者开始打扫现场,埋葬死者,把伤者送往医院,死伤者大多为男人,也有一些是妇女和儿童。那些所谓的首恶分子被押解到城里,在特别军事法庭上受到审判。如果他们被控有暴力行为,就会被处以绞刑。于是绞刑架被竖立起来,拉上绳索,这几个老百姓就被绞死。这样的事情在俄罗斯已经发生许多次。在社会制度建立在暴力之上的地方,这样的事情是必定要发生的。进行反抗的老百姓最后的结果就是这样。

第二种情况是农民表示服从,长官也会向他们训话,斥责他们妄图作乱,然后就把士兵派驻每一户人家。这些士兵在农民家大吃大喝,直到把他们吃得颗粒无存为止。如果长官在严词训斥之后心情还好,他也可能宽大为怀,就这样带着士兵离开。不过最为常见的情况是,他当众宣布,首恶分子应该受到严惩,于是士兵就会带走一批他心目中的首恶分子,在他的指令下予以严厉惩罚。

这位图拉省省长带着各级官员和士兵,通过屠杀和鞭笞来落实最高当局的决定,让年收入在10万卢布以上的年轻地主可以另外得到从那些穷苦农民手中夺来的价值3000卢布的一片树林;这人在莫斯科、彼得堡或巴黎大肆挥霍,两三个星期就把这笔钱花得精光。这一现象表明了我在理论上早已明确的东西:我们国家的整个体制并不是像那些既得利益者所说的那样,是建立在法律的基础之上,而是建立在最为简单和野蛮的暴力之上,建立在对老百姓的屠杀和鞭笞之上。富人剥夺穷人必要生活资料的所有特权都是建立在这一基础之上。如果需要土地来养活家人的农民无权耕种他们住宅周围的土地,而这片足以养活 1000 户农民的土地却属于那个不在这片土地上劳动的地主所有,那么这肯定是上述的原因所致;如果一个商人从贫穷的农民手中买进大批粮食毫无风险地囤积在仓库里,然后再以三倍的价钱卖给这些饥饿的农民,那么也是由于同样的原因;如果农民不得不把自己最后一头奶牛交出去充当税费,而政府却把这些税费发给各级官员作为薪水,为的是维持那支用来屠杀这些缴了税的农民的军队,那么这也不是依据什么抽象的法律,而同样是建立在暴力的基础上。

　　人与人之间的强制关系并不是在任何时候都表现为鞭笞和屠杀,因此那些拥有统治特权的人总是想让自己和别人相信,他们的特权不是来自鞭笞和屠杀,而是由于某种神秘公理、抽象法律等。然而如果人们在把自己的大部劳动成果交给地主和资本家时,又认为这是极不合理的;如果他们明明知道交出的税款是用在不正当的地方,却仍然不得不缴,那么他们这样做并不是因为了解什么抽象的法律,而是因为知道,如果他们不这样做,就会受到鞭笞和屠杀。如果说这种不合理事情的实施并不需要每次都去逮捕、鞭笞和屠杀老百姓,那是因为以前试图抵抗的老百姓已经遭受无数次的鞭笞和屠杀,他们记取了这些教训。这就像关在笼子里的老虎,它之所以不去吃嘴边的肉,而是一听到指令就去进行跳栏表演,那只是因为它牢记了训练时不听话而被烙铁烫伤的情景,或者不被喂食而挨饿的滋味,而不是出于自身的愿望。老百姓之所以顺从当局这些不合理的做法,是因为他们记取了以前每次反抗获得的教训。

　　从古到今,那些享有由暴力而获得特权的人往往忘记了这些特权是怎样获得的。然而只要回顾一下真实的历史,就会发现,少数人之所以能够压迫多数人、富人之所以能够享有特权,就是由于树枝条、监狱、流放和屠杀。

——《天国就在你心中》

12.为什么在暴行中他们不受良心的谴责

我们社会中的一部分人,受到一种灌输,自以为是天生高贵者,完全沉醉于这种想法,对自己的行为丧失了责任感。而另一部分人则受到完全相反的灌输,认为自己是人下之人,是贱民,应该无条件地服从上等人,也沉醉于这种自甘卑贱的想法,同样地看不到自己应负的责任。处于这两者之间的是那些中等阶层,他们的想法是两者兼而有之,对上以卑贱者自居,对下以高贵者自命,同样意识不到自己的行为责任。我们可以看看那些首脑人物进行检阅时的情景:他们骑着高头骏马,身着华美的制服,胸前佩戴着各种勋章,在举枪致敬的士兵面前缓缓走过。所有的人,从最高首脑到各级军官和普通士兵,都处于极度自我陶醉的状态,此时他们可以做出在通常情况下绝不会做的任何事情来。不过像这种检阅、出征仪式、宗教仪式、加冕典礼等场合下人们感受的沉醉还是短时性的。那些拥有权力的人,从皇帝到上街巡逻的警察,都会有一种长期的沉醉状态。正是这种将人们分为贵贱的欺骗,再加上由此而产生的沉醉于权力或自我卑贱的状态,使得人们在从事那些跟国家有关的暴行时感受不到良心的责备。由于这种沉醉状态,人们在自己和他人心中不再是真实的本人,而成了想象中的特殊人物如贵族、商人、省长、法官、军官、皇帝、部长、士兵等,他们首先要履行的不是作为一个人的责任,而是作为上述角色的职责。那个为了那片树林而起诉的地主之所以这样做,是因为他认为自己不是平常人,而是一个大地主、一个贵族,跟周围农民完全不同;他认为农民对树林的要求是对他的不敬,因此他要起诉他们。把这片树林判给地主的法官之所以这样做,也是认为自己不是平常人，任何人都必须服从他所掌握的真理，而他的判决是不会错的；他对法律条文的盲从，是出于对权力的卑躬屈膝。而其他所有参加到这一事件的人，从批准部长报告的皇帝到召集士兵的军官、欺骗士兵的神父以及准备向自己的父老乡亲开枪的士兵，都是由于沉醉于权力之中或对权力卑躬屈膝。他们之所以这样做，是因为在自己和他人的眼中，他们已经不是实际上的自己，不是可以做出道德选择的人，而是种种想象中的人物，如受命于天的皇帝、生来就高人一等的贵族、受到上帝特别宠爱的神父、绝对服从上级命令的士兵等。那些乘坐火车去鞭笞和屠杀农民的人，尽管知道道理是在饥寒交迫的农民一边，仍然可以为了那个脑满肠肥的地主得到 3000 卢布而去镇压农民，这是因为他们认为自己不是一般的人，而是省长、官吏、宪兵、军官或士兵，必须去做这些角色所要求的事情。

　　要对这种怪事做出解释，只有一种可能，那就是他们都被催眠了。据我所知，人在处于催眠状态，会按照施行催眠术的人的指令，作为一个想象中的角色去行动。例如，给指令者说他是一个瘸子，他就会一跛一跛地走路；如果这人说他是瞎子，他就什么也看不见；如果说他是野兽，他会张嘴咬人。处于这种被催眠状态的，不仅是这些乘坐火车专列的军官和士兵，任何把社会角色的责任放在首位而不考虑承担自己作为一个人的责任的人，都是处于这种状态。在这种状态下，他们受到被灌输的思想的影响，完全不会考虑自己的行为是否正当，不加任何思考地去做那些被灌输或被暗示去做的事情。他们跟那些真正地被催眠者的区别仅仅在于，后者是受到突然的外在影响而在短期内接受了想象中的角色，而他们是从小就在潜移默化中受到周围人的影响，逐渐地、无意识地变成现在这种状态。有人会说："这没有什么奇怪的。无论在哪个社会，大多数人，包括那些儿童、妇女、干体力活的人、生来就胆怯的人以及所有受到尼古丁、酒精、鸦片等毒害的人，由于不能进行独立思考,总是要服从那些智力高超的人,或者服从家庭和国家中的权威人物,或者服从社会舆论。这一点儿也不荒谬或反常。"的确,这并没有什么反常之处,但现在社会的状况并非如此。在现在的社会里,那种陈旧的较为低级的社会舆论已经开始动摇,新的社会舆论开始建立,但还没有完全建立起来。于是人们一方面开始根据新的认识来评判自己和他人的行为,另一方面又继续受到传统观念的影响,坚持那些已经过时的原则。他们既想服从新的舆论,又下不了决心来破除旧的舆论,因此处于一种动摇不定的反常状态。这个火车专列上的军官和士兵,正是在如何对待基督教揭示的真理上,处于这种动摇状态。他们并不是没有良心,而是他们的良心被麻醉了而已。那些有权下达指令的各级官员,是受到自我暗示的麻醉;而那些执行命令的士兵,受到的麻醉则是上等阶层灌输给他们的思想观念,也就是说,是从外面来的麻醉。他就像一个被催眠者得到一个戕灭人性的指令,例如要他去杀死自己的母亲或孩子。他受到指令的压迫,不得不走向将要被害的人,然而走得越近,他那被压抑的良心发出的反抗之声也就越是强烈。于是他不断地想要停下来,挣扎着止步不前,也就是要从被催眠中苏醒过来。这时我们很难预测他做出什么事情来,是继续执行荒谬的指令,还是停止自己的行动。一切都取决于这两种意向之间力量的对比。

在过去的时代,那些进行征战和实施惩罚的人在完成任务后,没有任何悔恨和疑虑,在杀人之后照样心安理得地回家和妻儿亲热,尽享天伦之乐。而现在做同样事情的人们却已经知道或近乎知道自己做的是什么,以及为什么要做这样的事情。他们可以不去面对事实,让自己的良心归于沉寂;然而只要他们直面现实,让良心说话,就不能不看到他们实施暴行的后果。乘坐这个专列的军官和士兵按照指令前去鞭笞和屠杀自己的兄弟,谁都不知道他们是否会实施这一暴行。不过越是接近行动地点,他们的疑虑就越是强烈，而到了要开始行动的那一时刻，这种疑虑就到达极点。这位省长在最后下达鞭笞或屠杀命令的那一时刻，肯定会想起此前类似事件激起的公愤，他自己也受到舆论的影响，对当事人采取谴责的态度。而且本来应该一同前往的检察长却借故不来，以逃避参与暴行的责任；他也知道，政府的情况也在随时变化之中，今天当成功绩的东西明天就成了罪状；他还知道，这一镇压事件发生后，即使俄罗斯的报纸不予报道，国外的报纸肯定会报道这一暴行，从而让他臭名昭著。他已经感受到新的社会舆论，同时他对士兵在这一时刻是否会服从他的命令也没有十足的把握。因此他的态度是犹豫的，谁也无法预料他最后会采取什么行动。同行的官员们也会有同样的感受。在他们的内心深处，参加这种暴行是很不光彩的事情；在鞭笞或屠杀这些可怜的农民后，他们感到无颜在那些淑女或贵妇人面前讨好献媚；他们也怀疑士兵是否会服从命令。尽管他们表面上神态自若，在车站月台上来回踱步，在内心深处是犹豫彷徨、无所寄托的。这种感受随着行动目的地的接近会越来越强烈。

至于那些士兵，他们入伍时间不长，对原先那种正常、善良、合理的生活还记得清清楚楚。他们大都是农民的子弟，知道这次行动的目的是镇压自己的农民兄弟；他们大都可以识字断文，看的书籍中有些证明了这类行动是违反道德原则的；他们中间有些人具有自由主义思想，对他们造成影响；这些都导致他们怀疑自己的行动的正确性和合法性。尽管他们一直受着那种让人服从命令的训练，只要听到"全体射击……"或"预备，放……"就会不自觉地举起步枪，发射子弹，然而现在不是在打靶场上，而是面对自己的父老乡亲，那些妇女和孩子也在人群之中，向他们呼叫着什么。难道要向这些人开枪？只有上帝知道这些士兵最后会怎样行动。不过只要有人向他们指出，这种事情时绝对不能做的，或者只要暗示一下，就可能阻止他们的行动。

这些乘坐专列前往镇压的军官和士兵就像一个被催眠的人，他获得的指令是要劈开一段木头，当他举起斧头要砍下去的时候却突然发现，或者有人向他说明，这根本不是什么木头，而是他那还在入睡的兄弟；这时他既可能继续按照指令行事，也可能苏醒过来，停止行动。同样的，这些军官和士兵在这种情况下既有可能幡然醒悟，也可能醒悟不了。如果他们不能醒悟，暴行就会发生，而且他们和其他人所受的旧思想观念的影响会进一步加深；如果他们醒悟了，这种暴行就不会发生，而且会让许多人进一步摆脱旧的观念。

——《天国就在你心中》

13.士兵为什么愿意去镇压老百姓

政府大大小小的官员，从最低级别的警官到最高当局，他们之所以相信现存秩序不能改变，是因为这一秩序对他们有利；这种秩序一旦改变，他们的地位就会下降。然而那些农民和士兵为什么也相信这一点呢？在现存秩序中，他们没有任何利益可言，所处的地位是最为低下的，为什么也相信这种秩序必须维持，而违背良心去做坏事呢？他们相信，现存的秩序不能改变，因此必须维持，然而实际情况是，正是由于他们在维持这种秩序，所以它就不能改变。这些人昨天才被招募当兵，今天就穿上军装，拿着枪和刺刀去屠杀自己忍饥受冻的父老乡亲，而这样做对他们毫无利益可言，而且他们的地位比当兵前更为低下。那些地主、商人、法官、省长、部长、皇帝、军官等上等阶层的人参加这种暴行，是为了维持现存秩序，因为这对他们有利。再就是他们参加暴行并不需要自己亲自动手，只是做出决定和发布命令。在许多情况下，他们甚至都不必亲眼看见那些由他们下令实施的残暴罪行。然而那些下层人为了维护这种对自己不利的秩序却要闯入老百姓家里抓人,把他们关进监狱,送去流放,甚至亲手鞭笞和屠杀他们。他们为什么要这样做?这些人乃是所有暴力活动的基础。如果没有这些人,没有士兵或警察,那些做出绞刑、终身监禁、苦役等判决的人是不会亲自动手去执行这些判决的;他们之所以可以若无其事地下达这些命令,是因为他们不必自己动手,也看不到那些血腥的场面,而让那些服从命令的下属去干这一切。如果没有这些下层人去干这些事,广大的老百姓就不会被镇压,那些签署命令的人无法下达命令,强占农民土地的人无法让自己的想法得逞,囤积居奇的商人也做不到任意盘剥在饥饿线上挣扎的农民。所有这些暴行之所以能够发生,就在于这些实施暴行的警察和士兵,特别是士兵,因为只有在士兵作为其支持的力量时,警察才会去执行命令。

　　那么是什么促使这些下等阶层的人亲手实施暴行,让他们产生错觉:现存秩序是应该存在的秩序? 他们自己是不会愿意实施暴力的,因为这对他们不仅没有好处,反而有致命危险,并且也为此受到良心的责备。我曾多次问过这些士兵:"《圣经》上明明白白地写着'不可杀人',你怎么去杀人呢?"我的提问总会让他们感到尴尬和难以回答。他们知道,应该遵守上帝的戒律,不可杀人;同时也知道必须执行上级的命令而去杀人;他们从未想过这两者之间有什么矛盾。如果一定要他们回答,他们的回答大都是一个意思:在战争中杀人和执行政府的命令去绞死犯人,这不属于一般的禁止杀人的范围之内。我对他们说,上帝的戒律中并没有区分这种界限,基督教教义是要所有的人都团结、宽恕、友爱,这跟任何形式的杀人都是完全不能相容的。而这些士兵一面同意我的说法,一面反问我:既然如此,政府怎么会让士兵去打仗和杀死罪犯呢? 难道是政府错了吗? 在他们看来,政府是不会犯错的。我的回答是,政府下达这种命令就是错误的。于是他们感到更加尴尬,中止了谈话,并对我大为光火。其中有个士兵说:"上帝的戒律里肯定有这种区别。我相信主教们应该比我们知道得多。"说完这话后,看他的表情,好像是轻松多了,仿佛心里很踏实,而对我的问话则不屑一顾。

实际上我们基督徒都知道,正像福音书说的那样,杀人是人的罪恶中最为可怕的一种,而且这一点并不以被杀的对象而有任何改变;换言之,不能说杀死这一部分人就是罪恶,而杀死那一部分人就不算犯罪。无论杀的是什么人,杀人都是一种罪恶,这就像通奸、盗窃等总是罪恶一样。然而人们从小又看到,那些作为上帝使者的人即宗教领袖们却在认可甚至赞扬杀人,那些世俗领袖即最高当局人人都佩戴着杀人武器,号召人们为了维护世俗的法律甚至上帝的戒律而去杀人。人们看到这种矛盾,又无法解决,于是就以自己的无知来解释这种矛盾。矛盾的加剧会强化他们的这一信念。他们不能想象这些高高在上的教育者这么自信地宣扬应该遵守基督教教义和必须杀人,竟然是两个互不相容、彼此矛盾的思想。特别是那些孩子和年轻人,压根儿想不到这些教育者是在违背良心地欺骗他们。实际上这种欺骗一直都在进行着:一是向这些没有时间研究道德和宗教的劳动人民灌输一种思想,即鞭笞和杀人跟基督教教义是可以同时存在的,为了实现国家的目的应该使用鞭笞和杀人的手段;二是向那些入伍的士兵灌输一种思想,即他们的神圣职责就是动手鞭笞和杀人,这是应该得到赞扬和奖励的行为。现在所有的教义问答读本都是这样写的:像鞭笞、监禁、死刑和战争屠杀都是完全正当的,既没有违反伦理道德,也没有违反基督教教义。于是人们将其视为真理,一辈子都不会去怀疑它。而所有的军人条例也都是这样写的:应该绝对服从上级命令,无论它是什么样的;命令造成的后果由下达命令的上级承担;下级只有在一种情况下可以拒绝执行上级的命令,那就是他清楚地看到,如果执行该命令,就会违反他效忠于皇帝的誓言。

（我原以为这里应该写的是，他将违反上帝的戒律。）也就是说，士兵应该执行上级的所有命令，尽管它们大都是要求士兵去杀人，也就是违反上帝的戒律。这些军人条例的具体文字各有不同，但实质是一样的。国家和军队的权威就是建立在让人们不去遵守上帝的戒律和服从自己的良心，而是服从上级的谎言之上的。下层民众的错误信念就是这样产生的，其根源是上等阶层有意识的欺骗。为了让占全国人口大多数的下等阶层的人心甘情愿地去做危害自己的事情，统治者必须采取这种欺骗的做法。

　　每年的征兵时节，我们都可以看到这样的情景：新兵被集中起来，像牲畜一样被赶到某个地方，开始接受各种训练。训练他们的人跟他们一样，不过是早两三年的兵，现在已经被洗了脑子和变得十分粗野。而训练的手段不外乎是欺骗、打骂和让他们酗酒。这样，要不了一年，这些天真纯朴、聪明善良的年轻人就都变成跟他们的教官一样的野蛮动物。我曾问一个士兵："如果那个囚犯是你父亲，他想逃跑，你会怎么办呢？"他带着那种士兵特有的腔调回答我："我会一刺刀把他给捅了；如果他跑远了，我会朝他开枪。"他说的时候显得十分骄傲，因为他知道在自己的父亲逃跑时应该怎样去做。当一个纯朴善良的年轻人变成这种禽兽不如的东西时，他就成了一个合格的士兵，也就是那些把他当成暴力工具的人所需要的人。他的人性完全丧失之日，就是一个新的暴力工具诞生之时。

　　　　　　　　　　　　　　　　　　——《天国就在你心中》

六、俄罗斯民族解救之道

1.不能走西方的路

俄罗斯的非劳动阶层大都认为,在当下这一危急关头,俄罗斯民族应该做的,就是走西方民族曾经走过并且现在还在走的道路,也就是与政权斗争,给它以约束,让它更多地转移到人民手中。这种观点正确吗?应该进行这样的活动吗?千百年来,西方民族一直在走这条路,他们达到自己的目的了吗?他们避免了希望躲过的灾难吗?

西方民族跟其他民族一样,最初也是顺从统治者的所有要求,不愿跟他们斗争。但是像查理大帝、查理五世、腓力、路易、亨利八世这样的暴君越来越奢侈荒淫,民众无法忍受下去。西方民族跟统治者进行了多次斗争,尽管时间、地点各有不同,但都是表现为内战、抢掠、屠杀、死刑,表现为旧政权被推翻而新政权建立。然而当新政权变得跟旧政权一样去压迫人民时,它也被推翻,一个更新的政权建立起来,如此往复不已。例如法国,在 70 年里政权更迭达 11 次之多:波旁王朝、国民公会、督政府、波拿巴、帝国、波旁王朝、共和国、路易·菲利普、共和国、波拿巴、共和国。这种新旧政权的更迭在其他民族中也时有发生, 只是不像法国这样迅速。这种政权的更迭并没有让人民的生活状况得到改善,因此,人们自然会产生这样的想法:他们蒙受的灾难并非取决于统治者个人的品行,而在于这个少数人统治多数人的政权本身。因此,人们试图通过限制政权本身来消除它的危害性,各国开始实行通过选举产生的上下议院制度。

　　然而那些对政权加以限制并组成议会的人也成了掌握权力的人,也会受到专制政权腐败的影响。他们参与统治,尽管不是独掌大权,也跟专制统治者一起共同制造了罪恶,压迫着广大人民。在这种情况下,为了对政权做出更大限制,有的民族提出完全废除君主制度,建立一个由全体人民选举产生的政府,这样就出现了现在的这些共和国,如法国、美国和瑞士,这些国家由全体公民表决国家大事,创制法律,也就是说,每个社会成员都有可能参与立法。但这只能让一个国家有更多的公民参与政权,脱离劳动,越来越腐败,而人民所遭受的灾难并未因此而得到减少。事情只能是这样,因为这种让所有人参政来限制政权的做法是一个根本的错误。

　　如果一个人在几个人的协助下治理所有的人,这是不公正的,他的统治可能是对人民有害的;少数人对多数人的统治也一样。而多数人对少数人的统治也不能保证其公正性,因为谁也不敢断言,参加统治的多数人就一定比被统治的少数人更有理性。如果把参加治理的人扩大到全部,就像推行全民表决制和创建制那样,只会让每个人都跟其他所有人陷入无休止的斗争。一个以暴力为基础的权力从根本上就是罪恶的,因此无论是在专制政府还是民主政府的统治下,各民族承受的灾难都是一样的,同样日益增加的预算,同样的扩军备战,同样的沉重赋税,同样的国家和私人垄断,同样的人民失去土地使用权,同样的少数民族遭受奴役,同样的战争威胁不断,同样的让人民在战争中惨遭屠杀。

　　西欧和美国的代议制政府,无论是君主立宪还是共和制,确实让路易、查理、亨利和伊凡这样的暴君不再掌握政权,废除了出版方面的管制和宗教的迫害，向人民征收赋税须交议会讨论，政府活动公开化，迅速发展的技术为富有的公民提供了更多的生活便利，为国家提供了更强大的军事力量。这样，与受专制统治的民族相比，实行代议制的民族在工业、商业和军事方面更为强大，其非劳动阶层的生活变得更安全，更为舒适奢华，然而大多数人民的生活并没有变得更安全、更自由、更有道德。

在专制政权下，不劳而获者的人数有限，只是统治者及其左右的一些人。当政权受到限制时，即许多人参政的情况下，不劳而获者的人数就大大增加。在普选制的情况下，这样的人数目更多，每个选民都可能被收买，政权由直接的暴力变为由金钱来主宰，尽管其基础仍然是暴力。这样，在代议制政体中产生了大量游手好闲、不劳而获的人，出现了一个资产阶级，它受到暴力的保护，过着脱离劳动的悠闲生活。随之而来的是供其消费的物品生产也大量增加。劳动者越来越脱离土地劳动，被迫为那些富有阶级生产这些物品，这样就开始形成一个城市工人阶级，其地位是附属于那些富有阶级的，而且人数越来越多，生活境况也越来越恶化。在美国，大约有七分之一是无产的工人，在英国、比利时、法国，情况也大致相当。这样一来，脱离生活必需品的生产、为生产奢侈品而劳动的人就越来越多。显然，这样下去，被供养的不劳而获者越来越多，而被迫供养他们的人越来越少，其负担越来越重，这种境况无法长期维持下去。这就像一个人的躯干越来越重，而两腿越来越细，越来越衰弱，最后必定无法支持下去，整个躯干会轰然倒塌。

随着代议制的存在和扩大，西方民族越来越抛弃了农业，把主要的精力花在工商业活动上，为的是满足富有阶级的腐朽生活，掠夺其他民族，并让那些尚未腐败者也腐败起来。例如实行代议制时间最长的英国，从事农业生产的还不到人口的七分之一，在德国是百分之四十五，在法国是一半，其他国家的情况大致相当。现在这些国家面临的困境是：即使能够避免无产者的灾难，也没有办法不依赖其他国家而独立生存。他们不能自食其力，就像无产者得依赖富有阶级一样，他们不得不依赖那些能够出卖剩余粮食来养活他们的民族如印度、俄罗斯和澳大利亚等。现在英国靠自产的粮食养活的人不到五分之一，德国是不到一半，法国也一样，其他民族的情况也差不多。而且这种依赖的情况是越来越严重。

这些民族要生存下去，就得依靠暴力和欺骗，而他们称之为开拓市场和殖民政策。这样他们就把奴役的范围扩大到全世界，指向那些还在过着合理生活的人们，强迫他们来养活自己。到目前为止，他们还可以这样做，但已经快到极限了：他们奴役的民族也开始腐败了，他们学会自己制造那些西方民族提供的物品，更重要的是，学会了用科学来武装自己，变得跟自己的老师一样凶残。

因此，西方民族这种不道德的生活已经到头了，他们看到这一点，但无法解脱出来，于是继续依靠自我欺骗和盲信来求得救赎。在他们看来，那些被奴役的工人被迫做出的种种发明，用于富人的舒适生活和杀人，却被他们看成神圣不可侵犯的东西，称之为文化或文明。正像任何一种信仰都有它的科学那样，对文明的信仰也有其科学即社会学。社会学的目的只有一个：为西方社会那种虚假繁荣而实则面临末路的境况辩护。它试图证明，那些为了和保护不劳而获者优裕生活的战舰、电报、炸弹、照相机、有轨电车等发明都是文明的神圣产物，是人类生活之必需。这就是一种盲信。它把文明视为一种类似宗教的东西，不容人们指出其愚蠢丑恶的地方。正是这种信仰及其科学把西方民族带上绝路而不自知，他们当中那些所谓的先进人物还自以为得意，声称沿着这条道走下去就能获得最大的幸福。

现在欧洲的政治家们希望俄罗斯走的就是这条绝路，他们为又一个民族陷入跟他们一样的绝境而高兴了。而那些没有脑子的俄罗斯人也竭力把自己的民族往这条路上推，反而认为它是一条通往幸福的康庄大道。

——《论俄罗斯革命的意义》

2.俄罗斯变革的两个外因

当前基督教世界发生变革的根本原因是，由于不承认基督关于不抵抗的戒律，各个民族之间互相敌视，灾难丛生，人们处于越来越糟糕的奴隶地位。而这一变革恰恰发生在今天，又有两个特殊的原因：一是日俄战争清楚地暴露出基督教各国的军国主义已经发展到十分疯狂的地步；二是劳动人民由于被剥夺了使用土地的基本权利，越来越贫困，不满情绪滋长得越来越厉害。对于俄罗斯人民来说，这两点尤其有切肤之痛。这不仅是因为政府让他们陷入一场可怕的战争，还在于一直以来，他们对待政权的态度跟欧洲国家的人民有很大的不同。俄罗斯人民从来就没有同政权做斗争，更为重要的是，从来就没有参加过政权，因此也就没有造成自己的堕落。他们从来不把权力看成是人生追求的幸福，而是当成必须躲避的罪恶。因此，大多数俄罗斯人宁可忍受暴力之苦，也不愿意参与暴力而增加自己精神上的重负。无论是过去还是现在，他们在政权面前总是不抵抗的，这并不是因为他们无力推翻它，也不是无力参加政权，而是宁可选择不抵抗，也不愿意同暴力斗争或参与其中。因此，在俄罗斯，能够建立和维持的只是专制政权，即强者对弱者施行的简单暴力。

我认为，俄罗斯人民的这种态度表明，他们要比其他国家的人民具有更多的基督教精神，例如待人亲如兄弟、平等相处、克己忍让以及友爱精神。这里要注意的是,对暴力不抵抗,跟对暴力的顺从,是两种完全不同的态度。真正的基督徒对任何暴力都可以持不抵抗态度,却不会顺从它,也就是说,不会承认它是合法的。尽管俄罗斯政府想方设法要人民顺从自己的暴力,他们却始终把这两种态度明确区别开来。大多数俄罗斯人都认为,政府的暴力跟基督教的精神是不相容的,因此政府的权力并不具有合法性。他们许多人只是由于害怕才服从这个不合法政府的种种要求,还有一些人则想办法巧妙地逃脱政府要求他们做的事情。到后来,国家用暴力实行普遍兵役制,要求每个人都准备去杀人,这无疑是向所有的基督教徒提出挑战。一些基督教徒,无论是什么教派的,开始拒绝服兵役。尽管这种情况不是很多,其意义却十分重大,让大多数俄罗斯人看到了政府的要求是违背基督教精神的。于是越来越多的俄罗斯人拒绝当兵,拒绝开枪和肉搏,特别是拒绝向自己的同胞开火。对政府不合法性的认识还表现在革命者的一些行动上,如黑海和喀琅施塔得水兵的兵变、基辅等地的兵变、各种破坏活动、农民暴动,等等。政府已经没有权威了。大多数俄罗斯人都面临着一个意义重大的问题:是否应该对政府顺从。这是俄罗斯发生变革的第一个重要的外因。

基督教世界发生变革的第二个外因是,劳动者被剥夺了合法使用土地的权利,从而越来越贫困,对占有他们劳动成果的统治者越来越仇恨。这一原因对于俄罗斯人来说尤其深刻,因为只有在俄罗斯才有大多数劳动者是以农业为生,由于人口增加和土地缺乏,俄罗斯人要么不得不放弃已经习惯了的农耕生活,要么不再顺从夺去他们土地的政府。通常认为,所谓的奴役就是一个人对另一个人可以为所欲为,任意虐待、迫害甚至杀死他;至于剥夺一个人的土地使用权,似乎还谈不上是奴役,至多是不太公正的经济制度。这种看法是不正确的。被一个人所支配的人,他只是一个人的奴隶;而被剥夺了土地使用权的人,则是所有人的奴隶。前者的主人无论怎样凶残，为了自己的利益还不会置奴隶于死地，不会无端地折磨他，不会让他饿着肚子干活；而后者却得忍饥挨饿来干活，承受各种无休止的痛苦和折磨。失去土地的奴隶无法依靠自己的劳动产品生活，不得不同人争斗，使用暴力或诡计从他人手中夺取生活必需的东西，这样就无法过上合乎道德的生活。实际上土地奴役是产生其他奴役形式的根源，而个人奴役只是土地奴役导致的一种结果。因此，只是把人从个人奴役中解放出来，而不让他们从土地奴役中获得解放，就不是真正的解放，而是欺骗奴隶的一种方式。在农奴制的情况下，俄罗斯人民的态度是："我们人是你们的，然而土地是我们的。"解放农奴时，他们的要求是首先要解放土地。那时他们得到一点土地，然而随着人口的激增，土地问题又以十分尖锐的方式被提了出来。他们还是农奴时，使用的土地仅够维持基本的生存；人口的增加产生的问题自有政府和地主去解决，人民对土地私有的不合理性感受还不太深。然而农奴制一经取消，农民占有土地的数量被硬性规定下来，不可能再增加，然而人口在激增，人民的生活变得越来越艰难。他们指望政府取消让他们失去土地的法令，等了 10 年、20 年、30 年、40 年，没有任何结果，而土地却被私人逐渐夺去。现在人民面临的选择是，要么忍饥挨饿，不生育子女，要么抛弃农村生活到城市打工。现在已经过去半个世纪了，人民的生活境况越来越糟糕，政府不仅不给他们土地，还伙同工厂主把他们安排到工厂干活，过着一种在他们看来是有罪的生活。俄罗斯人民生活困苦的主要原因是其合法的土地权被剥夺。欧美各国的情况也是一样的。不过由于欧美各国劳动人民的土地早就以土地私有合法化的方式被剥夺，他们的穷困还有其他一些因素起作用，因此这一主要原因就被隐藏起来的。而在俄罗斯人民那里，由于这种不合理的制度还没有完全实行，所以他们能够更清楚地看到这一点。

基督教世界发生变革最直接的两个外因就是：进行毫无意义

并导致毁灭的军备和战争,剥夺人民的土地权。这一变革之所以开始于俄罗斯,是因为基督教精神对于俄罗斯人民的影响要比其他地方大得多,同时大多数俄罗斯人都在从事农耕劳动。

——《论末世》

3.俄罗斯民族应该怎么办

俄罗斯民族应该怎么办呢? 答案其实很简单,也很自然:我们既不这样做,也不那样做,也就是说,既不服从给我们带来灾难的俄罗斯现政府,也不去步西方民族的后尘,建立那种让他们陷入绝境的代议制暴力政府。这个既简单又自然的答案特别适合于当前的俄罗斯民族。

让人惊讶的是,图拉、萨拉托夫、沃洛格达、哈尔科夫诸省的农民并未从服从政府那里获得任何好处, 反而饱受沉重赋税、被审判、被强占土地和兵役之苦,却对政府服从有加,甚至帮着政府来奴役自己,例如缴纳种种赋税,不管它们用于何处;把自己的孩子送去当兵,不想想他为什么送死。一个农民本来是独立谋生,与世无争,为了摆脱暴力政府的压迫,他不是简单地拒绝服从其命令,而是像法国和英国农民曾做的那样,用一个新的暴力政府来取代旧政府,充当了暴力的支持者。其实只要俄罗斯农民不再服从任何暴力政府的命令,不参加这种政府,那么赋税、兵役、官吏的压迫、土地私有等造成人民痛苦的灾难就会自然消亡,因为没有人去制造它们。俄罗斯民族具有这样做的有利条件,无论是在历史、经济还是宗教方面。

首先是历史条件:当俄罗斯民族必须对政权做出态度改变时,跟它关系密切的西方民族所走过的道路已经充分表露了其弊端之所在。为了避免争斗,西方民族刚开始也是任凭暴力政府压迫自己;而这一政权日益腐败,人民不堪重负,就想采用限制的办法,也就是通过参加政权来减轻它的压迫。结果是参政的人越来越多,争斗也越来越多,腐败的情况反而越来越严重。由此可见,这种限制政权的办法除了增加腐败的人数之外,还让越来越多的人脱离符合人的本性的农业劳动,到工厂去生产那些不仅无用而且有害的东西,使得这些民族不得不把自己的生活建立在自我欺骗和奴役其他民族的基础上。这一切在西方民族的生活中表现得特别清楚,对于面临如何对待政权问题的俄罗斯民族来说,这是一个有利条件:前车之鉴,不可不察。如果它还想沿着西方民族的老路去走,那就像一个人明明知道前面的先行者走错了路,而且已经折了回来,他却还要继续走下去那样荒谬可笑。

其次是经济条件:现在西方民族大都抛弃了农业而以工商业作为主要生活方式,然而俄罗斯民族在面临如何对待政府问题时,其大多数人仍然过着农业生活,他们热爱这种生活,而那些脱离了农业生活的俄罗斯人在有机会时也会回到这种生活上来。这个条件对于俄罗斯人来说特别重要,因为过着农业生活的人是不需要政府的,或者说在一个农业社会,政府要找借口干涉人民生活就更难一些。据我所知,有些农民到了远东,在中国和俄罗斯交界不明确的地方定居,不跟任何政府打交道,直到被俄罗斯官员发现。

城市居民往往把农业劳动看成一个人从事的最低级的职业,然而世界上绝大多数人都是从事农业劳动,而其他人则靠这种劳动的成果才得以生存。因此,人类从根本上说是由农民形成的,其他的人如官员、工人、教授、木匠、艺术家、裁缝、学者、医生、军官、士兵等,不过是寄生在农民身上而已。由此可见,农业劳动是一种最为道德、健康而有益的职业,也是最高级的职业,只有它才给了人真正的独立。绝大多数俄罗斯人还在过着这种最为自然、道德、独立的农业生活,这就形成了第二个意义重大的条件;依靠它,俄罗斯民族在面临对待政府的态度时, 只要做出简单而自然的改变,即不再服从于任何政府,就可以消除政权带来的罪恶。

以上两个条件是外部的,第三个条件则是内部的:这就是宗教。从古到今,在俄罗斯民族中,基督教表现为一种独特的生活态度:主张人人平等,彼此相爱,不分血统和人种,对异教徒持宽容态度,将有罪之人视为应该同情的不幸者。它在风俗上表现为人们相遇时的问候语就是互相请求原谅;还表现为对于乞丐不仅有怜悯之心,而且抱有一种十分尊重的态度;还表现为愿意为宗教真谛而牺牲自己, 例如从古到今都有发生的自焚和自阉现象,不久前还有人自愿被活埋掉。俄罗斯民族在政权问题上也表现出这种基督教的态度。人民尽管服从政权,但不愿参加政权,认为掌握政权是有罪的事情。由于具有这一宗教上的有利条件,俄罗斯民族有可能以一种简单而自然的方式继续去过符合基督教精神的农业生活,既不参加旧的政权,也不参加新旧政权之间的争斗。

这就是俄罗斯民族不同于西方民族的三个有利条件,可以让它选择一条最为简单的解救之道,就是既不承认也不服从任何一种暴力政权。

——《论俄罗斯革命的意义》

4.没有政权的社会生活是可能的吗

那些只相信人的法规的人说:"没有政权的社会生活可能存在吗?如果没有政权,人们就会永无休止地互相抢掠和残杀。"他们认为,人们之所以没有犯罪、遵守规矩,就是因为有法律、刑庭、警察、行政和军队;如果没有政府,就不可能有社会生活。那些被政权所腐败的人认为,既然犯罪行为被政府所惩罚,那就表明,这些惩罚可以把人们控制住,不让他们去犯可能的罪行。然而这一点并不能得到证明。实际上,犯罪行为的多少并不取决于政府的惩罚活动;我们可以看到,当社会上情绪发展到一定程度,无论政府怎样加大惩罚的力度,都无法制止那些危害很大的残忍罪行,所有革命态势中的情况都是这样,当前俄罗斯也是这样一种情况。之所以会这样是因为,一个民族的大多数人即所有的劳动者并不是由于有着警察、军队和死刑的威胁才放弃犯罪,过一种善良生活,而是由于他们有一种共同的宗教信仰以及建立在此基础上的道德意识,而这又是通过教育、习俗和社会舆论逐渐形成的。只有这种道德意识才能制止人们犯罪,在大城市是这样,在人口占大多数的农村尤其是这样。据我所知,许多俄罗斯农民迁移到远东,在那里过着平和安宁的生活数十年。他们自己组成村社,政府并不知道他们的存在,因此他们完全不受政府的影响;而在政府暗探发现他们之后,就给他们带来种种新的灾难,并让他们产生了犯罪意识。

政府活动并不能防止人们犯罪,反而会降低社会道德水平,让犯罪人数大增。这是必然的,因为所有的政府由于它自身的性质,必定会制定各种人为的法律,不是为了人类的幸福和公正,而是出于种种政治、内部事务和外交方面的考虑,从而跟那个至高无上、永恒不变的宗教法规相违背。各国政府现有的种种基本法律都具有这种不公正性,例如少数人对公共土地占有权的法律,一些人占有另一些人劳动的法律,公民有义务缴纳金钱用于杀人或自己当兵杀人的法律,麻醉性毒品专卖的法律,禁止超出国界交换劳动产品的法律,判处对统治者有不利行为者死刑的法律,等等。正是这些法律降低了人们的道德水平以及相应的社会舆论水平。因此,政府的活动不仅不能维护社会道德,反而对人民的腐败起了最大的作用。普通民众中的坏人再坏,也不会想到发明火刑、酷刑逼供、抢掠、毁尸、绞刑、单人囚室、战争中的屠杀、剥夺其他民族财产等，而各国政府都一直在干这些事情，而且肆无忌惮。拉辛和普加乔夫干的那些事情，不过是伊凡、彼得和比隆们已经干过的事情的结果，是对他们的效仿。即使政府能够制止几十桩罪行，它的暴行却激发起几十万桩罪行。

如果说那些政府中的人，以及从政府那里得到好处的商人、工厂主和一些市民会相信政府是有益的，那么那些广大农民不可能不知道，政府是一点用处也没有，他们从它那里得到的只是痛苦和伤害。因此，要他们相信其生活离不开政府，相信他们当中的小偷给他们造成的伤害要大于政府的压迫和剥削，就显得太荒谬了。这就好像在奴隶社会向奴隶证明当一个奴隶要比成为自由人更为有利一样荒谬。尽管如此，那时奴隶主仍然不断地要奴隶们相信，当奴隶对他们是很有好处的，如果获得自由他们的境况就会更坏。有时奴隶相信了这些话。现在情况也一样，各国政府以及那些既得利益者竭力向人们表明，对他们进行抢掠，并使之腐败的政府是不可缺少的，而不少人也相信了这些谎言。

他们相信了这些话，也不可能不相信它们，因为他们已经不相信上帝的法规，那就只有相信人的法规。在他们看来，如果没有这些人的法规，那就没有任何法规了；而没有法规他们就很难生存下去，因此他们不能离开人的法规，不能离开政府。正是由于不相信上帝的法规，就出现一种很怪的现象：像巴枯宁、蒲鲁东、克鲁泡特金等无政府主义理论家尽管都是富有学识的人，深知现有政权的弊端和危害，但只要一涉及人类社会是否可以完全抛弃人的法规问题时，就显得模棱两可、不置可否，或者自相矛盾、难以自圆其说。这是因为他们都不承认上帝的法规，而那本是所有的人都应该服从的。只有承认上帝的法规，人们才可能从人的法规中解放出来。

——《论俄罗斯革命的意义》

5.农业生活的重要意义

有人说："即使现在俄罗斯这种农民原始公社可以不依靠政府而存在,那么那些已经离开农村并在城市过着工业生活的千百万人该怎么办呢?并非所有的人都能当农民的。"亨利·乔治十分正确地回答了这种质疑,他说,只有农民是人人可当的。这些人又说:"这样一来,人类已经达到的文明状态就会完全毁掉,这是最大的灾难;由此可见,返回农耕生活并不能给人类带来幸福,而是一种罪恶。"他们是把自己的谬见当成不容置疑的真理,并归结为一个词,再加上某种含糊不清的神秘意味,如文明等。这样一来,似乎文明就不再是事实所表明的那样,只是一种谎言和有害的活动,产生于政权的暴力之中,而是成了一条通往人类幸福之路。

这些文明的维护者说:"现有的文明成果之所以还没有惠及全人类,只是因为技术设备还不够完善;待到完善之时,工人就可以从资本家的统治下获得解放,人人都可享受机器生产的一切,匮乏将被消除,所有人都获得幸福。"这样的假设完全是随意编造的谎言。这就好像说,在一个贵族领地,农奴一旦获得解放,其中的花园、苗圃、亭子、戏班、乐队、画廊、马厩、猎具、堆满服装的储藏室等,就会分配给被解放的农奴和社会公众一样。实际上,在这个贵族领地,地主没有一匹马、一件衣服、一个苗圃会对被解放的农奴有用,他们不可能保留这些东西。同样的,即使工人从政府和资本的统治下获得解放,他们也不会保留原来生产的那些东西;他们不会再去原先做牛马时才可能产生的工厂里做工,即使这些工厂可能给他们一些好处。确实,工人被解放后,那些被废置的机器让人感到有些可惜，因为它们可以大量生产各种漂亮衣料，制造许多精致糖果和镜子；然而在农奴被解放后，那些被扔下的良马、字画、玉兰花、乐器和戏班也同样让人可惜。但被解放的农奴开始养殖适合自己生活的牲畜，种植自己生活需要的庄稼，于是那些良马、玉兰花等就自然消失了。同样的，从政府和资本的统治下获得解放的工人，也会把自己的工作用到生产跟以前完全不同的产品上去。

　　文明的维护者还说："把所有人的面包放在一个炉子里烤，总要比每个人只烤自己的好；以超出 20 倍的速度在工厂里织布，总要比每家在自己的机子上织布好。"这话的意思是，好像人们就像动物一样，只要吃、穿、住的问题解决了，劳动时间少一点，就万事大吉了。澳大利亚的野蛮人尽管明白同妻子合住一个棚子比较节省，但他仍然会搭建两个棚子，为的是可以跟妻子分房而居。俄罗斯农民也明明知道，跟父母弟兄合住一套房屋比较节省，但他仍然会分家，自己盖房单独居住，认为这样尽管会更穷一些，总比受父母束缚和争吵为好。我相信，凡是有理性的人都愿意自己洗衣、擦鞋、提水、点灯、熄火，也不愿为了伺候那些会做这些工作的机器而到工厂进行强制性的劳动，哪怕是 1 天只干 1 小时也不愿意。一旦消除了暴力，这些会擦鞋、洗碗、挖隧道、轧钢的机器就会消失得无影无踪，被解放的工人一定会销毁以前在奴役他们的条件下产生的所有东西，重新制造完全不同的机器，目的不同，标准不同，分配的情况也完全不同。这一点是十分清楚的，不证自明；一个人如果没有因迷信文明而变成白痴，是不会看不到这一点的。正因为人们有这种迷信思想，无论怎样向他们指出西方民族生活方式的错误，提出回到自由合理生活的建议，他们不但不会接受，还认为这是对文明的亵渎。因此，那些文明的主要活动者即国家要员、科学家、艺术家、商人、工厂主和作家，强迫工人养活他们，让他们养尊处优、不劳而获，却认识不到自己的罪恶，反而认为自己做的是有益而重要的事情，他们都是有益而重要的人物，在他们手下制造出来的那些东西如大炮、要塞、电影、神殿、汽车、炸弹、留声机、电报以及印出大量谎言的高速平板印刷机，也是同样有益而重要的东西，是造福于人类的东西。然而那些已经摆脱对文明迷信的人却可以十分清楚地看出，现在被西方称为文明的东西，不过是上层统治者畸形需求的产物，埃及、巴比伦和罗马的金字塔、神殿、皇宫等就是这样的东西，俄罗斯贵族的宫殿、乐队、戏班、池塘、猎具和花园等也是这样的东西。

这些文明的维护者说，不服从政府、返回农耕生活就会毁掉我们已经取得的工业成果，因此，这样做是不应该的。然而没有任何证据表明，这样做真的会毁掉那些不包含奴役成分、对人们有益的工业成果。如果这样做会毁掉那些不仅对人类无用而且有害的东西，让那些不劳而获者难以生存，但这并不等于毁掉了人类为自己的幸福而生产的一切。恰恰相反，在毁掉靠暴力维持的东西之后，人们才可能激发出力量来采用和改进那些新的有益的技术，这些技术能让农民的劳动重负得以减轻，生活得到改善。这两者的区别仅仅在于，在人们从政权下解放出来并返回农耕生活后，艺术品和工业品就不再是为了供有钱人取乐，满足其好奇心，或者为了杀人而使用，而是为了让农民在耕种自己的土地时可以提高生产率，帮助改善他们的生活而又不让他们脱离土地，让他们获得更多的自由。

"你们若不迷途知返，不失赤子之心，就进不了天堂。"这话是对我们整个人类说的。正像一个人在历经磨难之后，会以成年人的丰富经验和理智返回儿时的纯朴、善良、普爱众生的状态一样，人类社会在背离上帝法规、服从人的权力、企图脱离农业劳动而饱受磨难之后，也要带着它获得的丰富经验，克服种种诱惑，抛弃以工业活动为基础的做法，返回上帝的最高法规之中，返回原初的农耕生活之中。

对于西方民族来说,这样的回归要困难一些,付出的努力要更大一些,但他们的义愤之情在持续增长,其生活现状难以维持,最后会回到依靠自己的劳动过生活的道路上来,不再剥削其他民族。而东方各民族,包括俄罗斯,它们在这一回归中,具有十分有利的条件:他们并不需要对自己的生活做很大的改变,只要在刚刚开始的错误路上停下来就行了,也就是自觉地否定政权和重过农耕生活。如果我们要以西方民族为鉴,那并不是要去仿效他们,而是注意不要重蹈他们的覆辙。指出一条比西方民族走得更符合人性、更为平坦和欢乐的道路,这就是当今俄罗斯革命的伟大意义。

——《论俄罗斯革命的意义》

6.日本人胜利和俄罗斯革命运动的意义

人们通常认为,日本人打败俄罗斯陆海军的原因是由于偶然性,由于俄罗斯政府滥用权力;俄罗斯爆发革命运动的原因是由于政府腐败,革命分子活动加剧。国内外的政治家认为这些事变导致的后果是:俄罗斯的衰败、国际关系重心的转移以及俄罗斯治国方略的改变。我认为其重要意义远远不止这些。俄罗斯陆海军的覆亡、俄罗斯政府的倒台,是俄罗斯这个国家开始崩溃的预兆;而俄罗斯国家的崩溃又是整个假基督教文明开始崩溃的预兆。这标志着一个旧世界的结束和一个新世界的开始。

基督教各个民族成为现在这个样子,是早在基督教被当成国教之时就埋下了种子。国家是靠暴力来维持;为了自己的存在,它要求人们绝对服从其法律,其次才是宗教戒律。如果没有死刑、军队和战争,国家就无法存在。国家要人们把执政者当成神,根据财产多少和权力大小来划分人的社会地位。这样的一种机构却将基督教奉为国教，而基督教宣称所有的人都享有完全的平等和自由，上帝的法律要高于其他所有的法规；基督教不仅否定任何暴力、惩罚、死刑和战争，还要人们去爱自己的敌人，提倡自我贬抑和甘于贫贱，而鄙弃财富和权力。这种机构执政的异教徒皈依了基督教，然而他们不但不懂得基督教真正的本质，还打心眼里反对信仰和宣扬基督教真理的人，把他们处以死刑，或将他们流放，禁止他们的宣教活动。教会禁止人们阅读福音书，认为只有自己才有权解释《圣经》，还大力为政教合一进行种种诡辩，通过各种宗教仪式对人民实施思想上的催眠。几个世纪以来，大多数人都以为自己是基督教徒，实际上对于基督教的真正内涵连一丁点儿了解都没有。尽管如此，基督教的真理一旦被说了出来，就无法再被压制下去。时间越长，基督教要人谦逊和爱的学说与国家这个要人骄横和施暴的机构之间的矛盾就越来越突出。堤坝再大也终究抵挡不住湍急水流的冲击，这水流或者洞穿堤坝，或者将它完全冲垮，或者绕过堤坝而行，总之，最后总是可以找到一条奔腾而下的通道。受到国家权力阻挡的真正的基督教也是同样的情况。尽管在很长时间里国家挡住了基督教的活水，最后它还是会冲垮国家的堤坝，裹挟着一切奔腾而下。这一时刻现在已经到来，其标志就是日本人很轻易地取得了对俄战争的胜利，以及波及俄罗斯各个阶层的革命造成的种种动乱。

　　日本人在战争中获胜，主要原因不是俄罗斯国家治理不当或者治军无方，而是由于日本人在军事上拥有极大优势。日本现在几乎是世界上实力最为强大的陆地和海上军事国家。这是因为：首先，过去基督教民族在对非基督教民族的战争中占有优势的所有科学技术成果已经被日本人所掌握，而且他们掌握得比基督教民族更好；其次，日本人的天性比基督教各民族更为勇敢，更不畏惧死亡；再次，各基督教国家的政府大力提倡的与基督教真理背道而驰的穷兵黩武精神,在日本人那里十分盛行;最后,日本人对被奉为神灵的天皇的盲目崇拜,具有比已经超越盲目服从专制制度阶段的基督教各国人民更为强大、集中的力量。总之,日本人之所以拥有极大的优势,就在于他们不是基督教徒。尽管基督教在信仰基督教的各民族中受到歪曲,它毕竟还是存在于他们模模糊糊的意识之中。因此,信仰基督教的人,尤其是其中比较优秀者,就不可能一心一意地去发明和制作杀人武器,就不会不对穷兵黩武的爱国主义持某种否定态度,不会像日本人那样宁愿剖腹自杀也不肯成为俘虏,或者像以前那样特别看重军人的勇敢精神,宁肯抱着炸药包跟敌人一起被炸死;而是不愿盲目服从损伤人的尊严的权力,特别是不愿随意杀人。即使在和平的环境里,基督教民族也斗不过非基督教民族。例如货币之战。基督教徒总是认为财富不是幸福的最高目标,因此无法把全部时间和精力都放到谋求财富上面;而那些把财富看作最高理想的非基督教徒的情况就完全不一样。在科学艺术方面情况同样如此。那些不信仰基督教的民族在实证科学、实验和以享乐为目的的艺术中总是处于领先地位,而基督教民族在这方面总是望尘莫及。战争是真正的基督教完全不能接受的,因此非基督教民族在这方面必然占有绝对优势,日本人在对俄罗斯的战争中大获其胜就是这一优势的明证。

　　日本人胜利的意义在于,它表明了基督教民族引以为自豪的文明实际上毫无价值、不堪一击。日本人并没有什么特别聪明的天赋,却在需要时仅用了几十年的工夫,就掌握了基督教民族所有的科学技术知识,包括细菌和炸药方面的,并将它们用于军事目的,占据了优势地位。这个崇尚武力、精于算计并善于模仿的民族悟出了一个简单的道理:如果别人手执一根大棒来打你,你就应该拿起一根更为粗大结实的棒子来还击他。日本人由此掌握了所有的战争技巧,再加上其特有的宗教专制主义和爱国主义,成为具有最强军事实力的国家。日本人的胜利向基督教国家表明，军事上的统治权已经不在它们手中，而是转移到非基督教国家手中；受到基督教徒压迫的亚洲、非洲的非基督教民族，会学日本人的样子掌握军事技术来解放自己并消灭压迫自己的人。因此，这场战争让基督教国家的政府意识到，尽管军备开支已经让人民难以承受，他们还得加强军备来对付像日本人这样的非基督教民族；然而这仍然是无济于事的，最终还是会被对方的报复所击败。也就是说，这场战争带来的教训是，暴力只可能造成灾难和痛苦；增强自己的军事实力，不仅违背了基督教精神和道德，也是在做一件愚蠢的事情。这就表明，各基督教民族的力量不在于军事，而应该按照基督教学说来生活，通过协作和爱，而不是通过暴力，来让人们获得最大的幸福。这就是日本人的胜利对于基督教民族最重要的意义。

到了 1905 年，各个基督教国家的人民都已经深切感受到自己要求自由生活的愿望与当局任意盘剥百姓、扩军备战的做法之间深刻的矛盾。而俄罗斯人民对此的感受尤为深刻。这是因为，俄罗斯政府让他们卷入一场荒谬可耻的战争；再就是他们还保持着原初的农耕生活方式，并且有着特别活跃的基督教思想。因此，把人民从暴力中解放出来的 1905 年革命，一定会从俄罗斯开始，实际上它已经开始了。这一革命所采用的手段，应该不同于以前人们试图实现平等时所采用的暴力。平等是不可能用暴力来实现的，这道理其实很简单：暴力本身就是不平等最为明显的表现。今天我们的革命是要实现自由，而自由是不可能通过暴力获取的，这个道理同样很明显。然而现在俄罗斯的革命者却认为，只有用暴力推翻现政府并建立一个新政府，即君主立宪政府或社会主义共和国，才能实现自由这一革命目的。实际上暴力革命已经过时，今天已经不是 1793 年，而是 1905 年。广大的俄罗斯从事农业劳动的人所需要的不是议会，不是被恩赐的自由，不是立宪会议，也不是用一个暴力政府去代替另一个暴力政府,而是消除了所有暴力政府的真正、完全的自由。在俄罗斯开始的革命的意义,不是确定所得税等税收,不是让教会与国家分离或者由国家接管公共设施,不是组织选举和让人民参加政权,不是成立普选的民主共和国,而是要求实际上的自由,而这不可能依靠街垒战斗、依靠杀人、依靠任何新的暴力机构来实现,只能通过不再服从人的意志而得到实现。

——《论末世》

7.我看中国人的解救之道

亲爱的先生:

　　大作收悉,我饶有兴致地读完了它,特别喜欢其中的"尊王篇"。

　　我一直对中国人民的生活深感兴趣,也尽可能地去了解中国的方方面面,特别是宗教、智慧方面的东西,如孔子、孟子、老子的著作和相关的注释。我还读过中国的佛经、欧洲人所写的有关中国的书。近些年来,欧洲人,其中主要是俄国人,对中国屡有残暴行为,我十分关注中国人对此的反应。欧洲人缺乏道德、自私贪婪,对中国犯下如此之多的暴行,而中国人对此却一直都是心境平和、容忍宽宏,不愿以暴抗暴。这里我说的是中国民众,而不是指中国政府。中国民众是伟大而坚强的,然而他们的平和宽容只是激起欧洲人更多的残暴行为。这些野蛮、自私和残暴的欧洲人就是这样恃强凌弱的。灾难深重的中国民众不要丧失自己的容忍精神,不要改变对待暴力的态度,否则就会失去原有的好结果。基督教说:"只有一直容忍,才能获得。"我认为这话是对的,尽管通常人们很难接受这一点。不以暴抗暴、不作恶不但可以让自己获救,还可以以此战胜作恶者。中国把旅顺割让给俄罗斯,就证明了这一点。如果是通过武力从俄罗斯和日本夺回旅顺,就不可能让这两个国家自食其果,在物质和道德上都引火自焚。割取中国的胶州湾和威海卫的英国和德国情况也一样。这些侵略者看起来实现了自己的图谋,却引起其他侵略者的觊觎,也来夺取这些地盘,从而让前者陷入战火之中。这些侵略者就像一群疯狗一样互相撕咬。

　　因此,对于你在书中表达的中国战斗精神,也就是以武力来打击欧洲人暴行的意愿,我深感忧虑和害怕。如果中国民众失去了他们的容忍精神,像欧洲人那样武装自己,那是相当可怕的;而以中国民众的智慧、坚强和勤劳,再加上人口之多,要武装自己是很容易做到的。我所说的可怕,不是欧洲最为野蛮和愚蠢的代表人物即德国皇帝所理解的那种害怕,而是指中国民众失去了那种真正的实实在在的智慧,即过一种和平的农耕生活;这种生活是一切有理性的人都应该过的,而那些抛弃了这种生活方式的人们最后还得回归到它之中。在我看来,现在人类生活正在发生巨变,而在这一巨变中, 中国应该带领东方民族发挥其了不起的作用。我认为,中国、波斯、土耳其、印度、俄罗斯,如果有可能还包括日本(假若它还没有被欧洲文明完全败坏掉的话),这些东方民族要做的事情是, 给世界各族人民指示一条真正的通向自由之路;这条路如你书中所说,用汉语表达就是"道",道路,也就是符合人类生活规律的活动。按照基督教学说,也是通过这样的道路来实现自由;基督说:"你们应该懂得真理,真理会让你们获得自由。"西方民族几乎都无可挽回地失去了这种自由,而东方民族则承担起实现这一自由的任务。

　　我是这样想的:从古至今,从和平勤劳的人们之中总会分化一些贪婪暴虐的人来,后者侵犯前者,强迫其为自己劳作。无论西方还是东方,所有的国家都有这样的事情发生,而且现在仍在继续发生。不过在古代,统治者占领了人口众多的大片土地时,他们无法对被统治者有太多的暴行。这是因为统治者人少,被统治者人多,只有较少的人直接遭受统治者的暴行,而多数被统治者可以不跟统治者接触,过着比较安宁的生活,在交通闭塞的地区情况尤其如此。世界各地都出现过这样的情况;直到现在,在东方民族中,特别是在幅员辽阔的中国,情况仍然如此。但是有两个原因使得这种情况再也无法继续下去:一个是统治者的政权越来越腐败;另一个是被统治者受教育的程度越来越高,他们越来越清楚地认识到服从统治者的害处。通信技术的改良使得这两个原因的作用进一步加强:统治者利用道路、邮局、电报、电话等工具将自己的影响扩大到以前交通达不到的地方;而被统治者也利用这些工具来加强联系,进一步认清了自己糟糕的境况。这种境况越来越糟,最后被统治者认识到,一定要从根本上改变自己同政权的关系。西方各民族早就认识到这一点,以自己的方式来予以改变,那就是通过议员来对权力加以限制,实际上就是将权力分散,把权力由一个人或几个人手中转变为交给许多人掌管。在我看来,现在该是东方民族来做这种改变了;中国同样感受到专制政权的危害性,无法继续容忍其存在,并寻求自己的解救之道。

据我了解,在中国有一种学说,提出君王即天子应该是圣贤之人,否则臣民就可以拒不服从他。我认为,这一学说就像欧洲民族中盛行的君权神授学说一样,是为统治者作辩护的,其观点不能成立。中国民众无法知道自己的君王是否贤德,同样的,信奉基督教的各国民众也无法知道,其君王的权力是否为上帝授予。在各个民族对统治者的危害感受还不很深时,这种辩护曾起过作用,然而现在大多数人都深感一个人或几个人的统治之荒谬和有害,这种辩护就毫无作用了。各个民族都要改变自己同政权的关系,西方民族早就做了改变,现在该东方民族来做这种改变了。在我看来,现在俄罗斯、波斯、土耳其和中国就处在这种情况之中。它们再也无法容忍以前同统治者的这种关系继续存在。俄罗斯作家赫尔岑说得很对:在一个广泛使用电报和电动机的时代,像成吉思汗这样的人物是不可能存在的。如果东方还有类似成吉思汗这样的人物,那么他们就是最后存在的一批,而且马上就会完蛋。这是因为,像电报之类我们可以称之为文明的东西给了这种政权以极大的冲击,各民族的民众因此而认识到,这一类统治者的存在对他们并不像古代那样无多大关系;恰恰相反,他们遭受的苦难几乎全都来自这些统治者, 他们只是由于习惯才去服从对方,而这些人从未给过他们任何好处。俄罗斯的情况就是这样的;在我看来,土耳其、波斯和中国的情况也应该是这样的;特别是中国,其民众爱好和平,而其不堪一击的军队则授人以柄,让欧洲人借口与中国政府的种种冲突而肆无忌惮地抢掠中国。中国民众不得不改变自己同这个政权的关系。

以上就是我在你的书以及其他资料中获得的信息。中国的改良派十分轻率地认为,这种改变应该跟西方各民族一样,即以代议制政府代替专制政府,建立军队,兴办工业,等等。这种做法看起来十分简单、自然,然而在我看来,这是十分愚蠢轻率的做法,完全违背了智慧的中国民众的本性。这样做就意味着抛弃了中国民众赖以生活的一切,抛弃了他们的过去,抛弃了他们智慧的和平农耕生活,抛弃了他们的"道";而这种"道"不仅是中国人,也是整个人类真正的唯一正确的道路。如果中国建立起类似欧洲的制度,它会赶走欧洲人,会有类似欧洲的宪法、常备军和工业。日本就是这样的,它制定了宪法,增强了陆军和海军的力量,发展了工业,其产生的后果十分明显:就像欧洲民族一样,日本民众的生活状况是十分可悲的。

欧洲各国看起来十分强大,其力量足以压倒中国军队,然而这些国家的民众生活却十分艰难,不能同中国的民众相比;这些国家的工人们生活困苦，满怀仇恨，不断地跟政府和富人做斗争，受到军队的镇压，而军队的士兵也是一些受到政府欺骗的人。欧洲各国为贪婪所驱使，进行着大大小小的战争，随时可能酿成世界性的灾难。不过西方民族的主要灾难还不在于此，而在于它们无法用自己的粮食养活自己，不得不用暴力和狡计从中国、印度、俄罗斯以及其他还过着农耕生活的国家掠取这些生活资料。而中国的改良派建议你们学习的就是这种寄生民族的作为。由于宪法、关税保护、常备军等，西方民族变成现在这种状况：抛弃了农业，城市、工厂大量生产着人们并不必需的产品，军队则专事暴行和抢掠。它们看起来似乎很风光，其实并没有出路。如果它们不改变目前这种建立在欺骗、败坏和抢掠农耕民族基础上的生活制度，最终必定走向灭亡。由于害怕西方民族的野蛮和武力而去仿效它们，这就像一个智慧、纯朴和勤劳的人去仿效那些挥霍浪费、好逸恶劳和侵略成性的抢劫者；也就是为了对付那些缺乏道德的坏人，让自己也变成一个没有道德的坏人。中国不应该仿效西方民族，而应该引以为鉴，避免重蹈覆辙。西方民族所做的一切只能成为东方民族引以为戒的例子。

　　按照西方民族的路子走，必然会灭亡；然而俄罗斯、波斯、土耳其和中国也不能停留在自己现在这种状况下；特别是中国人，尤其不能停留下来，因为你们爱好和平，国家几乎没有军队，周围是那些寄生的军事强国，受到它们的抢掠和侵占是必然的。那么应该怎么办呢？我们俄罗斯人是知道自己该怎样做的：首先，我们不服从现行政权，但也不像改良派所说的那样去仿效西方，制定宪法，用君主政体或共和政体来代替现行政体，因为这样做会落入跟西方民族一样的灾难境况之中。其次，我们要做的只有一件十分简单的事情：过一种和平农耕生活，容忍可能遭受的暴力，不以暴抗暴，不参加任何暴力活动。在我看来，中国人有更多的理由做这样的事情，这不仅是为了让你们的土地不被欧洲民族的侵占和抢掠,也是为了拒绝你们政府的无理要求:它竟然要你们去做那些有违道德学说的事情。只要你们坚持按照"道"的要求去做,那些官吏的无理要求就会自行消除,而欧洲人也无法再来压迫和抢掠你们。拒绝服从那些官吏的命令,不承认政府有权对你们所做的一切,你们就有可能从欧洲人的抢掠中获得解放。欧洲民族对中国的侵占和抢掠,都是源于存在一个中国政府,而你们是它的臣民。如果这个政府不存在了,那些民族就没有任何理由借口国际关系问题来实施其暴行。

为了消除恶,我们就得找到恶的根源,而不是仅仅去反对恶造成的后果;像政府擅权、周边民族侵略等都是恶的后果,而恶的根源则是民众跟人的权力之间的虚假关系:如果民众认为人的权力要高于上帝的权力或"道",他们就只能当奴隶;他们的奴隶性越强,所服从的政体就越是复杂。民众只有以上帝之法或"道"为最高法律,才能获得自由。如果你们不服从自己的政府,在其他民族向你们施以暴行时不去帮助它们,不为任何私人、国家和军队的机构服务,就可以避免所有可能遭受的灾难。

只要中国人继续过着以前那种和平勤劳的农耕生活,恪守自己的三大教义(儒教、道教和佛教的教义是不约而同地:抛弃所有权力;己所不欲,勿施于人;克己宽容;普爱众生),加在他们身上的所有灾难都会消除,而他们是不可战胜的。在我看来,现在的问题不仅是中国和所有东方民族要消除从自己的政府和其他民族那里遭受的恶,还要给这世界上的所有民族指出一条生存之路来。这样的道路只有一条:就是从人的权力中解脱出来而服从上帝的权力。

(1906 年 9 月中旬)
——《给辜鸿铭的信》

尊敬的先生：

　　你惠赠给我的书，特别是你的来信，让我十分高兴。在漫长的人生中，我曾同几个日本人有过交往，却没有同一个中国人有过往来和联系，而这正是我特别希望的，因为长时间以来，我就很熟悉中国的宗教思想和哲学了（尽管不是十分完全，而这对于一个欧洲人来说是很常见的），包括对孔子、孟子、老子及其著作的注释。我最为佩服的思想是被孟子驳斥的墨子学说。我一向对中国人民怀着深深的敬意，在一定程度上说，由于日俄战争的种种可怕事件，更加深了我的这种敬意。中国人民在这场战争中建立了功绩，与此相对照的，日本人的所谓胜利就显得微不足道了，而且反衬出俄国和日本政府狂妄残忍的本性。中国人民的功绩在于，表明了人民的高尚品德不是施暴和杀人，而在于不顾任何打击、侮辱和灾难，没有任何怨恨，坚持容忍精神，忍受加于其上的所有暴力。在这次战争中，就像欧洲各基督教民族以前对待各种侵略一样，中国人民尽管承受了种种暴力，却比那些基督教民族和俄国政府更深刻地体现了基督教精神或普遍永恒的真理意识，这个真理就是所有的宗教思想，也就是基督教的基础。这里我想起你在信中谈到的正确观点：应该把政府和人民区别开来。

　　你的书我还没有拜读，因为刚刚收到它。不过从你的来信看，恐怕我很难同意你书中的主要观点。从你的来信可以看出，你是赞成中国社会制度改革的（你书中的观点可能也是这样）。如果把改革看成生长、发展和完善，那么它是值得称道的；然而现在的改革就是模仿，把欧美一些生活方式引进到中国，而这些方式即使在本地，也已经遭到那些明智者的质疑。我认为这是一个致命的大错误。改革应该从一个民族自身本质中生长出来，它的形式应该是创新的，跟其他民族完全不同。中国常常被一些人指责为顽固和保守，然而只要把它同基督教世界做一比较，就会发现它要比后者好得多，因为在它那里没有仇恨、攻击和无休止的斗争。在我看来,占俄罗斯大多数的农业人口是一个例外,因此我期待着它那里会出现一种新的生活方式,我期待着占中国大多数的农业人口也出现同样的情况。我希望上帝保佑,中国不要走日本的道路。像其他任何国家一样,中国人应该发展的是自己的精神力量,而不是致力于技术上的完善。如果精神力量的方向错了,技术上的完善只会破坏社会的发展。我完全同意你以下的说法:中国和俄罗斯两个民族之间有一种内在的精神联系,它们应该携手前进,而不仅仅局限于建立外交上的同盟,或者政府之间的一般联合。它们应该为自己的农业人口制定一种不受政府束缚的新的生活形式,也就是实现真正的自由,而不仅仅是信仰、言论和代议制的自由,也就是说,除了至高无上的道德规则之外,人们不会依赖于政府,也不会服从任何人。

　　再次表示我很高兴同你交往,如果你认为把我的著作翻译成中文是有一定价值的,我也十分乐意你这样做。

(1905 年 12 月 4 日)

——《给张庆桐的信》

七、我们怎样看待历史

1.现代历史学是怎样回答问题的

历史学是研究各个民族以及整个人类生活的学科,然而不要说整个人类,就是一个民族的生活,也不可能直接去探究它,并用语言文字来详细解说。过去的历史学家采用的方法十分简单:他们通过一个民族的统治者生平业绩来解说整个民族的生活,认为这就足以解决问题了。至于这个或这些统治者怎么能让人民按照其意志生活、这些人自己的意志又是被什么所支配,这些历史学家的回答同样十分简单:是神的意志使得人民服从统治者,统治者同时受到神的意志的支配,去完成其指示的目的。这样一来,他们就用神灵直接干涉人间事情的方法来解决问题。

新历史学理论是在否定旧学说基本原则的基础上建立起来的。既然新学说否定了人类服从神的意志并走向其指示的目的这一教条,它就应该更深入地探究一个政权形成的原因,而不是停留在表面现象上。然而它未能做到这一点;尽管在理论上它否定了过去的历史学家,在实践中仍然做着同样的事情。现代历史学家拿那些凌驾于庸众之上的英雄人物说事,这些英雄既包括帝王将相,也包括媒体记者等人,用来代替过去的神灵以及执行神的意志的人;他们以法国人、德国人或英国人的幸福为目的,来代替过去神的意志所指示的犹太人、希腊人或罗马人的幸福；他们也提出整个人类文明的幸福，不过这仅仅指地球大陆西北一小块地方的民族而已。

现代历史学家否定了过去的信仰，却没有可以替代的新观点，尽管他们否定沙皇君权神授以及人民按照神的意志行事，却不得不承认：各个民族必然被某个人或某些人统治，各个民族和整个人类必然走向一个已知的目的。这些历史学家，从基旁到包克尔，尽管观点各不相同，在其理论中仍然无法避免旧学说的基本原则。他们认为，领导人类的是个别人的活动；其中有些人认为这就是帝王将相，另一些人认为还包括讲演者、学者、改革家和诗人，等等。他们有些人还认为，人类的目的就是罗马、西班牙、法国的繁荣富强；另一些人认为，这个目的就是欧洲这一小块地方的自由、平等和某种文明。

1789年巴黎出现了骚乱，它逐渐扩大，演变为一场由西向东的民族运动，最终到达莫斯科，并与反向的运动相冲突。1812年，一场反向的运动将中欧民族集合在一起，以同样的方式由东向西，最终到达巴黎。在这二十多年时间里，广袤的土地荒芜了，无数的房屋被烧毁，商贸活动也改变了方向；广大人民生活起了巨变，有的一贫如洗，有的一夜暴富，无数秉持爱他人之教义的基督徒陷入你死我活、互相残杀的境况之中。这些事件具有什么意义？为什么会发生这样的事情？是什么促使人们烧毁房屋、互相残杀？这些事件产生的原因何在？是什么力量在其中起作用？在涉及这个已经过去的时代时，人们会提出这些既合乎情理而又意在言外的问题。为了回答这些问题，我们必须求助于历史学，因为它是各个民族和整个人类用来了解自己的科学

如果历史学仍然坚持陈旧的观点，它的回答就会是：这是神为了对其子民进行惩罚或奖励，才让拿破仑掌握权力并按照神的意志行事。这一回答可以说是十分完满明白：尽管人们可以相信

或怀疑这种拿破仑的神化，对于那些相信的人来说，这样一来，这一时期的整个历史都是可以理解的，没有任何矛盾之处。但现代历史学不能这样回答问题，因为作为一门科学，它是否定古代关于神直接干涉人间事务的观点，因此应该有另外一种回答。

　　然而现代历史学是怎样回答这些问题的呢？你可以听听下面这种说法："路易十四为人狂妄自负，他的情人、他的大臣都不是好人，法国在他的治理下是一团糟。他的继位者软弱无能，法国被治理得更加糟糕。这些继位者宠信的大臣和情人也不是什么好人。这一时期有些人还有一些著述。18世纪末期，巴黎有二十多人聚集在一起，鼓吹人人平等和自由，由此导致法国全面的互相残杀，国王和其他许多人死于非命。同时法国产生一位天才人物拿破仑，他的军队战无不胜，攻无不克，也就是说，他杀死了很多人，这是因为他是一个天才。后来他又找个借口去攻打非洲，屠杀非洲人，他干得是这样漂亮，以至于回到法国后能够让所有的人都听命于他。于是人们都向他臣服。拿破仑当了皇帝后又去攻打意大利、奥地利和普鲁士，屠杀了很多人。那时俄罗斯也有一个皇帝亚历山大，他要让欧洲恢复旧秩序，于是跟拿破仑打了起来。然而到了1807年他又同拿破仑和好了。到了1811年，两人又成为仇敌，于是又有许多人被他们屠杀。接下来拿破仑带领60万人马攻入俄罗斯，占领了莫斯科，不过随即又从那里仓皇逃离。亚历山大皇帝采纳了施泰因等人的建议，联合欧洲的军队来反对那个欧洲和平的破坏者，于是拿破仑原先的盟友都成了他的敌人。这个联合军队打败了拿破仑的队伍，占领巴黎，逼迫拿破仑退位，并把他流放到厄尔巴岛，不过并没有取消其皇帝的称号，尽管公认他是无恶不作的强盗。随后是路易十八即位，但他并未得到法国和同盟国的尊重。接下来是那些精明能干的政治家在叱咤风云，特别是塔列兰在掌握大权时扩大了法国的版图，他们在维也纳的讲话让有些人喜欢，也让另一些人担忧。然而在外交人士和君王之间又爆发了冲突，双方准备动用武力解决问题，这时拿破仑带领一队人马回到法国，那些曾与之为敌的法国人立即向他表示臣服。盟国的君主们十分愤怒，他们又向法国人开战，天才的拿破仑再次被击败，被流放圣赫勒拿岛，法国人再次认识到他是一个大盗。拿破仑在这个孤岛慢慢死去，永远告别了他心爱的法国，而给后世留下了他的丰功伟业。欧洲的反动力量再次强大起来，各国君主重新骑在人民的头上。"

　　大家不要以为我这里展示的是一幅关于历史的讽刺漫画，恰恰相反，这是我从所有历史学家（包括回忆录、各国专门史、世界通史的作者）所做的种种自相矛盾、文不对题的论述中摘录下来的，而且还是最为正经的部分。这种回答之所以显得荒唐可笑，是因为它就像一个耳聋者，回答的是别人根本就没有向他提出的问题。

　　如果说历史学的目的就是记录人类和各个民族的活动，那么首先要回答的问题应该是，产生各个民族活动的推动力是什么。对于这一问题的回答，现代历史学要么说是由于拿破仑这个伟大的天才，要么说是由于路易十四骄横狂妄、刚愎自大，或者列举什么人写了什么书。尽管这些说法可能是对的，我们也愿意相信这些说法，但它们毕竟都是答非所问，文不对题。如果是旧的历史学，还可以说是神借助拿破仑、路易和一些历史著作家来统治法兰西民族；然而新的历史学并不承认有这种神的力量，因此，在谈到拿破仑等人的作用之前，应该首先说清楚这些人跟各民族的活动之间的关系。如果不是神，而是另有一种力量在推动历史，那就得说明这是一种什么力量，因此真正的历史研究就是要搞清楚这个问题的。然而所有历史学家在谈到这种力量时都好像是不言而喻、众所周知的，其实我们在读到他们的著述后仍然是一无所知，感到十分困惑：他们为什么不说明这一点。

——《战争与和平》

2.是什么力量推动各民族前进

一些传记历史学家认为,推动各民族前进的力量是那些英雄人物或统治者的权力。在他们看来,历史事件完全是由拿破仑和亚历山大这样的人物的意志促成的。然而这些历史学家在论述同一个历史事件时,他们的解答却又各不相同甚至完全相反。例如对于某个历史事件,第一位历史学家说是拿破仑的权力造成的;第二位历史学家说是亚历山大的权力造成的;第三位历史学家则说是由另一个什么人的权力造成的;等等。而且在解释某个权力的根据时也各不相同,例如持波拿巴主义观点的梯也尔认为,拿破仑的权力是建立在其仁慈的品行和天才的能力之上的;而持共和主义观点的朗弗利却说,拿破仑的权力是建立在其狡诈和对人民的欺骗之上。他们互相攻击对方,让人们不知所云,无所适从。

那些通史专家看到传记历史学家的缺陷和矛盾,不承认推动各民族前进的力量是那些英雄人物或统治者的权力。他们认为,这种推动力量应该是各种不同力量互相作用的结果。因此,在他们看来,一场战争或对一个民族的征服,其原因不是某个人物的权力,而是参加这一事件的许多人的共同作用。然而他们仍然把这种权力看成造就历史事件的力量,因为历史人物是时代的产儿,其权力正是各种力量互相作用的结果。这样一来,这些历史学家例如格非努斯、斯洛萨等一会儿说拿破仑是大革命和1789年思想意识的产物,一会儿又说1812年东征等事件不过是拿破仑错误意志的产物,1789年的思想意识未能充分发展也是拿破仑的独裁造成的;革命思想和人民群众的情绪造就了拿破仑的权力,而拿破仑的权力又压制了革命思想和民众的情绪。这种自相矛盾的情况不是偶然的,实际上这些通史专家的分析不可能不是矛盾的:若干分力要变成一个合力,那么这个合力应该等于各分力之和,然而通史专家们并没有遵循这一基本的力学定律;他们在解释合力时找不到足够的分力,于是就假定还有一种对合力起作用的无法解释的力量。传记历史学家在论述 1813 年西征或者波旁王朝复辟时,明确指出这都是亚历山大个人的意志造成的。而通史专家格非努斯则表明,这些事件的造成除了亚历山大的意志以外,还有施泰因、梅特涅、斯塔埃尔夫人、塔列兰、费希特、谢多勃良等人的意志起作用。实际上他是把亚历山大的权力化为施泰因等人的分力,然而这些分力之和并不等于合力,也就是说,他们的意志合起来也不足以解释为什么千百万法国人会服从波旁王朝。为了弥补这一明显的缺陷,他不得不回到自己所否定的那个力量也就是权力上去,把它说成是影响合力的神秘力量;这样一来,他就不仅与传记历史学家的观点相冲突,也跟自己的观点互相矛盾。一些农夫不知道吹风跟下雨有什么关系,于是在他们需要下雨的时候就说"风一吹,乌云就来了",在不希望下雨时就说"风一吹,乌云就散了"。通史专家的论证也一样:有时候他们说权力是事件的产物,有时候又说是权力造成事件,究竟怎么说,要看当时的需要。

还有一类历史学家,被人们称为文化历史学家,认为这种力量是文化或智力活动。因此在他们看来,历史事件可以通过一些人写了一些书来予以说明。然而我们很难认同他们的说法。例如,本来是宣扬人人平等的学说,却造成法国大革命中的残酷屠杀;而宣扬博爱的学说也引发可怕的战争和死刑判决;这些现象同文化历史学家假定的情况正好相反。现在问题变得更为复杂,我们已经知道有三种推动历史前进的力量了:传记历史学家提出的君王权力,通史专家提出的其他人合起来的影响,再加上文化历史学家提出的智力活动。后一种力量尤其让人费解:如果说由于拿破仑拥有权力，事件就发生了，这似乎还可以理解；如果说拿破仑和其他一些人的力量合在一起使得事件发生了，这似乎也可以理解；如果说一本《社会契约论》就导致法国人互相残杀，除非更深入地探究两者的因果关系，这就是完全不可理解的。文化历史学家为什么特别强调智力活动对于历史的作用呢？其原因有二：首先，历史是由这些学者撰写的，他们当然乐意把自己这个阶层的活动说成是整个人类活动的基础；其次，精神、教育、文明、文化、思想等都是一些较为含糊的概念，可供这些学者根据自己的意思随便编造一些理论。而且我们发现，这些学者编撰的文化史越来越像通史了；他们对种种宗教、哲学和政治学说进行分析，把它们说成是历史事件发生的原因，然而在具体叙述某一历史事件如1812年东征时，还是不自觉地把它归结为权力的产物，即拿破仑的意志所决定的。他们也陷入自相矛盾之中：其认定的智力活动并不能说明种种历史事件，而不肯承认的权力反倒成了理解历史的唯一因素。

　　一列火车在前进。有人问：它怎么会移动呢？一个农民说，是因为魔鬼在推动它；另一个农民说，是因为车轮在转动；第三个农民说，是因为大风把火车冒的烟吹散了。第一个农民的话是难以反驳的，因为要驳倒他，就得证明根本就没有魔鬼存在，或者证明是一个德国人在开火车。第二个农民自己就可以把自己驳倒，因为他只要进一步分析，就会想到，他还得解释车轮转动的原因；在没有找到锅炉蒸汽压力这一火车移动的最终原因之前，他还得不断地探究下去。第三个农民的解释属于这样一种情况：他看到了车轮转动不能成为火车移动的原因，于是就随意地把他看到的某个现象当作原因。火车运动的原因是跟这运动相等的力量；各民族运动的原因是跟各民族运动相等的力量。然而各类历史学家对于这力量的理解各不相同，而且跟所见到的运动是不相等的。他们有的把这力量看成英雄天生的力量，就像那个农民以为火车里有魔鬼一样;有的把它看成若干力合起来的力量,就像车轮的转动一样;还有些人把它看成是智力的作用,就像被风吹散的烟。

只要历史学家叙述的是个别人物的历史,无论这人物是恺撒、亚历山大、路德,还是伏尔泰,而不是所有参加历史事件的人,就不可能不把迫使他人朝着某个目的活动的力量归之于个别人物,也就是权力。权力是历史学家知道的唯一概念。通史专家和文化历史学家尽管表面上抛弃了这一概念,他们每一步的探究工作还得依赖于它。现代历史科学在这一问题上的做法,就像正在流通的货币。传记历史学家的历史就像发行的纸币,可以使用、流通,一般来说对人有益而无害,只是不要触及它得靠什么作保证的问题。只要不去考虑"为什么英雄人物的意志可以产生历史事件"这一问题,梯也尔等人的历史读起来还是很有趣味和有益的,或许还带有一点诗意;然而就像纸币发行过多或者用纸币兑换黄金的人太多,纸币就会贬值一样,这一类历史写得过多,或者有人十分天真地提出问题"拿破仑为什么能够做到这些"(这就像要把纸币兑换成黄金),它的真实价值就成了问题。通史专家和文化历史学家的做法就像认识到纸币的缺陷,于是决定用比黄金轻的金属铸成硬币来取而代之。硬币听起来确实有叮当的响声,然而想充当黄金,那是骗不了任何人的,而纸币倒还可以欺骗一些愚昧无知的人。黄金之所以是黄金,不仅在于它可用来交换,还在于它是具有使用价值的。通史专家如果能够回答"权力是什么"这一历史主要问题,他们的论述就是真正的黄金,然而他们的回答自相矛盾,无法自圆其说,而文化历史学家则干脆避开了这个问题,答非所问。他们的回答就像这些硬币,看起来形似黄金,却只能在那些同意用它们来代替黄金的人当中流通,或者在那些不知晓黄金特性的人当中流通,也就是只能在大学和一些历史书的读者中流通。

——《战争与和平》

3.个人权力与群众意志

关于历史的陈旧观点是，一个民族服从一个人的意志，而这个人又是神挑选出来并服从神的意志的。历史科学在否定了这个陈旧观点后，面临着两种选择：一是回到旧的观点，坚持神直接干涉人类事务的旧信仰；二是重新阐释产生权力的力量之内涵。第一种选择已无可能，因为旧的信仰已不可恢复，因此必须说明权力的内涵。

拿破仑下令集合部队去作战，对于这一事实我们从来不会去多想，根本就不会去问"为什么拿破仑一下令，60万人的军队就去作战了"，因为事情似乎很清楚：他有权力，所以人们就按照他的命令行事。如果我们相信这一权力是上帝授予他的，这一回答就十分圆满了；然而我们并不认可这一点，于是就得搞清楚这种权力到底是怎么回事。这种权力不可能是通过强者对弱者在体力上的优势而获得的，也不可能是精神上的优势。一些历史学家认为，历史人物都是英雄，具有特殊的智慧即天才，然而实际情况是，统治千百万法国人的路易十一和梅特涅在精神上没有任何优势，反而比那千百万人中的任何一个都要差劲。如果权力的来源既不在于拥有权力者的体力，也不在于他的精神力量，那么就肯定是在他的身外，在他跟群众的关系之中。法学就是这样来理解权力的，它认为权力就是群众意志的总和，群众表示同意或默认来把自己的意志交给他们选出来的统治者。这一定义看起来十分明确，然而把它运用到历史上就有问题了。法学看待权力，就像古时候的人看待火一样，把它看成一种绝对存在；然而从历史的角度看，权力只是一种现象，就像现代物理学认为火不是一种元素而是一种现象一样。法学的观点无法解释随着时间的变化权力也发生改变这一事实。如果权力是转交给统治者的群众意志之和,那么布加乔夫算不算群众意志的代表?如果他不算,那么为什么拿破仑就算呢?为什么拿破仑三世在布伦被抓时成了罪犯,然而后来被他抓起来的人也成了罪犯呢?有时候一场宫廷政变只有两三个人参加,难道这也是把群众意志转交给一个新统治者吗?在1808年,莱茵联邦的意志被转交给拿破仑了吗?在1809年,俄罗斯军队联合法国人去打奥地利人时,俄罗斯人民的意志转交给拿破仑了吗?

对于这些问题可能有三种回答:第一种,认为群众是无条件地把自己的意志转交给其选定的统治者,因此任何新权力的出现都是对真正权力的破坏;第二种,认为群众是在一定的明确的条件下把自己的意志转交给统治者,因此对权力的各种限制、冲突乃至破坏,都是由于统治者不遵守这些条件造成的;第三种,认为群众是在不确定的条件下转交自己意志的,因此权力之间的争斗和更迭是由于统治者或多或少满足了这些条件造成的。这就是历史学家对群众与统治者关系的三种解释。

传记历史学家是持第一种观点,即认为群众意志之和总是无条件地转交给历史人物的,因此,他们在叙述某一种权力时,把它看成唯一、绝对和真正的权力,任何反对它的力量都不是权力,而是对权力的侵犯。这种理论只适合于最初的和平时期,一旦各个民族的境况变得复杂而动乱,群雄并起,争斗不断,它就不适用了,因为正统的历史学家会证明,国民议会、执政内阁和波拿巴都只是真正权力的破坏者;而共和派会证明,国民议会是真正的权力;波拿巴派会证明,拿破仑帝国才是真正的权力,其他都是权力的破坏者。这些历史学家各执一词,他们的话只能哄哄小孩子。

第二种历史学家认为这种观点是错误的,群众把自己的意志转交给统治者是有条件的,历史人物只有在满足这些条件的情况下才拥有权力。然而他们并没有告诉我们这些条件是什么,或者他们说的条件是互相矛盾的。这些条件或者是公民的财产,或者是公民的自由,或者是公民的教育,等等。暂且不说他们对这些条件的观点是互相矛盾的,即便他们达成共识,有一个一致的条件,历史上的事实也是跟它相矛盾的。如果人民转交权力的条件是他们的财产、自由和教育,为什么路易十四和伊凡四世在位时天下无事,善始善终,而路易十六和查理一世却被人民送上断头台?历史学家回答说,路易十四破坏这些条件的行为只是到了路易十六那里才获得报应。然而这种报应为什么不体现在路易十四或路易十五身上呢?为什么恰恰是在路易十六身上呢?这种因果报应的时限到底有多长?这些问题是没有答案的,也不可能有答案。这种观点无法解释下列现象:为什么几个世纪以来人民意志之和都被转交给某些统治者及其继承人,然后在 50 年里突然就接连转交给了国民议会、执政内阁、拿破仑、亚历山大、路易十八、拿破仑(第二次)、查理十世、路易·菲力普、共和政府、拿破仑三世?他们不得不承认,其中有些权力的转移不是人民意志的正常转交,而是一些偶然事件,是由于奸狡、错误、阴谋以及帝王将相们软弱无力造成的偶然事件。因此,他们认为大多数历史现象如内战、革命、征服等,并不是人民意志的自由转移,而是某个人或几个人的意志错误转交所致,也就是说,是对权力的破坏。因此他们认为这些历史事件是对历史理论的偏离。他们的做法就像那些植物学家,看到一些植物是双子叶的,就断定所有的植物都应该是双子叶的,在看到棕榈树、蘑菇和橡树时,就说这些植物偏离了他们的理论。

　　第三种历史学家认为,人民把自己的意志转移给历史人物是有条件的,但我们无法知道这些条件。历史人物之所以具有权力,是因为满足了这条件,表达了人民的意志。然而这里有一个问题:

历史人物的活动是全都表达了人民的意志,还是只有部分行动表达了他们的意志?如果像有些历史学家所说的那样,是前一种情况,那么拿破仑、叶卡捷琳娜等人传记中记述的所有那些宫廷丑闻就都成了人民意志的体现,这显然是极其荒谬的说法;如果是后一种情况,为了判定历史人物的活动那些是代表人民的意志,我们就必须了解人民生活的内容。为了解决这些难题,历史学家提出了一些抽象概念如自由、平等、教育、进步、文明、文化等,把它们当成人类活动的目的,似乎可以适用于绝大多数历史事件。他们探究国王、大臣、将军、作家、改革家、教皇、记者等的活动,看他们是否促进了这些抽象概念以及促进的程度。然而我们无法证明这些概念就是人类的目的,也无法搞清楚人民群众跟历史人物的关系。例如,18世纪末西方民族的动乱及其向东挺进,能够用路易十四、路易十五、路易十六及其情妇和大臣的活动来予以说明吗?能够用拿破仑、卢梭、狄德罗、博马舍等人的活动来予以说明吗?俄罗斯人民向东挺进到喀山和西伯利亚,能够用伊凡四世的病态人格以及他同克布斯基的书信来予以说明吗?十字军东征中各民族的迁移,能够用格弗雷、路易及其情妇的生活来予以说明吗?这场由一个隐士彼得发动的无目的、无领袖的由西向东的民族运动至今仍然让人难以理解。在那场已经明确目的是解放耶路撒冷的十字军东征却半途而废,这也让人不可理解;教皇、国王和骑士鼓动人们去解放耶路撒冷,但他们不去了,因为以前激发他们前往的潜在因素已经不复存在。即便我们知道了格弗雷和军歌手的历史,我们对当时各民族的生活仍然是一无所知。文化历史学家向我们说明了某个作家或改革家的生活和思想情况,例如我们知道了路德脾气急躁、说过这样那样的话,我们知道了卢梭生性敏感、写过这样那样的书;然而我们并不知道宗教改革后各民族之间为什么互相残杀,也不知道法国大革命时期人们为什么互相把对方处死。这些历史学家所写的只是帝王将相和作家的历史,而不是各个民族生活的历史。

——《战争与和平》

4.命令的作用

　　一个人或极少数几个人的生活并不能涵盖整个民族的生活,因为我们还没有发现这两者之间的关系。有一种历史学说认为,这一关系的基础是人民群众把自己的意志转交给历史人物,然而这只是一种假设,并没有得到历史经验的证实。这一理论在法学领域也许可以说明一些问题,有其存在的必要性,然而在历史领域它就不适用了,一旦涉及革命、征服和内战等事件,它就什么都无法说明了。这一理论看起来好像无法被驳倒,因为人民群众转交意志的活动是没有办法证实的。 无论发生什么历史事件,无论是谁带的头,这种理论都可以解释说,他之所以成为该事件的领袖,是因为人民群众把自己的意志转交给他了。这种解释就像一个人看到一群被放牧的牲畜在走动, 他不管牧场的情况如何,也不注意牧人的作用,就肯定地说,这群牲畜之所以这样走动,是最前面的那一头带路的结果。那些认为人民意志是无条件转交的历史学家说:"这群牲畜之所以朝那边走,是因为最前面的牲畜在带领它们;其他牲畜把自己的意志转交给了带头的那个。"那些认为人民意志是有条件地转交的历史学家说:"如果带头的那个牲畜被更换了, 那是因为它带领的方向不是其他牲畜选定的方向,于是它们意志之和就由一个带头者转交到另一个带头者那里。"那些认为历史人物是人民代表的历史学家说:"如果带头的牲畜不断变换,这群牲畜的走动方向也不断变换,那是因为它们要把自己的意志转交给那些表现突出的牲畜,因此我们的注意力应该放在这些表现突出的牲畜身上。"这种理论只是一个代名词，只是对问题换了一种说法。历史事件的原因是什么？是权力。而权力是什么？是人民转交的意志之和。人民意志是在什么条件下转交给一个人的呢？是在他代表全体人民意志的条件下。这就是说，权力就是权力，同语反复，等于什么也没有说，我们对权力的本质仍然是一无所知。如果人类的知识只限于抽象思维，就此我们可以得出结论说，权力只是一个词语，实际上并不存在；然而人类除了抽象思维之外还有经验，而经验告诉我们，权力不只是一个词语，它是一个确实存在的现象；没有权力的概念，我们就无法描述人类群体的活动。

　　某个事件发生了，总好像是由某个人或某几个人的意志而发生的。拿破仑三世下达一道命令，于是法国军队去了墨西哥；普鲁士国王和俾斯麦下达一道命令，于是普鲁士军队攻占了波西米亚；拿破仑一世下达一道命令，于是法军挺进俄罗斯；亚历山大一世下达一道命令，于是法国人服从了波旁王朝。经验告诉我们，无论发生什么事件，它总是跟下达命令的某个人或某几个人的意志联系在一起的。历史学家为了寻求事件发生的原因，假设神干涉人类的事务，而拥有权力的个人只是体现了神的意志，然而这一假设无论是在理论上还是经验上都是无法证实的。从理论上说，即使我们愿意相信说几句话、下达几道命令就是事件发生的原因，然而历史表明，那些历史人物的话在许多情况下是不起作用的，也就是说，他们下达的命令不但没有得到执行，反而出现跟他的命令相反的情况。如果这些命令是神的意志的体现，就不可能出现这种情况。从经验上说，首先要明确的是，意志的体现不属于神，而只属于人。如果一道命令是神下达的，表达了神的意志，那么这一意志的表达应该跟时间没有关系，也不由其他任何东西引起，因为神与某个事件并无联系；如果这道命令是人的意志体现，那么我们就应该明确该事件发生的所有条件，即下达命令的人在某段时间内行动的连续性,以及他跟那些执行命令的人之间的必然联系。只有神的意志才不以时间为转移,不受任何东西的影响,可以跟几个世纪的所有事件都有关系，决定人类行动等方向;而人是在一定时间内行动,并且亲自参加。

当我们肯定了这一事实后,就可以发现,任何命令的执行都是以前一道命令为条件的;任何一道命令都只是针对事件的某一时刻;适用于所有事件的命令是没有的。例如当我们说拿破仑命令部队作战,只是笼统地这么说,其实拿破仑并不能下命令去打俄罗斯,他也没有下过这样的命令。他只是今天向维也纳、柏林、彼得堡发出某些指令,明天又向陆军、舰艇、兵站发出另一些指令,等等,这些指令合起来形成法军进攻俄罗斯这一事件的一系列命令。拿破仑曾下达出征英国的命令,并为此付出比别的计划更多的时间和力量,然而在他统治的整个时期,从未试图实行这一计划,却对他一直认为适合当同盟者的俄罗斯发动了进攻。之所以会有这种情况发生,是因为进攻英国的命令并不适合于一系列的事件,而进攻俄罗斯的命令却是适合的。如果要命令得到执行,就必须发出能够执行的命令。然而我们并不知道哪些命令是可能执行、哪些不可能执行,不仅在有上百万人参加的拿破仑进攻俄罗斯这一事件中无法知道,就是在最为简单的事件中也不可能知道,因为无论在哪种情况下,都有难以胜数的因素阻碍命令的执行。伴随着每一道被执行了的命令,都有大量的未被执行的命令;所有未被执行的命令都跟事件没有联系,所以才未被执行;只有跟事件相符合、与那些已被执行的命令有一致性的命令才可能被执行。我们之所以认为某个事件是由于在它之前下达的一道命令发生的,是因为只看到事件发生了,而没有看到在成百上千的命令中,只有几条跟事件有联系的命令才得到执行,而其他的命令都是毫无意义的。还有一个原因是,那些历史学家的记载是把一系列难以胜数的微小事件产生的结果归结为一个事件,与此相应的，又把那一系列的命令归结为一个单独意志的体现。人们通常认为，拿破仑是想进攻俄罗斯就进攻了。实际上拿破仑的行动并没有体现出这一意志，他只是下达了许多意义并不明确的命令。在拿破仑难以计数的未被执行的命令中，关于1812年战役的一些命令被执行了，这并不是因为它们跟其他未被执行的命令有什么不同，只是因为这一系列命令跟导致法军进入俄罗斯的一系列事件相符合。因此，命令无论在什么情况下都不是事件发生的原因，只是两者之间存在着一定的关系而已。要了解这种关系是怎么回事，我们就得还原所有这些并非来自神而是来自人的命令的条件，这条件是被人们普遍忽视了的，那就是：下达命令者本人也参加了该事件。

下达命令者和接受命令者之间的关系就是我们通常称为权力的东西。它包含以下两个要点：首先，在一个由共同行动组成的群体中，尽管人们为此行动的目的不同，但他们之间的关系是相同的；其次，他们结合起来采取集体行动时，大多数人是直接参加的，少数人是间接参加的。军队最为明晰地体现了这些要点。每支军队都有三种成员：最低级的人员即士兵，他们是绝大多数；较高级一点是班长和军士，人数比列兵少；更高级别的军官，人数就更少了；诸如此类，直到权力集中到一人身上的最高军事统帅。人数最多的士兵直接进行战斗，开枪、刺杀、放火、抢掠，从较高级者那里获得命令，而自己从来不下达命令。那些人数少一些的军士行动比士兵少，但下达命令。军官们行动更少，而下达的命令更多。将军们只是指挥部队，确定攻击目标，几乎从不亲自使用武器。总司令从来不直接参加战斗，只是下达总的命令。而在其他由共同行动如农业、商业、行政等形成的群体中，人与人之间的关系也是类似的。由此我们看到一个法则：在这样的群体中，直接参加行动越多的人，其下达命令的权力就越小，而人数就越多；而直接参加行动越少的人，其下达命令的权力就越大，而人数也越少；这样由下至上,最高层的那个人直接参加行动是最少的,而下达命令的权力也最大。下达命令者和接受命令者之间的这种关系就是权力的本质。一旦还原了时间这一条件,我们就发现,命令只有在其跟一系列事件相联系时才可能得到执行,而下达命令者是最少参加事件的,他们的活动仅仅在于下达命令。

——《战争与和平》

5.用连续性的观点看历史

　　就人类的智慧而言,运动的绝对连续性是无法了解的。人们只有在任意截取某一运动的细小单元时,才有可能逐渐了解它的规律,然而在这一过程中又会产生出许多谬误。我们都知道有一个古代诡辩问题, 就是阿基里斯永远追赶不上他前面的乌龟,尽管他走路的速度是乌龟的 10 倍。这是因为,当他走完与乌龟相差的距离时,乌龟往前爬了这段距离的十分之一;当他再走完这十分之一的距离时,乌龟又往前爬了这十分之一距离的十分之一;如此类推,他永远追不上乌龟。这一推理之所以是诡辩,是因为它把运动分割为一个个不连续的单元, 而阿基里斯和乌龟的运动都是连续不断的。现代人创立了一个新的数学分支即无穷小数,使我们在研究运动时,可以复原运动的主要条件即绝对连续性, 从而纠正了古代人以个别运动单元取代连续运动时无法避免的错误。

　　我们探究历史运动的规律时也有同样的情况。人类运动是由无数人的任意行为造成的,是连续不断地进行着。历史科学的目的就是了解这一运动的规律。然而历史学家的探究方法,首先是随意截取历史上互不连续的单元分别予以考察,然后把帝王将相的个人行动当成人们无意识行动之和来加以考察。这样的做法并不能真正反映出历史的规律，反而产生出许多谬误来。我们只有通过微分法，考察无限小的历史单元即人们的共同意向，同时运用积分法即求得这些无限小的总和，才有可能了解历史的规律。在 19 世纪最初 15 年里，欧洲发生了一场有数百万人参加的非同寻常的运动。人们抛开日常的工作和生活，从欧洲的一端到另一端去抢掠和屠杀，去高呼胜利或为失败而悲号，在许多年里整个生活动荡不宁；这一运动由高潮迭起逐渐走向衰落。人们不禁要问：这一运动的原因是什么？它是依照什么规律运行的？

　　历史学家告诉我们，其原因是巴黎城内一幢大楼里几十个人的革命言行，以及拿破仑跟其他一些同时代人的互相影响。然而我们并不相信这种解释，因为它是把最微不足道的现象当成最有力量的论据。实际上是人们无意识的行动之和造就了革命和拿破仑，最后又让这两者消亡。历史学家反驳说："无论什么时候，有战争必定有征服者，有乱世必定出英雄。"确实，每当出现征服者时，就爆发战争，然而这并不意味着征服者就是战争的原因，从个别人物的行动中就能找出战争的规律。每当我看到时钟走到 10 点时，附近的教堂就响起钟声，但我并不能凭借这一点就下结论说，时钟指针的位置就是教堂钟声响起的原因。每当我看到火车头开动时，就有汽笛声响起，车轮转动，但我并不能凭借这一点就下结论说，汽笛声和车轮转动是火车头开动的原因。农民说，晚春时节寒风刺骨，是因为橡树抽芽了；尽管晚春橡树抽芽时确实寒风刺骨，我仍然不能同意农民的说法，把橡树抽芽当成刮寒风的原因，因为橡树的芽不可能影响到风的冷暖。我们看到的只是日常生命现象中一些条件的巧合。我十分清楚，无论我是怎样细致地考察时钟指针的走向、火车汽笛声和车轮以及橡树芽，仍然不会知道教堂钟声、火车头开动以及春风料峭的原因。要搞清楚这些原因，我就得改变观察的角度，去探究教堂大钟、蒸汽机以及风的变化规律。历史科学也应该做这种观察角度的改变,而且现在已经有人开始做这方面的工作了。为了探究历史规律,我们应该完全改变观察的目标,放下那些帝王将相们,去研究人民群众的那些无穷小的因素。

许多人在拖一根木头。每个人都表达了自己的意见:应该怎样拖和往哪儿拖。木头被拖走了,结果表明,这件事情是按照其中一个人的意见办的,他下达了命令。这就是命令和权力的原初形式。那些干活较多的人考虑事情就较少,不能下达命令;那个下达命令的人,由于想得较多,动手干活就少了。当一个较大的群体共同实现一个目标时,那些下达命令者的等级就分得更为清楚。单独一个人做事时,他会有指导自己的行动以及为它辩护的想法;一个群体也一样,不过为群体行动辩护的人是那些不直接参加行动者。由于某种缘故,法国人开始互相残杀,对此的辩解是:这对于法国的利益,对于自由和平等是十分必要的。当人们停止互相残杀时,对此的辩解是:这对于统一权力对付欧洲是十分必要的。当法军由西向东残杀自己同胞时,对此的辩解是:这对于法国的光荣、英国的耻辱是十分必要的。实际上这些辩解是互相矛盾的,然而在当时却是必要的。这是为了推卸那些制造事件的人的道德责任,其目的就像在清扫前面的轨道以便为继续发生的事情开路一样;如果没有它们,就没有办法回答这个最为简单的问题:这千百万人集体犯罪、作战、杀人是为了什么。在现代国家和社会活动十分复杂的情况下,不由君王、大臣、国会或者报纸发出的指令而发生的事件是无法想象的。任何集体行动都会以国家统一、爱国主义、欧洲平衡或文明的名义予以辩解,表现得好像是一个人或几个人意志的产物。

一艘船无论驶向何方,船上的人都可以看到被它划开的波浪,而他们只看得见这些波浪的运动;只有时时刻刻把这些波浪的运动同船的运动进行比较,他们才会发现,波浪的运动是由船的运动引起的,如果他们感觉不到船的运动,就会产生错觉。如果我们时时刻刻注意历史人物的活动,即恢复活动发生的必要条件——时间上的连续性,注意他们跟人民群众的联系,我们就有可能避免错觉。一艘船无论向什么方向开,总有波浪伴随着它,然而波浪既不指引这船的前进方向,也不会加强它的运动。但我们从远处看这船,好像这波浪不仅自己移动,还指导着这船的前进方向。同样的,无论发生什么事件,人们都认为那是他们预料之中的事情,是按照命令办的事情。历史学家看到历史人物的意志跟下达命令的方式和事件有关系,就认定事件是由命令的下达而发生的。然而只要我们考察一下事件跟人民群众(历史人物也包括在内)之间的关系,就可以发现,历史人物及其下达的命令是以事件为转移的。我们这样说的根据是,无论下达多少命令,如果没有别的原因,任何事件都不会发生;然而一旦事件发生了,我们总可以从不同的人不断表现的种种意志中发现一些以命令的形式跟事件有关的意志来。

这样,现在我们可以直截了当地回答两个重大历史问题了。首先,权力是什么?其次,是什么力量引起民族的运动?对于第一个问题的回答:权力是一个历史人物跟其他人之间的关系;在这种关系中,他对正在进行的集体活动发表的意见、言语和辩护越多,直接参加的行动就越少。对于第二个问题的回答:各个民族的运动不是由于权力引起的,也不是由于智力活动引起的,甚至也不是由于两者的结合引起的;它们是由所有参加事件的人们的活动引起的,而这些人总是这样联合在一起的:直接参加事件最多的人,承担的责任最小;直接参加事件最少的人,承担的责任最大。从精神层面上说,权力是引发事件的原因;从物质层面上说,服从权力的人是形成事件的原因。没有物质的活动,精神活动就是不可想象的,因此,引起事件的原因是两者的结合,或者换句话说,原因这一概念对于我们所考察的对象并不适用。分析到最后,我们进入一个无限循环的怪圈,达到人类智慧所允许的极限。这就像研究到后来,我们发现是电产生磁,而磁又产生电一样;这又像我们发现原子之间是互相吸引的,然而同时又互相排斥一样。我们人类的智慧还不能说明为什么会有这些现象,只能说它们的自然属性就是如此,这是它们的法则。同样的,我们人类的智慧还不能说明战争或革命为什么会发生,我们只知道为了进行某种活动,人们组成一定的集体并且全都参加了集体活动;我们只能说,人的天性如此,这是人类的法则。

——《战争与和平》

6.意志自由是无法否定的
——自由与必然(一)

如果我们是探究外部世界,那么就可以直接提出一个简明的法则来,例如我们可以提出原子相互吸引或排斥的法则,而不会有一个物质微粒对我们说,由于它感觉不到吸引和排斥的存在,因此这一法则是错误的。然而历史研究的对象是人,他会说,我感到自己是自由的,因此根本就没有什么法则。整个人类历史过程都会遇到人的意志自由问题。历史学家观点的模糊和矛盾,都是由于这一问题得不到解决。如果每个人的意志都是自由的,也就是说,可以随心所欲地行动,那么整个人类历史就成了一连串互相没有联系的偶然事件了。如果在 1000 年里,100 万人中有一个人有意志自由即可以随心所欲地行动,那么适用于全人类的任何法则都不可能存在;反过来说,如果存在着哪怕是一个支配整个人类行动的法则,这种自由意志就不可能存在,因为任何人的意志都要服从这一法则。由于意志自由问题有着这样的矛盾,而它的意义又是如此重大,有史以来它就成了那些最有头脑的人着重思考的对象。

　　问题在于,如果把人当成观察的对象,我们就会发现,人跟其他事物一样,必须服从一种普遍的必然法则,无论是从神学观点、历史观点、道德观点还是哲学观点来看都是这样。然而如果从我们的内心来看待人,我们就会意识到自由的;这种意识不是来自理性,是完全独立的。人通过理性来观察自己,同时又通过意识来认识自己。然而这两者又是联系在一起的:一个人如果没有自我意识,就不可能有任何观察和理性认识;他要想去了解、观察和进行推理,首先必须意识到自己活着;他意识到自己的意志,也就是有了意愿,才知道自己是活着的;这时他意识到自己是自由的。他在观察自己时,会发现其意志又是按照某个法则活动的,例如肚子饿了就要吃饭等,也就是说,意志是要受限制的。然而限制是相对于自由而言,没有自由也就没有限制;一个人感到自己的意志受到限制,正是因为他意识到自己的意志是自由的。如果有人对我说,你是不自由的,我就会举起自己的手,然后又把它放下来。尽管这一举动在逻辑上说明不了什么,却是一种无法驳斥的对自由的证明。这一证明不属于理性意识的范围。如果关于自由的意识要依靠理性的自我认识,那么它就是可以论证和通过实验证实的,实际上不可能有这种情况存在。

　　当一个人知道了万有引力法则时,他会服从这一法则,永远不会去抗拒它;然而当他知道一系列实验和论证表明,他内心感受到的完全自由是不可能存在的,他的每一举动都要取决于其肌体、性格、动机等因素,他是绝不会服从这种法则的。尽管实验和论证一再向他表明,在同样的情况下,具有同样的性格,他就会做出同样的事情,获得同样的结果,他仍然相信自己是可以随心所欲的。尽管试验和论证一再向他表明,在同样的情况下,他不可能有两种不同的行动,他仍然不会相信这一点,因为没有自由这一观念,他就无法生活下去。实际上,人们所做的一切都不过是要增进自己的自由。富裕和贫困、名声显赫和默默无闻、权力和服从、坚强和软弱、健康和患病、教养和愚昧、工作和闲暇、丰衣足食和饥寒交迫、道德和罪恶，都只是或多或少的自由而已。一个没有自由的人，只能看作被剥夺了生活权利的人。如果理性认为自由这一概念是自相矛盾和没有意义的，例如在同样的情况下有两种不同的行动，又如存在着无理由的行动之可能性，等等，那么这只能表明意志不属于理性的范围。尽管这种自由意志无法通过实验或论证获得证明，却被所有的思想家所承认，被每个人所感受，没有它就没有任何关于人的观念。既然人是全知全能全善的上帝的产物，那么由人的自由意志中产生的罪恶是什么呢？这是神学应该回答的问题。既然人的行动是属于用统计学来表达的不变法则的范围，那么由人的自由意志而产生的社会责任是什么呢？这是法学应该回答的问题。既然人的行动是由其先天具有的性格和动机中产生的，那么由人的自由意志而产生的善恶行为和良心是什么呢？这是伦理学应该回答的问题。从整个人类生活来看，人是服从某种法则的；从单个的人来看，他是自由的。那么，应该怎样看待各个民族和人类过去的生活呢？它是人们自由行动的产物还是不自由行动的产物？这是历史学应该回答的问题。

　　在现代社会，知识十分普及，人们相当自信，他们对于意志自由问题的解决就是否定它的存在。他们说，灵魂和自由并不存在，因为人的生命表现为肌肉的运动，而肌肉又是被神经活动所支配；他们还说，灵魂和意志自由并不存在，因为我们人是由远古时代的猿变来的。他们这样起劲地用生理学和动物学来证明那个必然性法则，殊不知几千年来所有的宗教家和思想家都是承认它的，并且从来没有人否定过。他们没有弄明白的是，自然科学只能解释这个问题的一个方面，即人是服从必然性法则，但这并没有促进问题的解决，因为这一问题的另一个方面即人的自由意志并未因此而被否定：在人的身上，我们既能观察到肌肉和神经的活动,也能观察到意志的活动。这些人的做法就像一伙泥瓦匠,本来只让他们去粉刷教堂的某一面墙壁,他们一时高兴,竟把教堂的所有墙面都粉刷一新,自以为活儿干得很漂亮,实际上是把事情给搞砸了。

——《战争与和平》

7.两者的限度是怎样变化的
——自由与必然(二)

在解答自由意志与必然性的问题上,同其他学科相比,历史学有一个优点,即它不涉及自由意志的实质,只关涉到自由意志在过去以及一定条件下的体现。在这个问题上,历史学同其他学科的关系,就像实验科学同抽象科学的关系一样。历史学研究的对象不是人的意志本身,而是人们关于它的观念。因此,历史学跟神学、伦理学和哲学不同,它不去探究自由意志和必然性相结合的秘密,只是去考察人对生活的观念,而这种结合已经体现在这一观念之中。尽管每一个历史事件都表现为有一部分是自由的、有一部分是必然的,但在实际生活中并不给人以自相矛盾的感觉。历史学不应该首先给这两个概念下定义,然后把生活现象纳入这两个范畴中,而应该反过来,从大量的历史现象中归纳出这两个概念来。

无论考察的是一个人还是许多人的活动,我们都把它看成部分是自由意志、部分是必然性法则的产物。例如在考察民族迁移、蛮夷入侵,或者拿破仑三世下达命令、某人 1 小时前选择某个方向散步等行动时,我们都没有看到有什么矛盾;在这些人的行动中,无论是自由还是必然性,其限度都是十分清楚的。由于我们观察现象的观点不一样,看到的自由之多少也不相同,但有一点是相同的：人的每一个行动都是自由与必然的一定结合。在任何一个行动中，我们都可以看到一定的自由和一定的必然，而且自由越多，必然性就越少；必然性越多，自由就越少。尽管自由和必然的多或少要视考察行动时的观点而定，这两者的关系总是成反比的。例如一个人不慎落水，抓住另一个人，导致那个人也要淹死；又如一个哺育婴孩的母亲饥饿难耐，偷了一些食物；再如一个遵守纪律的人在军队服役，遵照长官的命令杀死一个没有自卫能力的人。如果我们知道这些人采取这些行动的条件，就会觉得他们的罪过比较小，也就是自由比较少，而必然性法则的作用比较大；如果我们不知道这个人自己就要淹死、这个母亲正在挨饿、这个士兵正在服役，就会觉得他们的罪过比较大，也就是行动的自由比较多。再举两个例子。一个人杀人后，在社会上生活了 20 年再没有任何犯罪行为，那么在 20 年后来考察其杀人行为的人看来，这一行为更多地属于必然性法则，然而在他犯罪的第二天就考察其行为的人看来，这一行为更多地属于自由的范围。同样的，一个处于疯狂状态、醉酒状态或高度紧张状态的人的行为，在知道其精神状态的人看来，其自由度比较少，而必然性比较多；在不知道其精神状态的人看来，其自由度比较多，而必然性比较少。不仅历史学，宗教、人类普通知识以及法学，都了解自由和必然之间的这种关系。我们看待某一行为自由和必然之多少，是根据以下三个方面来予以判断：首先是行为人跟外部世界的关系；其次是他跟时间的关系；最后是他跟引起行动的原因之关系。

　　第一个方面：我们或多或少了解人跟外部世界的关系，了解一个人在跟他同时的所有事物的关系中所占的地位。由此可以看到，一个快淹死的人要比一个站在陆地上的人更不自由，其行为更多地属于必然性法则；一个身居闹市，与人有密切交往，受到家庭、职位、单位束缚的人，其行为要比一个孤身独处的人更不自由，更多地属于必然性法则。如果我们只观察某个人本身，不看他跟周围的一切是什么关系,就会觉得他的每个行动都是自由的;如果我们看到这些关系,看到他跟各种事物的联系,包括跟他说话的人、他读的书、他干的活,甚至他周围的空气、光线等,就会发现这些东西都对他有影响,至少会支配其行动的某个方面;我们发现的影响越多,就感到他的自由越少,而受必然性的支配就越多。

第二个方面:我们或多或少了解人跟时间的关系,了解一个人的行动在时间上的地位。由此可以看到,作为人类始祖的堕落第一人,要比现代人在婚姻方面更加不自由;几百年前那些在时间上跟我们相关的人,其生活和活动要比现代人更不自由。在这一方面,我们对于行为的自由和必然性之判断,取决于这一行动跟我们判断它时相隔的时间之长短。如果我考察自己一分钟前的一次行动,会觉得它是完全自由的;然而当我考察一个月前的某次行动时,就会发现,如果没有它的存在,现在的这次行动不可能有这样让人满意的结果。如果我回忆起更远以前,例如 10 年前的某次行动,就会发现,它对于我现在这次行动的影响更为明显;如果没有它,现在的行动不会是这个样子。我的回忆越是久远,对于同一件事的思考越是深入,我就越是感到自己的行动是不自由的。历史事件的情况同样如此。在我们看来,一个现代事件是人们主动的行为,而一个比较久远的事件却具有必然的后果;我们的回忆越是久远,就越是觉得那些事件不是人们任意而为的。在我们看来,今年发生的奥普战争毫无疑问是俾斯麦的狡诈导致的后果。至于几十年前拿破仑发动的战争,我们还认为是英雄人物的意志导致的结果,尽管我们对此已经开始有所怀疑。然而我们看待十字军东征的态度就完全不同:它是一个属于必然性法则的事件;没有它,欧洲近代史就是不可想象的,尽管在当时的编年历史学家看来它不过是某些人意志的产物。在民族迁移问题上,现在已经没有人相信欧洲复兴是由于阿提拉的任性而为。我们所观察的历史对象越是久远，那些造成事件的人之自由就越是值得质疑，而必然性法则的作用就越是明显。

第三个方面：我们对因果关系有所了解。我们所了解的每一个现象，即人的每一次行动，既是过去现象的结果，又是未来现象的原因，应该具有确定的地位。因此，我们对那些支配人的生理、心理和历史方面的法则认识得越清楚，对人的行动的生理、心理和历史方面的原因也就了解得越是正确；另一方面，我们观察的行为以及行为人的性格和头脑越是简单，就觉得这行为越是自由，越不受必然性法则的支配。如果完全不了解某一行为的原因，无论这行为是恶行还是善行，抑或是无善无恶的行为，我们都会认为它的自由度是最大的。如果它是恶行，我们就坚决要求处罚它；如果是善行，我们就会给予最高评价；如果是无善无恶的行为，我们就把它看成最有个性和自由的行为。然而一旦我们知道这一行为是无数个原因当中的一个，就会看到它的某种必然性，也就不会那样要求惩罚恶行、褒扬善行、称颂看似有个性的行为之自由。如果一个犯人从小是在坏人的教育中长大的，他的罪行看起来就显得不那么严重。如果父母的自我牺牲是为自己的子女做出的，跟那些无缘无故的自我牺牲相比，就显得不那么值得称道，其自由度就比较小。一旦知道那些宗教、政党的创立者或发明家的行动是怎样准备和用什么准备的，我们就不会那样惊讶了。如果我们通过经验和观察不断地在人们的行动中寻找那些因果关系，我们对此的把握越准确，就越是感到其行动的必然性，而不是自由。一个人说谎，因为他有一个说谎的父亲；一个女人有不正当行为，因为她落入坏人之手；一个人喝醉了，因为他养成了酗酒的习惯，如此等等，我们越是了解这些行为的原因，就越是感到其行为的不自由。我们看待那些智力低下者的行为，例如一个孩子、一个疯子、一个白痴的行为，由于知道他们行为的原因，就会发现其行为必然性的比重很大，而自由意志的比重很小，甚至可以预料他们的行为。

　　所有的法典认可的无责任能力以及减罪的情节，就是根据这三个方面的理由。一个人对其行为承担责任的大小，要根据我们对被审查者所处环境认识之多少、其行为跟审查相隔时间之多少以及我们对其行为原因了解之多少来确定。

——《战争与和平》

8.两者的结合才有真正的人类生活
　　——自由与必然（三）

　　要判断一个人行动的自由和必然之多少，我们得根据他跟外部世界的联系、行动的时间以及对原因的了解来确定。因此，如果一个人跟外部世界的联系是众所周知的，其行动是很久以前发生的，行动的原因也十分明晰，那么我们就认为这行动具有最大的必然性和最小的自由度；如果他跟外部世界的关系很少，其行动刚刚发生，行动的原因让人难解，那么我们就认为这行动具有最小的必然性和最大的自由度。然而无论是上面哪一种情况，我们都无法想象出某一行动是完全自由的或完全必然的。首先，无论我们怎样想象一个人不受外部世界的影响，也难以想象出一个在空间上完全自由的行动。人的任何行动都不可能不受其身体和周围事物的制约。我举起自己的胳膊，然后又放下它。我觉得自己的行动是自由的。然而我能够朝着任何方向举起胳膊吗？通过观察后可以发现，我总是朝着自己的身体结构以及周围事物最不影响我行动的方向举手，这就不是自由的；如果要获得想象中的行动完全自由，我们就得超出空间之外，然而这是不可能的。其次，无论怎样让自己的判断时间接近于行动时间，我们也得不到一个在时间上完全自由的行动。例如，我考察自己在一秒钟前的行动，它仍然不是完全自由的,因为跟它完成行动的那一时刻是不可分割地联系在一起的。一秒钟前我举起了自己的胳膊,但我在那一时刻能做到不举起胳膊吗? 为了让自己相信能做到这一点,现在我不举起胳膊了。然而时间已经过去,举起胳膊的前一秒钟和不举胳膊的现在不是同一时刻,那一秒钟是一去不复返了。在任何时刻我只能做一个活动,而不是完全相反的两个活动。因此,要想象在时间上是完全自由的活动,就必须超出时间之外,然而这是不可能的。最后,无论一个行动的原因是多么难以理解,我们也想象不出一个完全没有原因的行动,即完全自由的行动。人的智力活动首先就要求假设和探求一个行动的原因。现在我举起自己的胳膊,似乎没有任何原因,然而这一行动的原因还是有的:那就是去做一个没有原因的行动。

即使可以想象一个人完全不受外部世界的任何影响,只考察他在这一瞬间的行动,并假定其行动没有任何原因,必然性为零,我们仍然不能得出他的行动是完全自由的结论,因为像他这样完全不受外部世界的影响、超出时间之外、毫无原因的生物已经不能算作人了。

同样的, 我们也无法想象一个人的行动是完全没有自由的,只受必然性的支配。首先,无论我们怎样增多对他跟外部世界的联系的了解,也无法穷尽这种联系,因为这样的联系是无穷无尽的。因此,我们无法把他的行动看成是完全受必然性支配,而没有一点自由。其次,无论我们怎样延长他的行动和考察之间的时间间隔,这种间隔总是有限的,然而时间无限,因此,在时间方面我们也无法把他的行动看成是完全受必然性支配, 而没有一点自由。最后,无论他的行动发生的原因是多么容易理解,我们也不可能了解其所有的原因,因为这些原因也是无穷无尽的,因此,在原因方面我们也无法把他的行动看成是完全受必然性支配,而没有一点自由。

在某些极端的情况下，例如一个濒临死亡的人、一个还未出生的胎儿或者一个完全的白痴，看似完全没有意志自由，然而在这样的情况下，人的概念也就不复存在。一旦没有意志自由，人也就不存在了。因此，一个人不可能完全没有意志自由，其行动只受必然性法则支配。

要设想一个人的行动只受必然性的支配，没有任何意志自由，我们就得假定自己了解无穷无尽的空间条件、无穷无尽的时间界限和无穷无尽的原因；要设想一个人的行动是完全自由的，不受任何必然性的支配，我们就得假定他是一个超空间、超时间、跟任何原因无关的人。那种没有任何自由的必然性只是一种没有内容的纯粹形式；而那种超越时空、没有任何原因的自由只是一种没有形式的纯粹内容。我们人类有两个方面的世界观：一个是不可知的人生本质，另一个是确定这本质的法则。理性对我们说，空间以及物质是无穷无尽的，时间是没有任何停顿的无穷无尽的运动，原因和结果是无始无终的；这表达的是必然性法则。意识对我们来说，存在的只有我这个人，我包含了整个空间；我用现在的一瞬间来衡量整个时间，由此体会到自己是活着的，因此我是超出时间之外；我感到生活中的每一现象之根源就是我自己，因此我是超出原因之外的；这表达的是意志自由的本质。人生的本质就是不受任何限制的自由；确定这本质的法则就是那三种没有任何内容的必然性。自由是被考察的对象，而必然是考察者；自由是内容，而必然是形式。

当我们把这两种认识的来源分割开来时，就得出了互相排斥和无法理解的自由和必然这两种概念；只有把它们结合在一起，才可能得出关于人类生活的明确概念。我们对于人类生活所知道的一切，都只是自由和必然的一定关系，也就是意志和理性法则之间的关系。所有的知识都是把人生的本质归结为理性的法则。在生物学中，我们把已知的东西称为必然性法则，把未知的东西

称为生命力;生命力只是我们对生命本质中那些未知东西的一种
称呼而已。历史学的情况也一样:我们把已知的东西称为必然性
法则;把未知的东西称为自由意志;自由意志只是我们对人类生
活法则中那些未知东西的一种称呼而已。

——《战争与和平》

八、我看战争

1.一场大战发生的原因是什么

从1811年年底开始,西欧军队开始集结,做战争准备。1812年,数百万人的队伍(包括运输和保障给养的部队)向俄罗斯边境运动。而俄罗斯的军队从1811年开始也在往边境集结。1812年6月12日,西欧军队越过边界线,一场大战开始了,也就是说,一个违背人类理性的大事件发生了。数百万人互相敌对,欺骗、叛变、盗窃、作假、印制伪钞、抢掠、放火、杀人,其罪恶行径罄竹难书。世界法庭即使花费几百年的工夫,也无法把它们完整搜集出来。然而当时干下这些事情的人却并不认为这是犯罪行为。

是什么原因导致这场大战发生呢?那些幼稚而充满自信的历史学家说,其原因是奥尔登堡公爵受到侮辱、大陆体系遭到破坏、拿破仑的野心、亚历山大的骄横、外交家的举措失当,等等。因此,只要梅特涅、鲁缅采夫呈送给亚历山大的文件措辞得当一些,或者拿破仑给亚历山大的信中写道"我的陛下仁兄,我愿意把公国还给奥尔登堡公爵",这场战争就不会发生了。当时的人们就是这样看的。拿破仑认为战争的原因是英国人在搞阴谋;英国的议员们则认为拿破仑的野心是战争的原因;奥尔登堡公爵认为战争是起因于对他的侮辱;商人们则认为大陆体系遭到破坏是战争的原因;在老资格的士兵和将军看来,战争之所以是必要的,是因为他们得有事情干;那些正统派认为,战争的原因是要坚持原有的规则;而外交官则认为,战争的原因是由于 178 号备忘录措辞不当,1809 年的俄罗斯和奥地利同盟未能让拿破仑上当受骗。此外,当时的人们还列出了许多数不胜数的原因。然而我们这些后人在了解了这一事件的整个过程及其重要意义后,就觉得这些原因还是不能说明问题。我们无法理解的是,仅仅由于拿破仑有野心、亚历山大态度骄横、英国的阴谋诡计和奥尔登堡公爵受辱,就导致数百万基督徒互相伤害和残杀。我们也无法理解,这些事情跟伤害和残杀的事实有什么联系,为何由于奥尔登堡公爵受到侮辱,来自欧洲另一方的成千上万的人就要来伤害和残杀斯摩棱斯克和莫斯科的人,同时又被这里的人伤害和残杀。

　　我们不是历史学家,主要精力不是放在考察战争的整个过程,因此反而有总览全局的眼光。在我们看来,尽管战争的原因数不胜数,尽管每个原因或每一系列原因单独地予以考察时似乎都很正确,然而与事件的重大程度相比,又显得微不足道,并不足以引发这一事件,因此是不正确的,不是真正的原因。如果说拿破仑拒绝把军队撤退到维斯拉是战争的原因,那么一个法国士兵是否拒绝服第二次兵役同样是战争爆发与否的原因,因为如果他拒绝服役,另一个士兵可能也会拒绝服役,这样下来,第三个士兵乃至第一千个士兵都会拒绝服役,拿破仑的军队少了一千人,这场战争也就打不起来了。如果拿破仑不因为人们要求他撤回维斯拉而感到受辱,不下达进攻的命令,就不会有战争;然而如果所有的士兵都拒绝服第二次兵役,也不会有战争;如果英国不搞阴谋诡计,奥尔登堡公爵不感到受辱,亚历山大不是态度骄横,如果俄罗斯没有专制政权,如果没有法国革命以及随后产生的个人独裁等,同样不会有战争。这些原因只要少了任何一个,就不会发生战争,因此,正好是所有这些原因碰巧凑在一起,导致了这场战争的发生。也就是说,这数百万人丢弃人类的感情和理性,由西向东去残杀自己的同胞,并没有任何一个独一无二的原因,也就是说,它是不得不发生的,就像几百年前那些由东向西去残杀自己同胞的人所做的那样。

这场战争是否发生,看起来似乎取决于拿破仑和亚历山大的一句话,实际上他们也跟那些被征召的士兵一样,其行为都是身不由己的。情况就是这样,因为拿破仑和亚历山大看起来是决定这一事件的人,然而他们的意志要得以实现,必须靠无数个事件的偶然巧合,缺一不可;要靠数百万荷枪实弹的士兵愿意执行这一两个人十分微弱的意志,而其中有着不计其数的复杂原因使得他们不得不这样去做。为了解释这种不合理的现象,或者说,由于我们无法理解其合理性,必定会得出一种历史宿命论;我们越是想给它一个合理的解释,它就越是显得难以理解。每个人都是为自己而活着,通过自由来达到个人目的,并且感到自己在是否采取某种行动时可以做出选择;然而他一旦做出选择,其行动就成了无法挽回的事情,成了历史的一部分,而在历史中他是身不由己、被预先决定的。每个人都有两种生活,一种是个人生活,其意义越是抽象,他就显得越是自由;另一种是群体生活,在其中他不得不遵守已经确定好的各种规则。人在自觉地为自己生活的同时,作为不自觉的工具在实现历史和整个人类的目的。对于已经完成的行动,我们是无法挽回的,并且一个行动跟同时进行的千百万人的活动凑巧合在一起,构成了历史意义。一个人的社会地位越高,所牵扯到的人越多,他的行动之必然性也就越是明显。"国王的心思是掌握在上帝手中。"国王可以说是历史的奴仆。历史不是别的,它是整个人类无意识的共同集体生活,而那些国王每一时刻的活动不过是达到它的目的之手段。

尽管在1812年,拿破仑比以往任何时候都更加感到,是否让本国人民流血战斗完全取决于自己,实际上他是比以往任何时候都更加服从必然性的法则,这一法则使得他不能不为整个人类的事业即历史去做一些必须进行的事情,然而他自己却觉得是完全随心所欲的。这场欧洲人由西向东进行的大战,是由千百种微小的原因造成的:对破坏大陆体系的谴责、奥尔登堡公爵受辱、进攻普鲁士、拿破仑的好战获得民众的拥护、他的好大喜功、备战的巨额花费、要求补偿这些花费的利益要求、拿破仑在德累斯顿获得的巨大声誉、损伤了彼此自尊心的外交谈判等,不一而足。当一只苹果成熟时,它就从树上落下来。它为什么会落下来呢?是因为地球引力的作用吗?是因为苹果的根蒂干枯了吗?是因为太阳晒的作用,或者是自身过重,或者是风吹的作用?还是因为树下有个小孩想要吃它?这些原因都不是。苹果落下来只是各种条件凑巧合在一起,让这一事件得以实现。植物学家说,苹果落下来是由于其细胞组织分解造成的,他这样说也对;然而树下那个小孩的说法同样正确:他说,苹果落下来是因为他想吃苹果并且为此做了祈祷。拿破仑去了莫斯科,这是因为他想去;他遭到毁灭是因为亚历山大希望他被毁灭。这样的说法既对又不对,这就像说一座重达百万吨、内部被挖空的山之所以倒坍,是因为某个工人手拿镐头做了最后一击一样。在众多的历史事件中,那些所谓的伟大人物不过像一根标签,跟事件本身的关系是极少的。他们自以为是随心所欲的行为,其实是跟历史的进程联系在一起,预先就被确定了的。

————《战争与和平》

2.任何人都不会预料到战争的后果

　　拿破仑之所以要向俄罗斯开战,是因为他不能不去德累斯

顿,不能不被名声地位所累,不能不身着波兰军服,不能不野心勃
勃,不能不在库拉金、巴拉舍夫面前勃然大怒。亚历山大之所以拒
绝谈判,是因为他感到自己受到羞辱。巴克莱·德·托里之所以尽
心尽力组织军事行动,是因为他恪守军人的职责,看重军队统帅
的荣誉。罗斯托夫之所以策马冲向法军,是因为他喜好骑马驰骋。
参加这场大战的不计其数的人都是按照自己的禀性、喜好、境况
和目的而行动。他们或者感到恐惧,徒有虚名;或者感到兴奋,同
仇敌忾;他们自以为是为了自己而行动,其实在无意识间成了历
史的工具,干了那些不明白其意义的事情。所有处于实际行动状
态的人之命运都是如此,他们所处的位置越高,其行动的自由度
就越低。那些参加 1812 年大战的人早已退出历史舞台,其个人的
爱好、目的我们是一无所知,留下来的只有这一事件造成的历史
后果。当时的任何一个人,拿破仑也好,亚历山大也好,更不用说
其他某个战争的参加者,都不可能对这一历史后果有任何预料。

对于 1812 年法军覆灭的原因,现在我们已经十分清楚了。这
原因有两个:一是法军深入俄罗斯腹地,却迟迟没有做好越冬的
准备;二是法军纵火烧毁俄罗斯城市,激起俄罗斯人民的仇恨。然
而当时不仅没有任何人预见到,只有具备这样的条件,由最优秀
的统帅指挥的 60 万精兵在遭遇兵少将弱的俄罗斯军队时才会有
这场覆灭之灾,而且俄罗斯人的所作所为似乎是在阻止这样的结
果出现,而法国人则想尽一切办法向莫斯科挺进,似乎是要加速
实现这一结果。在论及 1812 年的历史著作中,法国历史学家总是
喜欢谈到,拿破仑是怎样感到战线被拉长的危险,怎样寻找决战
的战机,而将军们也向他提出在斯摩棱斯克停下的建议,诸如此
类,以此表明当时就已经意识到这场战争的危险性;而俄罗斯历
史学家则喜欢谈到, 战争一开始俄罗斯就有一个诱敌深入的计
划,这一计划有人认为是蒲弗拟定的,有人认为拟定者是一个法
国人,也有人认为是托尔拟定的,还有人认为是亚历山大本人拟

定的，他们引用当时的日记、计划书和书信中的一些内容来说明确实存在关于这一计划的暗示。这些暗示之所以被公之于世，是因为事件的发生证明了其正确性；如果这样的事件没有发生，即使有这些暗示，也会被人们遗忘，就像当时有更多相反的暗示十分流行，然而时间表明它们是不正确的，现在早就被人们忘得干干净净一样。由于对任何一个事件都有数不胜数的假设，无论这一事件的结果最后是怎样的，都会有人说："我早就说过，事情就会是这样的。"然而他们忘记了还有更多的假设是完全与此相反的。

历史学家说拿破仑已经感到战线过长的危险，俄罗斯人有意诱敌深入，这些说法十分牵强附会，跟事实正好相反。实际情况是，在整个战争期间，俄罗斯人不仅没有诱敌深入的打算，反而是想尽办法阻止敌军深入；而拿破仑不但不担心战线过长，反而十分满意于法军的大步前进，不像以前那样不断寻求新的战机。战争一开始，俄罗斯军队就被敌人切断，当时俄军要达到的唯一目的就是把军队集中在一起，然而这样做并不有利于诱敌深入。亚历山大御驾亲征，其目的是要军队守住俄罗斯的每一寸土地，而不是为了诱敌深入而退却。按照蒲弗的计划，在德利萨构建了大量的军营，为的是让军队不再后退。军队的每一次后撤，总司令都会遭到亚历山大的谴责。然而不但莫斯科遭到焚烧，敌军还前进到斯摩棱斯克，这是亚历山大感到难以想象的事情。由于俄军未能在城外与敌人决一死战，导致斯摩棱斯克的陷落并遭受焚毁，亚历山大在与军队会合时，表现得情绪激动，愤怒异常。俄罗斯的将士和全体人民的感受也跟皇帝一样，对于俄军退至腹地深表气愤。拿破仑切断俄军后，继续向俄罗斯腹地挺进，还放弃了几次决战的机会。这一年8月，他在斯摩棱斯克所想的，还是怎样继续向前挺进。现在我们已经明确看到，这种继续挺进显然是法军的自取毁灭。事实表明，拿破仑并没有预见到向莫斯科挺进的危险性，

亚历山大和俄罗斯的将军们也没有想到要诱敌深入，他们所想做
的事情恰恰相反。

拿破仑深入俄罗斯腹地，并非出于某某人的计划，而是由于
那些无法预料事件发展的俄罗斯参战人员为了个人目的彼此钩
心斗角导致的结果。所有的事情都是偶然发生的。俄军在战争开
始时被切断，为了让军队集合在一起，其目的显然是要打一仗，以
阻止敌军的进攻，然而在这样做的时候必须避免跟最强大的敌人
正面作战，因此不自觉地形成一种成锐角形的撤退，将敌军引向
斯摩棱斯克。由于敌军是在两支俄军之间挺进的，这个锐角的度
数越小，俄军就退得越远。之所以出现这种情况，又是由于总司令
巴克莱·德·托里是一个德国人，在军队没有很高威望，受他指挥
的巴格拉金特别恨他；为了不受其指挥，巴格拉金率领的第二军
迟迟不与巴克莱的队伍会合，而是向西南方向退却，除了偶尔对
敌军侧翼和后方进行骚扰外，主要是在乌克兰补充自己的队伍。
亚历山大御驾亲征，本来是要鼓励士气，然而他态度游移，处事不
决，大批顾问出的主意彼此对立，反而让第一军的战斗力遭到破
坏，于是军队不得不后撤。俄军原本打算固守德利萨阵地，却由于
觊觎总司令位置的保洛希对亚历山大施加的影响，蒲弗的坚守计
划被完全放弃，所有的军事活动都交给巴克莱来指挥，然而他威
望不够，手中的权力受到极大限制。俄军溃败后，既缺乏统一指
挥，巴克莱又不具威望，部队被敌军切断，总司令态度犹豫不决，
于是尽可能地避免与敌军作战，而军队内部对德国人当总司令的
反对意见也越来越大。后来亚历山大终于离开了军队，他的借口
是要到莫斯科去鼓励居民开展一场人民战争。此行让俄罗斯军队
人数扩充到原先的三倍。无论巴格拉金是怎样不情愿，这两支军
队还是在斯摩棱斯克会师了。他驱车前往巴克莱官邸，巴克莱佩
戴绶带迎接，并向官阶比他高的巴格拉金报告。巴格拉金表面上
表示服从巴克莱的指挥，实际上私下并不买账。另有一群小人在

两位司令官之间挑拨,使得两人的关系更加恶化。他们准备在斯摩棱斯克城外向法军进攻,并派了一名军官去阵地视察,然而巴格拉金由于仇恨巴克莱,根本就不去阵地,而是到一个当军团长的老朋友那里待了一整天,回到巴克莱那里时却对这个他根本就没有看过的阵地横挑鼻子竖挑眼。就在两人对未来阵地的意见相持不下时,法军却已经突破聂维罗夫斯基师团,逼近到斯摩棱斯克城下。为了保住俄军交通线,不得不在斯摩棱斯克同法军打一场没有准备好的恶战。这一战下来,双方都死了数千人。斯摩棱斯克陷落了。这是违背亚历山大皇帝和全国人民意愿的。然而斯摩棱斯克人民是在省长的欺骗下,自己把这座城给毁掉的。他们的行为给其他俄罗斯人做出了榜样,俄罗斯人在毁掉家产之后,向莫斯科逃去,心中因家产被毁而对敌人充满仇恨。拿破仑不断前进,俄军则不断后退,反而最终达到战胜拿破仑的目的。

——《战争与和平》

3.统帅不过是战争最不自由的工具

1812 年 8 月 24 日,法俄军队在舍瓦金诺交战;25 日,双方都没有进攻;26 日,博罗季诺战役打响。这两次战役是为了什么? 是怎样发生的? 进行的情况又如何? 博罗季诺战役无论是对法国人还是俄罗斯人,都是毫无意义的。对俄罗斯人来说,这次战役的直接后果就是促使莫斯科的毁灭,这是俄罗斯人最担心的事情;对于法国人来说,其后果是促使他们全军覆灭,这也是他们最担心的。即使在当时,这一后果也是十分明显的,然而拿破仑还是发动了这场战役,而库图佐夫也决定应战。如果这两位军队统帅都从理性出发,那么拿破仑就应该知道,深入俄罗斯腹地两千里,在可能损失四分之一军队的情况下发动一场大战役,他很可能会遭到毁灭;而库图佐夫也应该知道,在有可能损失四分之一军队的情况下应战,一定会失去莫斯科。对于库图佐夫来说,事情是明摆着的:这就像下跳棋一样,对方有 16 个棋子,我方只有 14 个,我方的力量比对方只弱小八分之一的样子;如果我方跟对方拼掉了 13 个棋子,对方的力量就比我方强大 3 倍;因此,不应该跟对方去拼。在博罗季诺战役之前,俄法兵力大约是 5 比 6,而此战之后,成了 1 比 2。然而老谋深算的库图佐夫还是应战了。被誉为天才的统帅拿破仑发动了这场战役,损失了四分之一的兵力,让战线变得更长。他并不认为占领莫斯科就意味着战争的结束,就像占领维也纳一样。那些拿破仑的历史学家也说,拿破仑在占领了斯摩棱斯克后就想止步不前,他明白战线过长的危险,也明白占领莫斯科不是战争的结束,因为在斯摩棱斯克他就已经看到,他将占领的俄罗斯城市会是怎么一个样子,他再三表达了谈判的愿望,然而没有得到任何答复。拿破仑发动博罗季诺战役和库图佐夫应战,都是身不由己的,也没有任何意义,然而后来的历史学家却把它说成是这两个统帅有预见性和天才的表现。实际上,他们不过是历史的工具,而且是所有的历史工具中最不自由、最身不由己的工具。

现在我们讨论另一个问题:博罗季诺战役以及此前的舍瓦金诺战役是怎样打起来的。所有的历史学家都把这一事件说成是,俄罗斯军队从斯摩棱斯克撤退时,一直在寻找最为有利的作战阵地,最后找到了博罗季诺。 有关的历史书籍记载:在莫斯科到斯摩棱斯克的大道左边,跟这条道几乎形成 90 度的地方,从博罗季诺到乌季察,俄罗斯人在战前就修筑了防御工事,而这场战役就发生在这里;在该阵地的前方即舍瓦金诺高地上,俄罗斯人设立了一个敌情观察哨;8 月 24 日,拿破仑向这个前哨发起进攻并占领了它;26 日,法军开始进攻已经进入博罗季诺战场的所有俄军。

这一记载是完全歪曲事实的,我们只要认真深入地考察一下当时的情况,就不难弄清这一点。

俄罗斯人并没有去寻找最好的防御阵地,情况恰恰相反,他们在撤退中放弃了许多比博罗季诺更好的阵地。他们没有占据其中任何一个阵地,这是因为库图佐夫不愿采用不是他亲自选择的阵地,也因为俄罗斯人对于大的战役还没有十分迫切的要求,还因为作为后援的米罗拉多维奇部队还没有赶来;还有其他难以计数的原因。实际上,这些被放弃的阵地都比博罗季诺更为适合俄军作战,而博罗季诺跟俄罗斯帝国的任何一个地方相比,是最不像阵地的一个阵地。在博罗季诺,俄罗斯人不但没有设防,而且在1812 年 8 月 25 日之前,从来没有想到会在这里进行一场大战。下面一些事实可以说明这一点:首先,不仅 25 日之前博罗季诺根本就没有战壕,而且 25 日开始挖的战壕,到 26 日也没有完成。其次,舍瓦金诺的地形表明,它本身没有任何重要的战略意义,根本就不需要耗费全力,损失 6000 人,将其据守到 24 日深夜;如果要观察敌人,在那里派出一个哥萨克侦察班就够了。最后,博罗季诺并非事先确定的阵地,而舍瓦金诺也不是预设的阵地前哨,因为直到 25 日, 巴克莱·德·托里和巴格拉金还认为舍瓦金诺是阵地的左翼,而库图佐夫在此战后一气之下写的报告中,也称舍瓦金诺是阵地左翼。只是过了很久,大概是想为总司令库图佐夫辩护,才杜撰出这一套所谓的事实,即舍瓦金诺是一个阵地前哨,而博罗季诺战役是在俄罗斯军队预先选定并修筑了工事的阵地上进行的。实际上,这场战役是在一个完全意外的情况下在几乎没有任何工事的地方爆发的。

实际情况应该是这样的:俄军原先是想沿着科洛查河选定一个阵地,该河斜穿过大道,因此左翼是在舍瓦金诺,右翼接近诺沃耶,中心在博罗季诺,也就是说,是在科洛查河和沃伊纳河交汇的地方, 其目的是想以科洛查河为依托来阻止法军向莫斯科的挺进。24 日拿破仑骑马来到瓦洛耶,他并没有看到从乌季察到博罗季诺的俄军阵地,因为这个阵地实际上并不存在;也没有看到俄军的前哨,然而在追击俄军后卫时他看到了俄军阵地的左翼舍瓦金诺。于是拿破仑命令法军渡过科洛查河。这一举措是完全出乎俄罗斯人意料之外的,搞得他们措手不及,只得撤掉本来要固守的左翼阵地,占领一个预先没有设定也没有修筑工事的新阵地。这样,拿破仑就把即将进行的战役从敌方阵地的右翼转移到左翼。如果拿破仑不是 24 日晚到达科洛查河,如果当天晚上他没有下令立即攻打舍瓦金诺棱堡,而是在第二天早晨才开始攻打,那么这场战斗大概就会像俄军所预料的那样进行了。这样,俄军会顽强地固守舍瓦金诺棱堡,同时从中央或右翼向法军攻击,该战役就会在预设的并修筑有工事的阵地进行。然而由于法军对左翼阵地的进攻是紧接在俄军后卫撤退的那个晚上,俄军将领来不及或不愿意在这个晚上就与法军决战,从而导致这次战役的失败,并且导致 26 日第二次战役的接连失败。25 日凌晨,舍瓦金诺棱堡陷落,俄军已经失去左翼阵地,不得不往后撤,随便找一个地方十分仓促地修筑工事。对俄军更为不利的情况是,当时俄军将领还不能认清形势,仍然停留在诺沃耶到乌季察这一过长的阵地上。因此,在战斗打响时,俄军还不得不想法把部队由右翼调到左翼。在整个战役期间,俄军投入战斗的兵力仅为对方的一半。

由此可见,博罗季诺战役根本不像那些历史学家所说的那样,是在一个选定并预先设防的阵地上进行的,俄军的兵力也不是只比法军稍少一点。实际上,由于俄军丢掉了舍瓦金诺棱堡,不得不在一个几乎没有防御工事的开阔地带与法军作战,而且人数只有对方的一半,在这种情况下,不要说俄军不仅战斗了 10 个小时,打了一场不分胜负的战役,这真是一个奇迹;俄军就是只坚持3 个小时不完全溃败,也应该算是一个奇迹了。

——《战争与和平》

4.战争不是按照统帅的命令进行的

按照拿破仑的历史学家所说,1812 年 8 月 25 日这一天,拿破仑是在马上度过的。他观察地形,审阅元帅们呈上的报告,给将军们下达命令。法军突破了俄军沿科洛查河的防线,俄军左翼的舍瓦金诺棱堡陷落,不得不向后撤退,而新的防线没有预设防御工事,面向一片开阔地,无险可守。即使不是职业军人也都能看清楚,法军应该进攻的,就是这一片防线。对此似乎不须拿破仑和他的将军们多费工夫去考虑,更不须有什么特别的才能,即人们赋予拿破仑的所谓天才。然而后来叙述这一战役的历史学家却说,当时拿破仑及其将帅们是深有韬略的。

拿破仑骑马巡视在战场上,观察地形,一副胸有成竹的样子,对于跟随左右的将军们的意见,他只是点一下头或摇一下头来表示同意或反对。他在下达命令时从不做任何解释。在听了达武元帅(被人们称为艾克米尔公爵)关于迂回到敌军左翼进攻的建议,拿破仑予以否定,但没有说明否定的理由。负责进攻棱堡的康庞将军请示是否可以率领部队从树林里穿过,获得拿破仑的同意。被称作埃尔辛公爵的内伊元帅认为这样的做法会破坏队形,有一定的危险性,然而拿破仑没有听取他的意见。拿破仑在观察地形之后,指示要在拂晓前布置好两个炮兵阵地来对付俄军的防御工事,并在这两个阵地附近安放一些野战炮。他发布了这样一些命令后回到大本营,按照他的口述,法军做了如下的作战部署,这些部署曾被历史学家们满怀敬仰之情来予以叙述。其内容如下:

夜晚在艾克米尔公爵把守的平原上新建两个炮兵阵地,拂晓时向对面俄军炮兵阵地开炮。与此同时,由第一炮兵司令佩内蒂将军带领康庞的 30 门大炮以及德赛和弗利安两支部队所有的榴弹炮向前挺进,用榴弹炮的火力来压制住俄军的炮兵阵地,这里法军投入的火力有:近卫军炮队的炮 24 门,康庞部队的炮 30 门,德赛和弗利安部队的炮 8 门,共计 62 门炮。由第三兵团炮兵司令富歇将军把第三和第八兵团的 16 门榴弹炮安置在轰击俄军左翼工事的炮兵阵地的两侧,这里一共有 40 门炮。索尔贝将军做好战斗准备,一旦接到命令就立即使用近卫军的所有榴弹炮轰击俄军的任何一处阵地。在炮击过程中,伯尼亚托夫斯基公爵通过树林迂回到俄军阵地,而康庞将军则通过树林夺取俄军的第一个堡垒。此后将根据俄军行动随时发布命令。右翼阵地开始炮击后,左翼立即开始炮击,莫朗和总督率领的两个师的狙击手在右翼开始进攻时,立即向敌人发起攻击。总督占领博罗季诺村后通过 3 座桥,连同莫朗和热拉尔的两个师向高地推进,占领棱堡,并与其他部队协同作战。这一切都要按照预定方案和秩序进行,并且尽可能地保留后备军。以上就是 1812 年 8 月 25 日由大本营发布的命令。

如果我们不是对拿破仑持一种盲目崇拜的态度,就会发现,这些命令或战斗部署是极其混乱和模糊不清的,它们包括 4 项命令,然而没有一项是可能实现的,事实上最后也没有实现。

第一项命令:在拿破仑指定的地方安置的炮队,连同附近的佩内蒂和富歇的大炮,一共有 102 门,向俄军的堡垒开炮、发射榴弹。然而这是无法做到的。这是因为,在拿破仑指定的位置,炮弹的最远射程也够不着俄军的工事;如果指挥官不是违犯拿破仑的命令把大炮往前推移,这 102 门大炮的所有炮弹都会落空。

第二项命令:伯尼亚托夫斯基公爵通过树林向村庄推进,迂回到俄军左翼阵地。这一命令未能实现,因为法军在推进时遭遇特季科夫的阻击,不可能也未曾迂回到俄国的阵地。

第三项命令:康庞将军率领的一个师通过树林夺取第一座堡

垒。这一命令也未能实现,因为该部队一出树林就遭到俄军霰弹攻击,不得不停下来。

第四项命令:总督占领博罗季诺村后通过三座桥,连同莫朗和热拉尔两个师直趋高地(对这两个师的行动方向和时间没有任何规定),总督率领这两个师进攻棱堡,并与其他部队协同作战。这项命令有的地方含糊不清,一种理解是:总督从左边通过博罗季诺向棱堡进攻,而另两个师则从正面同时进攻。这一命令也未能被执行。总督通过博罗季诺后,在科洛查河边被击退,无法继续推进,而棱堡也没有被另两个师攻下,只是在战役结束时才被骑兵占领。

这样,这些命令没有一项被执行,也不可能执行。发布的命令中说,战斗开始后,将根据俄军的行动随时发布命令,实际上并没有做到这一点,因为战役进行时拿破仑离战场很远,无法知道自己的命令没有一项是被执行了的。

许多历史学家都说,法国军队没有取得博罗季诺战役的胜利,是因为拿破仑感冒了;如果他没有感冒,所发布的命令一定更加富有天才性,俄罗斯一定失败,世界的面貌也会随之改变。他们认为,俄罗斯是由彼得大帝一个人的意志而缔造成功的;法国由共和变为帝制,法军挺进俄罗斯,也是由拿破仑一个人的意志所决定的;而俄罗斯变得强大,是因为拿破仑在 1812 年 8 月 26 日得了重感冒。如果真的是这样,那么可以说,拯救俄罗斯的就是那个忘记给拿破仑穿上防水靴子的仆人。类似的看法还有伏尔泰的一句话,他说,巴托罗缪之夜是由于查理九世闹肚子造成的。尽管他说这是一句玩笑话,但我不明白他为什么要开这个玩笑。然而我们并不认为俄罗斯的缔造只是彼得大帝一个人意志的结果,也不认为法兰西帝国的形成以及它同俄罗斯的战争是拿破仑一个人意志的结果。这些看法是不正确的,跟人类实际生活是不一致的。对这些历史事件的解释还有完全不同的一种,就是:它们仿佛是被注定的,是由参加这些事件的人们的随意行为凑巧结合在一起而形成的,而拿破仑这样的大人物对事件的影响只是表面的和虚假的。巴托罗缪之夜的屠杀事件,尽管发出命令的是查理九世,然而事件并不是按照他的意志发生的,他只是感到命令由他而发罢了;尽管战争的命令是由拿破仑下达的,博罗季诺8万人被屠杀的事件也不是按照他的意志发生的,他只是感到命令由他下达而已。尽管这种解释看起来似乎十分奇怪,人的尊严使得我们不得不这样来看问题,而历史的事实也证明了这一点。作为一个人来说,我们每一个人即便不比拿破仑更伟大一些,也一定不会比他差什么。

在博罗季诺战役中,拿破仑没有向任何人开枪,也没有杀任何人;所有的事情都是士兵做的。因此,杀人的并不是拿破仑。法军士兵在博罗季诺战役中屠杀俄军士兵,这并不是由于拿破仑的命令,而是出于他们的自愿。盟国所有的军队,包括法国人、意大利人、德国人、波兰人,他们食不果腹,衣不蔽体,疲惫不堪,在看到阻止他们去莫斯科的俄军时,他们就想,开弓没有回头箭,杀呀。如果这时拿破仑禁止他们同俄罗斯人厮杀,他们就会把他杀死,然后再去杀俄罗斯人,因为他们不得不这样做。当他们听到拿破仑的命令中说,法兰西的后代会因为他们在莫斯科的所作所为、阵亡和负伤而感激万分,就高声呼喊:"皇帝万岁!"他们不论听到什么,哪怕是毫无意义的话,也会高喊:"皇帝万岁!"他们除了高喊"皇帝万岁"和打仗,为的是在莫斯科作为征服者获得食物和休息外,再不去想别的任何事情了。因此,这些法国士兵残杀自己的同胞并不是由于拿破仑的命令。整个战斗过程中,真正发号施令的并不是拿破仑,因为他的命令没有一条是被执行了的,而且他也无法知道战斗进行时的情况。法、俄两军的互相残杀,并不是按照拿破仑的意志发生的,而是按照不以他的意志为转移的数十万人的意志进行的。只是拿破仑自己觉得,似乎一切都是按照其意志在进行。因此,拿破仑患了感冒,这并不比一个小小运输兵的感冒更有历史意义。还有一些历史学家说,由于拿破仑感冒了,他下达的命令没有以前那样准确无误。这种看法也是不对的。这也可以进一步说明拿破仑 8 月 26 日的感冒是没有什么意义的。上面我们引述的命令或作战部署一点儿也不比以前的差,甚至可能还要好一些。我们之所以感觉它们比较差,只是因为博罗季诺战役是拿破仑的第一次失败。实际上,无论是多么好的命令和作战部署,只要打了败仗,就变成了十分糟糕的东西;而无论怎样糟糕的命令和部署,只要打了胜仗,就变成特别优秀的东西,那些学者会长篇累牍地论证它的优点。在博罗季诺战役中,拿破仑的表现并不比其他战役差,甚至更好一些。他并没有妨碍法军战斗的进行,能够听取合理的建议,没有惊慌失措,没有自相矛盾,也没有逃离战场,而是用自己巨大的克制力和丰富的作战经验,沉着镇静地扮演了那种看似统帅的角色。

——《战争与和平》

5.统帅的意志总是被士兵群众所支配

人们的智力很难理解种种现象的根本原因,然而他们又有寻求它的需要;由于不能深入分析现象难以计数的复杂条件,他们往往把其中最容易理解的一个条件抽了出来,称之为原因。在许多历史事件中,人们抽取的最为原始的条件是上帝的意志,然后是那些历史上英雄人物的意志。然而只要深入分析每个历史事件的实质,也就是全体人民群众的活动,就会发现,历史上的英雄人物不仅没有支配人民群众的活动,其意志反而被人民群众的意志所支配。有些人说,西方军队向东方挺进,是因为拿破仑要这样做;另一些人说,这个事件之所以发生,是因为它必然要发生。这两种说法的区别就像在地球和其他行星之间的关系一样,也有两种说法:一种说法是,其他行星都围绕着地球转,因为地球是不转动的;另一种说法是,他们不知道是否有什么东西支持着地球让其不动,却知道地球和其他行星的活动是受某些法则支配的。支配着各种事件的,是一些法则,它们有的我们还不清楚,有的已经被我们探求出来了。我们只有完全抛弃从某个人的意志中寻找原因的做法,才可能发现这些法则,这就像我们只有抛弃关于地球的所有成见,才有可能揭示行星运动的法则一样。

在那些历史学家看来,在博罗季诺战役和莫斯科陷落之后,这场战争最重要阶段就是俄国军队从梁赞大道进入卡卢加大道,然后直达塔鲁丁诺的运动,也就是所谓的侧敌机动行军。他们都认为这是俄罗斯统帅的天才表现,所争论的只是谁的功劳最大。我要问的是,为什么要把这一拯救俄罗斯和打败拿破仑的侧敌机动行军归功于某个人的聪明才智?这是让人很难理解的。军队在不受攻击时,它的最佳位置应该是在粮草充足的地方,这根本就不需要什么聪明的头脑去多想。从莫斯科撤退后,俄军最有利的位置应该是在卡卢加大道,这一点就连一个 13 岁的傻小子也知道得很清楚。因此,我不能理解的第一点是,这些历史学家为了搞清楚此次机动行军,到底运用了怎样的推理方法。第二,我更不能理解的是,这些历史学家如何能够断定此次机动行军一定能让俄罗斯获救和让法军毁灭,因为在这前后如果发生另外一些情况,就可能导致俄军的覆灭和法军的胜利。因此,尽管在这次军事行动之后俄军的地位有了很大改善,并不能说它就是这一变化的原因。这次侧敌机动行军,如果没有其他条件的存在,例如莫斯科并没有被焚毁,缪拉不知道俄军的去向,拿破仑并没有止兵不前,俄军按照贝尼格森和巴克莱的建议在克拉斯纳亚—帕赫拉一带与法军作战,法军在俄军渡帕赫拉河时发动进攻,拿破仑在到达塔鲁丁诺时立即动用哪怕是很少的兵力(例如只有进攻斯摩棱斯克的十分之一)进攻俄军,法军进攻彼得堡,等等,只要有一个条件不存在,这次侧敌机动行军的结果不但不能拯救俄军,反而会导致它的毁灭。第三,我最不能理解的是,历史学家为什么对此次行动不能归功于任何一个人这一点视而不见。实际上,在当时,没有任何一个人能够弄清楚它的全部情况,它是由许多无法计数的条件聚合在一起,一步一步地、一个事件连着一个事件地逐渐得以完成;直到它成为历史之后,它的全部情况才能向人们呈现出来。

这一有名的侧敌机动行军不过是,俄军在敌人的进攻下一直在退却,在对方停止进攻后,由于后面没有追兵,就不再沿着直线后退,而是很自然地转向粮草充足的地方。从下城大道向梁赞、图拉和卡卢加大道转移,这就是十分自然的事情,甚至连俄罗斯逃兵都会朝这个方向去,而且彼得堡方面也要求库图佐夫往那个方向转移。在塔鲁丁诺时,库图佐夫接到亚历山大的信,信中责备他走梁赞大道,要求他占领卡卢加阵地;实际上在接到这信时,他已经到达这一阵地。俄罗斯军队就像一个球,在博罗季诺等战役的推动下,沿着推力方向滚动;现在推力已经消失,新的推力还没有产生,这个球就停在那个它必然会停下的地方。库图佐夫的功劳并不在于他是什么天才,构想出这一侧敌机动行军计划,而在于只有他一个人明白已经发生的事件的意义,也就是博罗季诺战役是俄军的胜利,而法军已经丧失了作战能力;以他的总司令地位,本来应该是主张向法军进攻的,然而只有他一个人竭尽全力来阻止俄军去进行无意义的战斗。

这一个月来,法军在莫斯科大肆抢劫,俄军在塔鲁丁诺附近休整,无论从士气还是数量上讲,双方的力量都发生了变化,俄罗斯人开始占据优势。尽管俄罗斯人还不知道法军的确切位置和数量,却有种种迹象表明,他们应该寻找战机进攻了:拿破仑派罗利斯顿来俄军议和,塔鲁丁诺粮草充足,法军斗志被消磨且状况混乱,俄军获得大量的新兵补充,气候良好、晴空万里,经过休整的俄军士气大振、积极寻敌求战,俄军士兵敢于在塔鲁丁诺法军驻地附近放哨巡逻,农民和游击队在对法军作战中轻易获胜,莫斯科被占领而产生的复仇情绪,更为重要的是俄军士兵都已经意识到双方力量的变化而优势在我。俄军的进攻是必然的了,这就像钟塔的分针走完一圈之后,塔钟就会自动报时一样准确;随着双方力量的重大变化,俄军上层的种种活动也加强了,这就像分针走动时发出的嘀嗒声以及报时的敲打声。

在俄军参谋部,库图佐夫与参谋长彼此敌对,亚历山大也派了亲信来监视他们,人员有了很大变动,各派之间的斗争比平时更为复杂和激烈。这些人互相暗算的目的都是想争夺军事指挥权,然而军队的行动却不会以他们的意志为转移,而是按照应该如此的样子来进行,也就是说,它的发展变化总是不可能跟他们的设想一致,而是符合了人民群众的愿望。

1812年10月2日,出去侦察的哥萨克沙伯瓦诺夫开枪打死了一只兔子,还打伤了另一只,在树林中追逐伤兔时无意中撞见了缪拉的左翼部队,对方没有任何设防。回来后来他笑着向同伴讲述这段冒险经历。一名少尉军官听到后把这事报告给了指挥官。然后事情被报告到参谋部的一位将军那里。派出去侦察的骑兵证实了那个哥萨克报告的真实性。这就表明,进攻的时机已经成熟。塔钟的发条慢慢松开,分针仍在嘀嗒嘀嗒地走着,报时的钟声就要敲响。尽管库图佐夫有着总司令的头衔,才智过人、经验丰富、善于用人,却不能不考虑贝尼格森亲笔写给亚历山大皇帝的报告,所有的将军求战的欲望,皇帝本人的愿望以及哥萨克的报告。因此,他再也无法阻止那必然要发生的行动,不得不违心地下达进攻的命令,其实这只能算是他对既成事实的认可,在内心里他认为进攻是有害无益的事情。

可以说,没有任何时候比人们在进行你死我活的搏斗时更为自由,难以计数的自由力量影响着整个战争的趋势,而这一趋势从来都是不可预测的, 也从来不会跟任何一种力量的趋势相一致。这就像有各种不同的力量作用于同一个物体,这物体的运动方向不可能跟任何一种力量的方向相一致,而是指向平均来说最短的方向,即力学中所说的平行四边形的对角线方向。如果历史学家对我们说,战争以及具体战斗都是按照事先制订的计划而进行的,我们不要相信他们的话,这肯定是假的。塔鲁丁诺战役并没有达到托尔想要的目的,因为部队没有按照他规定的次序投入战斗;该战役也没有达到奥尔洛夫伯爵想要活捉缪拉的目的;贝尼格森等人想要全歼俄军整个师团的目的也未能达到;那些军官在此次战役中也未能达到作战立功受奖的目的;而那些哥萨克想得到更多战利品的目的也未能完全实现;等等。如果说此次战役的目的实际上已经达到的话,那只是在下述意义上:当时所有的俄罗斯人都想消灭法军,把法国人从俄罗斯赶出去;塔鲁丁诺战役正好顺应了人民群众的这一要求,以最小的力量,在极其混乱的情况下,以最小的代价取得了最好的结果:也就是把撤退转变为进攻,将法国人的弱点暴露无遗,加快了拿破仑军队即将开始的逃跑。

——《战争与和平》

6.拿破仑在莫斯科的表现说明什么

在莫斯科河战役中获胜后,拿破仑进入莫斯科。法军的胜利是确定无疑的,因为莫斯科在他们手中,而俄罗斯人撤退了,放弃了自己的首都。莫斯科十分充足的粮草、武器、装备以及难以计数的财富都落到拿破仑手中。人数只有法军一半的俄罗斯军队,在一个月的时间里没有任何进攻敌军的尝试。拿破仑处于他一生最为辉煌的时期。他可以动用两倍于敌人的兵力继续攻击俄军残余力量并予以歼灭；也可以向对方提出于己有利的议和条件，一旦遭到拒绝就挺进彼得堡，即便受到挫折，也可以返回斯摩棱斯克或维尔纳，或者就留在莫斯科。总而言之，要保持法军这种辉煌胜利的状况，似乎并不需要拿破仑有什么特别的天才，只要能做到几件最为简单易行的事情：禁止部下抢劫，备好冬季服装（在莫斯科可以征集到足够的服装），用正常方式征集粮草（据法国历史学家说，莫斯科储存的粮食足够法军用大半年）。然而被历史学家称为最伟大天才的拿破仑，掌握全军最高权力，却没有做成任何一件事情。不仅如此，在所有可能的选择中，拿破仑选择了一条最为愚蠢和有害的道路。可供他选择的道路有：在莫斯科度过冬季；向彼得堡挺进；向下诺夫哥罗德挺进；往北或往南撤退。然而这些他都没有选，而是决定在莫斯科停留到 10 月底，并任凭部下在这个城市抢掠；然后在是否留下守备部队的问题上犹豫不决，退出了莫斯科，接近了库图佐夫的俄军，却不与之交战，而是向右转，靠近小雅罗斯拉维茨，从而失去突破敌军包围的机会；法军没有沿着库图佐夫军队所走的那条大道行进，而是沿着被破坏的斯摩棱斯克大道向莫扎伊斯克退却。结果表明，对法军来说，再也找不出比这更为愚蠢和有害的事情了。即便是最有谋略的战略家，也想不出比拿破仑的做法更好的彻底毁灭自己军队的办法，而这一毁灭实际上跟俄军采取的任何措施都没有关系。然而，如果我们说拿破仑之所以这样做，是因为他想会毁灭自己的军队，或者是因为他太愚蠢了，这是不公平的；这就像说他把法军带进莫斯科是因为他想那样做，或者是因为他太有天赋了，一样是不公平的。在这些情况下，拿破仑个人行动并不比任何一个普通士兵更有力量，只是他个人的行动符合了现象产生过程中的某些法则而已。

　　历史学家对我们说，战争之所以有这种结果，是因为在莫斯科,拿破仑的天才能力已经大大减弱了。这种说法是与事实完全不符的。拿破仑在莫斯科的行动一点也不比他在埃及、意大利和普鲁士的行动逊色。

他在莫斯科的行动,就如同在所有的地方一样,令人叹为观止,显示了他的天才。在莫斯科期间,拿破仑下达了一个又一个命令,制订了一个又一个计划。莫斯科居民几乎全都逃跑了,没有任何代表团来见他,再就是使得莫斯科被焚毁的大火,这些都没有让他举止失措。他并没有忽视自己军队的利益,也没有忽视敌方的活动,同样没有忽视俄国人民的利益,也没有忽视巴黎的事务,没有忽视外交方面关于缔结和约的问题。在军事上,拿破仑一到莫斯科就命令塞巴斯蒂安尼将军向各条道路派出部队以了解敌军动向,还特别责令缪拉搜寻库图佐夫所在的位置。从小的地方说,他对加强克里姆林宫的警卫工作作了详细的布置;从大的方面看,他对未来在整个俄罗斯版图上的战役制定了计划。在外交上,拿破仑找到雅科夫列夫上尉(他遭到抢劫、穿的是破衣烂衫,正愁怎样才能逃离莫斯科),向他说明自己的宽大政策,让他带一封写给亚历山大的信去彼得堡,信中指责莫斯科总督罗斯托普金在该城陷落后的表现。他还向图托蒙详细说明自己的想法,并派他去彼得堡谈判。在司法上,莫斯科火灾爆发后,他立即下令抓捕纵火犯,处以死刑;他还下令烧毁罗斯托普金的住宅,以惩罚其在这一纵火案中的幕后操纵者作用。在行政上,拿破仑颁给莫斯科一部宪法,成立了市政府,并发布了安民告示。在法军给养供应上,拿破仑命令所有官兵有序进入莫斯科,为自己获取足够的粮草。在宗教上,拿破仑命令召回神父,教堂恢复做礼拜。在商业活动和军需供应上,拿破仑发布告示,保证商业活动的安全和正常进行。为了鼓舞士气,拿破仑不断举行检阅和颁奖仪式。他还骑马在大街上巡视,安抚莫斯科居民,尽管国事繁忙,他仍然亲临剧院看演出,这剧院是他下令建立的。在慈善事业上,拿破仑也尽其可能做了一切。他下令在福利院大楼上写上"母亲之家"几个大字，既体现了孝道，又表达了皇恩浩荡。他去孤儿院参观，让那些被救的孤儿吻他白净的双手。在财政上，拿破仑把伪造的俄罗斯货币作为军饷发给自己的士兵。在严肃军纪上，拿破仑多次接连发出严禁抢劫和严惩玩忽职守的命令。

令人奇怪的是，拿破仑所有这些命令、指示、关注和计划，尽管不比以前任何时候差，由于没有触及问题的本质，几乎没有产生任何作用，这就像一座时钟的指针由于没有跟齿轮相啮合，实际上离开了机械传动装置，无法走动一样。在军事上，拿破仑制订的军事计划，由于与实际情况严重不符，根本就不可能被执行。为了在克里姆林宫设置防务，拿破仑要求把圣瓦西里大教堂完全拆除，然而这完全是无用之举；在克里姆林宫设置地雷，其目的是为了在离开它时将其炸毁，这种做法就像一个孩子摔倒在地板上感到疼痛时就去踢打这块地板一样。拿破仑最为关心的是继续攻击俄军，然而非常奇怪的是，法国将军们根本就无法知道这多达6万人的军队的去向。据梯也尔说，只是由于缪拉特别精明能干，最后才像大海捞针一样找到了俄军。在外交上，尽管拿破仑打算通过图托蒙和雅科夫列夫向亚历山大表明他的宽大和公正，亚历山大根本就拒绝见这两位使者，拿破仑的做法也落空了。在司法上，尽管拿破仑处死了一些所谓的纵火犯，莫斯科剩下的一半地方后来也被烧毁了。在行政上，市政府未能遏制住社会上的抢劫行为，而参加市政府的人却从中得到好处：他们以维护秩序为借口，要么自己去参加抢劫，要么只是保护自己的财产不被抢劫。在宗教上，以前在埃及时拿破仑去访问过一次清真寺，就把问题解决了，然而在莫斯科却没有任何结果；本来在莫斯科找到了两三个神父，要他们按照拿破仑的意思办，结果其中一个在做礼拜时被法国士兵打了耳光，关于另一个，法国军官是这样报告的："我找了一个神父请他来做弥撒，他按照我的要求打扫了教堂并把门锁上,然而当天晚上他又去砸坏了门和锁,撕毁了教义书,还干了些别的坏事。"在商业活动上,发布的公告对于那些肯干活的工人和农民没有起到任何作用;实际上莫斯科城内已经没有肯干活的工人了,而农民则把那些带着公告出城较远的人抓住并杀死。拿破仑通过剧院让老百姓和军队享受娱乐的想法也完全落空了:在克里姆林宫和波兹尼亚科夫之家建立的剧院很快就关门大吉,其原因是演员们遭到了抢劫。甚至在慈善事业上也没有达到预设的目的,满莫斯科城都是真的和假的卢布,然而一文不值;对于那些抢掠财产的法国人来说,只有黄金才是真东西,他们不仅不要拿破仑恩赐的假钞,甚至连白银都瞧不上。拿破仑的指示中最为失败的是对抢劫的遏制以及对军纪的恢复。他的部下是这样报告的:"尽管张贴了禁止抢劫的命令,城里的抢劫仍在继续发生。秩序未能得到恢复,没有哪个商人的买卖是合法进行的,敢于做生意的只有随军小贩,而他们所卖的都是抢来的东西。"另一份报告说:"我所在的区仍然遭受第三军团士兵的抢劫,他们不但抢走那些可怜的居民藏在地下室里仅有的一点东西,还觉得不过瘾,用军刀砍伤了这些人,这都是我亲眼看见的。"还有一份报告说:"皇帝很不满意,尽管严厉禁止抢劫,近卫军却一伙一伙地外出抢劫后返回克里姆林宫,从昨天到现在,他们的抢劫行为变本加厉,愈演愈烈。皇帝感到万分痛心;这些被挑选出来保护圣上的士兵本应成为服从命令、遵守纪律的楷模,现在违抗命令已经严重到这样的程度,竟敢抢劫军需品地下室和仓库里的东西,其中有些人不仅不服从哨兵和军官的劝阻,甚至还辱骂和殴打他们。"总督在报告中写道:"宫廷司仪官向我抱怨说,尽管一再严令禁止,一些士兵仍然在大院里,甚至在皇帝的窗户下随意大小便。"

法军现在的状况就像一群无人看管的牲畜,不断地糟蹋他们借以存活的饲料。法军在莫斯科无事可做,一天一天地走向溃败和毁灭。由于辎重队在斯摩棱斯克被俄军劫夺以及塔鲁丁诺战斗爆发,法军举止失措,开始溃逃。据梯也尔所写,拿破仑收到塔鲁丁诺战斗的信息时正在阅兵,他决定要惩罚俄罗斯人,于是发出离开莫斯科的命令,而这正是整个法军所希望的。在逃离莫斯科时,法军几乎人人带有大包小包的抢劫来的财物,拿破仑也带走了他的财宝。据梯也尔说,拿破仑看到部队有这么多辎重车时大吃一惊,然而没有像以前那样下令烧毁多余的车辆,却同意统统保留下来,以便将来用于运输粮草和伤病员。这时法军的状况就像一头受了伤的野兽,感到自己就要灭亡却不知道应该怎么办。从拿破仑进入莫斯科那一刻起直到法军毁灭,法军的所作所为类似于遭受致命伤的野兽在临死前的跳动和挣扎。受伤的野兽听到一点响动就会向猎人的枪口上撞过去,从而加速了自己的灭亡;拿破仑在整个军队的压力下所做的,正是这样的事情。塔鲁丁诺战役就像一阵响动,让拿破仑惊慌失措,朝着敌人射击的方向扑过去,又转回头朝着对他最不利、最危险同时又是最熟悉的旧路狂奔。我们曾经像原始人那样,把雕刻在船头上的神像当成是驾驶船的真正力量,将拿破仑视为这场战争中的真正领导者,实际上他不过是一个坐在车内的小孩,紧紧抓住车上的吊带,却自以为是在赶车呢。

——《战争与和平》

7.怎样看待切断法军、活捉拿破仑的说法

在看到 1812 年战争最后阶段的历史记述时,俄罗斯人往往感到万分遗憾和不可理解:既然俄军分三路人马以极大的优势将法军包围,而法国人饥寒交迫、成建制地投降,既然俄罗斯人的计划是要切断和活捉所有的给国人(历史书就是这样说的),那么最

后又为什么没有俘虏和消灭所有的法国人呢？人数少于法军的俄罗斯军队为什么能打一场博罗季诺战役呢？俄军既然能分三路包围法军,目的在于全部俘虏他们,为什么又未能做到这一点呢？难道法军在被俄军优势兵力包围的情况下,还有那么强大,以至于我们无法消灭它？事情到底是怎样的呢？

历史学家说,发生这种情况,是因为库图佐夫、托尔马索夫等没有实行这种或那种策略。然而他们为什么不实行这些策略呢？如果他们不按照预定的策略去做,从而让敌人逃脱,那么他们为什么没有受到审判或被处决呢？退一步说,如果俄军未能达到目的真的是由于库图佐夫等人的过错,当时有些情况仍然是无法解释清楚的:在克拉斯诺耶和别涅吉纳俄军占有绝对优势,然而法军以及它的将军、元帅和拿破仑本人都未能成为俘虏,这又是什么原因呢？用库图佐夫等人的过错来解释这些现象显然是说不通的,因为我们很清楚,在威亚吉姆和塔鲁丁诺,库图佐夫的意志已经无法左右那些渴望进攻的部队了。为什么在博罗季诺俄军能以较弱的兵力战胜强大的敌人,而在克拉斯诺耶和别涅吉纳俄军具有绝对优势,却未能达到自己的目的呢？如果俄罗斯人的目的是切断和活捉拿破仑和他的元帅们,那么这一目的不但没有达到,而且所有的努力都遭到可耻的失败。从这个意义上说,法国人认为战争最后阶段是法军获胜就是完全正确的,而俄罗斯历史学家认为是俄军获胜就完全错误的了。然而这样的结论是自相矛盾的,因为法国人最后阶段的胜利导致他们的彻底毁灭,而俄罗斯人最后阶段的失败却导致他们消灭了敌人,将其全部赶出俄罗斯。之所以会产生这样的矛盾,是因为历史学家们是依据当时两国的皇帝和将军们的信函、作战报告等文件来探究当时的事件,而他们所说的1812年最后阶段俄军的目的是要切断法军退路、活捉拿破仑及其元帅们,完全是一个虚构的说法,实际上这一目的从来就没有存在过,这是因为,这样的目的毫无意义,也不可能实现。

我们说这一目的毫无意义,是因为:首先,溃败的法军拼尽全力逃跑,想要尽快离开俄罗斯,这正好是每个俄罗斯人所希望的事情;既然法军逃得这样快,再去组织战役打他们,就毫无意义了。其次,切断那些一心想逃跑的人的道路,这也是毫无意义的。再次,法军在没有任何外因的情况下也会自我消灭,而这时去攻击他们,会损失俄军自己的力量,因此这样做也是毫无意义的。最后,即使能够俘虏拿破仑及其将军、元帅,这也是没有意义的事情,因为当时那些有经验的外交家(如美斯特等人)已经认识到,俘虏了这些人将是一件让俄罗斯感到难办的事情,就像一个烫手的山芋一样;而俘虏法军整个军团更是毫无意义,因为俄军自己到达克拉斯诺耶时就已经减员一半,而押解一个军团的俘虏需要一个师的兵力,然而俄军自己的口粮都已不足,已经捉到的俘虏大都要饿死了。这种所谓的活捉拿破仑及其部下的计划,就像是一个菜园子里的人在驱赶糟蹋园子里蔬菜的牲畜时,不是顺势把它们赶出去,却要把它们堵在园子门口痛打一顿。可以对此做出的唯一解释是,这个菜园子的主人是被愤怒冲昏了头脑。

这一计划不仅毫无意义,而且是不可能实现的,这是因为:首先,经验表明,在一个战役中,各个纵队只要把战线延长到 2.5 千米的范围,就无法让它们的行动与作战计划相一致,因此,齐查戈夫、库图佐夫和维特根施泰因三支部队根本就没有可能在指定的地点准时会师,包围后全歼敌人一说不能成立。其次,法军疯狂的逃跑有一股巨大惯性力量,要切断它并使之瘫痪,俄军就得有比实际拥有的多得多的兵力,而这是不可能的。再次,"切断"一词在军事上毫无意义。我们可以说切断面包,然而军队是无法切断的。要想切断军队即堵住它的去路,是无法做到的,因为在其周围总有许多地方可以绕过去,还可以乘着黑夜穿过去,在克拉斯诺耶和别涅吉纳的情况正是这样的。如果敌人宁可死掉也不投降,那就很难俘虏他们。而法军认为无论是逃跑还是被俘，等待他们的都是死亡，冻死或者饿死，那么他们不会选择被俘。最后，最根本的一点是，自有俄罗斯历史以来，对于俄军来说，没有哪次战争像1812年战争这么可怕，俄军追击法军已经竭尽全力，如果再多做一点什么，那就无异于自杀。

从塔鲁丁诺到克拉斯诺耶，一路之上，俄军由于生病和掉队减员5万人，这相当于俄罗斯一个大省会城市的总人口，也就是说，没有打仗俄军就减员一半。在战争的这一阶段，俄军没有靴子和皮衣，粮草不足，没有伏特加酒，士兵一连几个月都是在零下15摄氏度的严寒中度过的。当时白天只有七八个小时，其余都是黑夜。白天作战时士兵们在死亡线上搏杀只有几个小时，然而一连数月每时每刻他们都得同冻饿做殊死的搏斗。当时一个月里俄军死亡了一半的人，而那些历史学家在谈到这一阶段战役时却横挑鼻子竖挑眼，说米罗拉多维奇应该向侧翼某处进攻，托尔马索夫应该向某处进攻，齐查戈夫应该向某地转移（当时积雪深至膝盖），还有谁谁应该击退和切断法军，等等。俄军死了一半的人，他们做了自己能够和应该做的事情，达到了俄罗斯人民所希望的目的。然而还有一些俄罗斯人，坐在暖暖和和的房子里，提出一些不可能做到的事情，这就不是俄罗斯军队的错了。

实际上，只要我们不是限于研究那些将军们的报告和计划，而是更深入地直接探究当时参加这一战争的千百万人的行动，那个看起来难以解释的问题，就很容易获得正确的解答。所谓切断法军的这一目的，除了在十来个将军的脑海里浮现过，实际上从来都不存在。这一目的既不可能达到，也没有任何意义。而俄罗斯人民的目的只有一个：把侵略者从自己的国土赶出去。这一目的已经达到：首先，它是十分自然地达到的，因为法国人已经开始逃跑，你只要不去阻挡他们就可以了。其次，这一目的是靠全体俄罗斯人民的力量达到的。最后，一支强大的俄罗斯军队在法军后面穷追不舍,只要对方一停下来就会受到打击。俄军的作用就像赶牲口的鞭子,而有经验的牧人都知道,对于狂奔中的牲口,最好的做法是扬起鞭子吓唬它,而不是迎面去抽打它。

——《战争与和平》

8.库图佐夫在战争中的作用

在威亚吉玛战役后,库图佐夫已经无法遏止俄军要攻击和切断敌军的愿望,法军拼命逃跑,俄军在后面使劲追,双方都在往前运动,在到达克拉斯诺耶之前就没有打过仗。法国人逃得是这样快,在后面紧追不舍的俄军无论怎样也追赶不上,甚至连炮兵和马匹都累得快趴下了,而有关法军行动的情报也根本没办法搞清楚。俄军每天行军四十多千米,人和马都已疲惫不堪,想再加快一点都不可能。要了解俄军损耗的程度,只需对照一下两个事实:在整个塔鲁丁诺战役期间,俄军伤亡不超过 5000 人,被俘虏的不足100 人;然而从塔鲁丁诺出发时还有 10 万人的俄军,到达克拉斯诺耶时只剩下 5 万人了。无论是法军的逃命狂奔还是俄军的穷追攻击,都造成自己的严重损耗,区别仅仅在于,俄军的追击是自由的行动,而法军在逃亡中始终笼罩着死亡的阴影;法军掉队的伤病员是落在敌人的手中, 而俄军的掉队者是留在自己的国土上。无论法军还是俄军,减员的主要原因都是由于部队行动速度过快。

在塔鲁丁诺和威亚吉玛战役期间,库图佐夫竭尽一切可能不去阻止法军自我毁灭的行动,同时减缓俄军的追赶速度,以促成敌方的这种行动, 然而彼得堡和俄罗斯的将军们却想去阻止它。他之所以决定这样做,除了俄军已经疲惫不堪、严重减员外,还有

一个原因是,减缓追击速度可以更好地等待合适的战机。俄军的
目的是追踪法军,然而法军的逃跑路线却很难把握,这样一来,靠
对方越近,要走的路就越多。只有与对方保持一定距离,才有可能
抄近路打击那些走之字形道路的法国人。而那些俄罗斯将军们提
出的所谓巧妙战术,不过是频繁地把部队调来调去,从而加大了
行军的路程。然而减少行军路程才是合理的目的;从莫斯科到维
尔纳的整个期间,库图佐夫竭尽全力要做的,就是实现这一目的;
从始至终,他的这一态度从来就没有改变过。他做到这一点,不是
靠什么聪明才智或科学头脑,而是凭借自己作为一个俄罗斯人的
直觉,因此能够与每个俄罗斯士兵相沟通,达成共识:法国人溃败
了,正在拼命逃跑,我们要做的事情就是把他们赶出俄罗斯国土。
他跟士兵们一样知道,在这样的季节以这么快的速度行进是多么
困难。而那些俄罗斯将军,特别是外籍将军,其目的在于俘虏某个
公爵或国王,借此扬名立威,尽管当前的任何战斗都是毫无意义
的,让人生厌,他们却乐此不疲,正好表现自己。库图佐夫在接到
这些将军一个又一个的作战计划时,只是耸耸肩,然后把它们抛
到一边;如果要实行这些计划,就得驱使那些穿着破衣烂衫、处于
半饥饿状态、一个月就减员过半的士兵继续快速行军走过比原先
更长的路。

　　当两军相遇时,这些俄罗斯将军想标新立异、切断法军的愿
望表现得更加突出。在克拉斯诺耶,俄军本来只打算能找到法军
的某个中队,却碰上了拿破仑亲自率领的16000人的大军,尽管
库图佐夫为了保存自己的力量,竭尽全力避免了一场毁灭性的遭
遇战,然而在将军们的坚持下,已经疲惫到极点的俄军,还是对溃
逃中的法军进行了连续3天的大屠杀。托尔下达了作战命令,第
一纵队向某地挺进,等等。然而跟以往一样,所有的命令都不可能
得到执行。符腾堡的叶夫根尼亲王坚守在山头,等待援军,然而没
有等到。到了夜晚,法军士兵就分散开来,避开俄罗斯人逃进森

林,继续逃命。米罗拉多维奇以无所畏惧的骑士自诩,然而对部队粮草的情况一无所知, 在人们需要他的时候总是找不到他这个人,却十分热衷于跟法国人谈判;他派人去法军中劝降,白白浪费时间,而这本不是他职权范围内应做的事。他骑马来到部队,指着前面的法军向骑兵说:"弟兄们,这个纵队就交给你们了。"于是这些骑兵用马刺和刀抽打着已经跑不动的马,向那群饥寒交迫的法国人追去,而这群人马上就投降了,其实他们早就想这样做了。在克拉斯诺耶,俘虏法军 26000 人,缴获大炮几百门,还缴获了一根据说是"元帅杖"的棍子。接下来大家就开始争功求赏,遗憾的是没有抓住拿破仑,甚至连一个元帅也没抓到,为此他们彼此指责,尤其是指责库图佐夫。这些被胜利冲昏头脑的俄罗斯将军自以为是英雄,干了多么了不起的事情,实际上不过是那些必然法则的盲目执行者。他们指责库图佐夫妨碍他们抓住拿破仑;指责他只顾满足自己的私欲,在亚麻布厂就停止前进,为的是贪图享受;指责他在克拉斯诺耶就停下脚步,是因为知道拿破仑就在那里而感到害怕;还指责他被拿破仑收买了,因此双方达成默契;等等。不但当时那些昏了头的将军这么说,就是后来的历史学家也都承认拿破仑的伟大。至于库图佐夫,外国人说他奸诈、好色,是一个没有魄力的官员;俄罗斯人说他令人捉摸不透、像个傀儡,只是因为有个俄罗斯人的姓名才有点用处。在 1812 年到 1813 年期间,人们公开指责库图佐夫,皇帝对他也很不满意。不久前,按照最高当局的意思编写的历史书,还说库图佐夫是一个老奸巨猾的大骗子,一听到拿破仑的名字就害怕,由于他在克拉斯诺耶和别涅吉纳的行为,俄军丧失了获得彻底胜利的机会。

在俄罗斯历史学家看来,拿破仑是伟大的,尽管他其实只是历史上一个不足称道的傀儡,在任何时候(包括在被流放时)都没有表现出一个人应有的尊严,却成为人们赞扬和拥戴的对象。而库图佐夫在 1812 年战争期间,从开始到最后,从博罗季诺到维尔纳，一直表现出非凡的自我牺牲精神，最早洞穿该事件具有的意义，却被这些历史学家说成是一个难以理解的卑劣的人；他们一谈到库图佐夫和1812年，就感到十分羞耻似的。实际上，像库图佐夫这样的历史人物是很难找到的；他目标始终如一，体现了全体俄罗斯人的愿望，在1812年竭尽全力达到了这一目标。他从不像拿破仑那样说什么"我站在金字塔上看未来世界"，也不说自己为祖国做出的牺牲，不说自己想做和已经做了的事情，总而言之，他不谈自己，不装模作样，总是以一个平凡普通人的身份出现，说的也是平凡普通的话。他给女儿和斯塔埃尔夫人写信，阅读小说，喜欢同漂亮女人交往，跟将军、军官和士兵们开玩笑，从不驳斥那些向他说明什么的人。拉斯托普金伯爵在谈到莫斯科的沦陷时问他："你不是保证不经过战斗就不放弃它吗？"库图佐夫回答："不经过战斗我是不会放弃的。"尽管那时莫斯科已经放弃了。阿拉克切耶夫从皇帝那儿来，对他说，应该任命叶莫罗夫为炮兵司令；库图佐夫回答："对，我刚才已经说过了。"其实一分钟前他讲的完全是另一件事。库图佐夫身边没有一个明白人，只有他一个人才理解当时事件的真正意义，因此，拉斯托普金伯爵把莫斯科的陷落归咎于谁，这有什么意义呢？至于该任命谁来当炮兵司令，这更是无所谓的事情。在这个生活阅历深沉的老人看来，思想和表达思想的语言并不是人最根本的东西，因此他说话往往随口而出，而且并没有什么意义。然而尽管他说话随便，在整个战争期间，他从未说过一句跟自己要达到的那个目的不相符合的话。由于不被人理解，他不得不在各种场合再三表达自己的想法。从博罗季诺战役开始，他跟周围的人就有了分歧，只有他一个人认为博罗季诺战役是一场胜利；一直到死，他在说话时，在书面报告中，在所有的战斗总结中都是这样说的。只有他一个人认为，失去莫斯科并不等于失去俄罗斯。他在回答拿破仑议和的建议时，明确地说，不能议和，因为这是人民的意志。法军退却时，还是只有他一个人说,我军没有必要做任何调动,应该顺其自然,这样结果会更好;要给敌人一条生路,因此塔鲁丁诺、威亚吉玛、克拉斯诺耶诸战役都是没有必要的,我们应该保存实力,即使用 10 个法国人换 1 个俄罗斯人,我们都不干。而这样一个伟大人物却被人们说成是为了讨好皇帝而向阿拉克切耶夫说谎的人,其实在维尔纳皇帝就对他没有任何好感了;只有他一个人说,把战争打到国境线以外是有害无益的。

仅仅引用他当时说过的话还不足以表明他对于这一战争意义的理解,更重要的是看他当时的行动;它们全都朝着一个目标,没有任何违背的地方。这一目标有三层意思:首先,竭尽全力与法军作战;其次,打败他们;最后,把他们赶出俄罗斯,同时尽可能地减少我军士兵的伤亡和痛苦。库图佐夫老练沉着,其座右铭是:忍耐和时间。他跟那些主张硬碰硬的将军们想的完全不同。他在认真细致地完成准备工作后,发动了博罗季诺战役。而奥斯特里茨战役还没有开始打的时候,他就预言了它的失败;而所有的将军都认为博罗季诺战役是失败了,他仍然一直到死都坚持认为它是一场胜利,尽管在历史上还没有胜利后撤退的先例。在法军整个退却期间,只有他一个人坚决主张不进行无益的战斗,不发动新的战役,俄军不跨过边境作战。如果不把当时十几个将军头脑中的想法说成是人民群众行动的目的,那么这一战争事件的意义就很好理解了,因为这一事件的全部过程及其后果都已经清楚地摆在我们面前。然而当时这位老人怎么就能不顾众议,那样准确地把握着这一事件的意义并且从未改变过自己的看法呢?我想,其原因是他对人民拥有十分强烈而纯真的感情。正是由于他有这份感情,人民才以一种十分奇特的方式,违背皇帝的愿望,把这个皇帝不喜欢的老人选定为人民战争的代表。正是由于他有这份感情,使他在居于总司令的高位之后,不是去屠杀和残害人们,而是竭尽全力同情和拯救他们。他朴实谦和,因此才是真正的伟大,完全不同于那种历史虚构的统治人民的欧洲英雄。当然,在那些奴才眼里,这算不得是伟大人物,奴才自有他们自己对伟大的理解。

——《战争与和平》

9.拿破仑和亚历山大(一)

在 1812 年之后,又过了 7 年,欧洲历史的海洋由汹涌澎湃慢慢变得平静下来。它好像是默默无语,然而那些推动人类前进的神秘力量却仍然起着作用,我们说它们神秘,是因为至今我们还不了解支配这些力量的法则。从表面上看,历史海洋似乎不再运动,而实际上人类就像时间本身一样,是不可能不继续前进的。许多集团建立起来,也有许多集团在消亡。整个世界不断地积蓄着国家分合、民族变迁的原因。尽管历史海洋不像以前那样惊涛拍岸卷起千堆雪,其海水深处却仍然在暗自翻腾。此时的历史人物不像以前那样是冲浪的弄潮儿, 他们好像是停留在原地打转转,处于漩涡之中而不能自拔。以前这些历史人物率领军队,下达命令、宣战、出征、打仗,以此来遏止人民群众的运动;而现在他们是动用巧妙的政治、外交手段,动用法律和条约来遏止奔腾汹涌的群众运动,历史学家将这种现象称为反动。在他们看来,历史人物的活动是反动的根源,因此对之进行严厉批判;当时所有的知名人物,从亚历山大、拿破仑到斯塔埃尔夫人、富迪、谢林、费希特、谢多勃良等都受到他们的逐一审查,并根据其是进步还是反动而被判无罪或加以谴责。

按照历史学家们所说, 在俄罗斯这一时期也发生了反动现象,其始作俑者就是亚历山大一世。然而就是这个亚历山大一世,在初登皇位时即提倡自由主义,以拯救俄罗斯为己任。现在我们看到的所有俄罗斯文献都对亚历山大一世当皇帝时的过错进行谴责,从初涉历史的中学生到学富五车的历史学家都一致采取了这种谴责态度。他们说:"他本来是应该这样做或那样做的。这件事他干得还可以,但那件事做得太糟糕了。在执政初期和1812年干得不错,然而后来给波兰制定宪法、组成神圣同盟、大权旁落给阿拉克切耶夫、支持戈利岑和神秘主义,支持希什科夫和富迪,这些就做得太差劲了。他还亲自过问前线战事、取消了谢苗诺夫兵团,这些也做得很糟糕,等等。"历史学家依据自己对于人类幸福的理解,对亚历山大一世的谴责不胜枚举,10大张纸都写不完。这些谴责的意义何在?亚历山大一世被历史学家褒扬的那些行为如即位之初的自由主义举措、对抗拿破仑、1812年的坚强态度、1813年的出征等,与被他们谴责的那些行为如建立神圣同盟、让波兰复国、20年代的反动等,是出于同一个亚历山大一世,其根源都是形成其个性的血统、教育、生活状况,等等。既然如此,这些谴责具有什么意义呢?

问题的实质在于,亚历山大一世处在人类权力可能到达的巅峰,成为历史的焦点。他必然会受到各种阴谋、欺骗、奉承、自欺的影响,时时刻刻感受到自己对于欧洲发生的一切而负有的责任。他不是虚构的人物,而是一个有血有肉的真实的人;他也有自己的生活习惯、欲望以及对真理的渴求。50年前的亚历山大一世,不是没有道德的(历史学家们并没有在这一方面谴责他),只是他并不具有后来的那些教授对人类幸福的观点,这些观点是他们从小学习教科书而逐渐形成的。如果说亚历山大一世对人类幸福的观点是错误的,那么,那些谴责他的历史学家自己的观点,过了一些年后也会被看成是错误的。只要我们留意一下历史发展的情况,就会发现,随着时代的变化、思想家的不同,对于人类幸福的看法也在不断改变。因此,原来认为是幸福的东西,10年后可能就被看成是灾难,反过来也是一样。而且即使在同一时期,人们对于幸福和灾难的看法也会完全相反：例如有些人认为给波兰制定宪法、建立神圣同盟是亚历山大一世的功绩，而另一些人则为此而谴责他。对于亚历山大或拿破仑的行为，我们不能简单地说它是有益的还是有害的，因为我们无法说清楚它为什么是这样的。如果有些人不喜欢他们的某些活动，那只是因为它们未能符合其对于幸福的狭隘看法。1812年我父亲在莫斯科的房子未遭焚毁，俄罗斯军队的荣耀得到体现，彼得堡大学等学校学术上获得发展，波兰恢复自由，俄罗斯变得强大，欧洲各种力量保持平衡，欧洲文明获得进步，等等，无论我是否认为这些现象是幸福的体现，我都不得不承认，那些历史人物的行为，除了达到这些目的之外，必定还有我无法理解的更具普遍性的目的。如果我们假定亚历山大是按照一种跟他实际做的完全相反的情况行事，完全按照那些谴责他的人所希望的样子治理国家，那么，那些反对亚历山大方针政策的人就不会存在了（历史学家认为这些反对者的行动是有益的），也就是说，实际生活也不会存在了，一切都不存在了。如果人类的生活只是受理性的支配，那就不可能有任何实际生活。

　　如果我们要像历史学家理解的那样看问题，即认为是伟人实现了人类的某些目的如俄罗斯或法国的强大、欧洲力量的平衡、革命思想的传播、普遍的文明进步等，那么就不得不使用机会和天才这两个概念来解释历史。如果本世纪初欧洲战争的目的在于实现俄罗斯的强盛，那么不进行战争和侵略也能达到这一目的；如果目的是实现法国的强盛，那么不进行革命和建立帝国也能达到这一目的；如果目的是传播思想，那么出版书籍要比使用武力更有成效；如果目的是促进文明进步，那么肯定会有比屠杀生命和破坏财富更为合适的方式。既然如此，为什么事情偏偏是这样发生而不是那样进行的呢？历史学家说："机会造时势，天才用机会。"然而什么是机会，什么是天才？机会和天才并不代表现实生活中的任何东西，我们无法下一个确切的定义。这两个词只是表明我们对现象还不是很了解。如果我不明白某种现象是怎样发生的,也不想去弄明白,我就会说,这是机会。如果我不明白某种力量,它产生了同人的本性不相符合的行为,也不想去弄明白,我就会说,这是天才。打个比方来说:一群羊中有一头公羊,每天晚上都被牧羊人赶进一个单独的羊圈去喂养,吃的饲料是燕麦,是别的羊吃不到的,于是它长得比其他的羊肥得多。在这群羊看来,这头羊是一个天才。由于它长得特别肥大,很快就被送进屠宰场作为肉羊而杀掉。这就是天才和偶然机会的巧妙结合。然而,只要这群羊不再认为它们遇到的一切都是为了达到它们自己的目的,而承认身边发生的事情可能有它们无法理解的目的,就会发现,这头养得又肥又大的公羊的遭遇是有连续性和统一性的,即便它们无法知晓喂养这头肥羊的目的,也会明白,它的遭遇不是偶然的,因此没有必要再使用机会和天才这两个概念了。只要不局限于目前容易理解的目的,承认最终的目的是我们无法理解的,我们就能看到那些历史人物一生遭遇的连续性和合理性,并看到其不符合人类本性的行为之原因,因此也就没有必要使用机会和天才这两个词语了。

　　如果我们承认,我们无法弄清楚欧洲各国人民动乱的目的,我们只知道这些事实:开始是在法国,随后在意大利,在非洲,在普鲁士,在奥地利,在西班牙,在俄罗斯都发生了屠杀事件;先是西方向东方进军,然后是东方向西方进军,它们构成了一个共同的东西。这样一来,我们就没有必要从拿破仑和亚历山大两人的性格中去找他们独特的天赋,也不必把他们看成跟其他人有什么不同。同时我们也不必用偶然的机会来解释促使他们行为改变的那些细小的事情,因为这些小事是必然要发生的。只要我们放弃对最终目的的探究,就会清楚地看到,每一种植物都有它自己的花朵和种子,我们无法想象有更适合于他的其他花朵和种子;同样的,我们也无法想象还有另外两个人要比现实生活中的拿破仑和亚历山大更合适于完成他们的历史使命。

——《战争与和平》

10.拿破仑和亚历山大(二)

本世纪初,最为重大的欧洲事件就是一场欧洲各国人民群众先是由西向东、然后由东向西的战争。先是由西向东:西欧各国为了实现攻占莫斯科的目标,必须具备这样几个条件:首先,组成一支强大到足以战胜东方军队的军事同盟;其次,抛弃所有的传统习俗;最后,得有一个首脑,既能带领他们进行军事活动,又能为他们的欺骗、抢掠和屠杀行为辩护。随着法国革命的爆发,旧的体制、传统和习惯逐渐消亡,新的体制、传统和习惯逐渐形成,历史的发展需要一个人来领导这场运动并对此承担全部责任。于是一个缺乏信仰、没有传统习惯,也没有名声、甚至祖籍不是法兰西的人,似乎只是由于偶然的机会,不依靠在法国动乱中呼风唤雨的任何党派,出乎任何人的意料,爬上社会最为显要的地位。正所谓"山中无老虎,猴子称大王",同伙的肤浅愚昧、对手的弱小无力、他天生的说谎本领、好大喜功以及刚愎自用使得他成为军队首领。意大利士兵良好的素质、敌人的毫无斗志、他的莽撞冲动和极端自信让他军事名声卓著。他几乎到处都碰上了机会。法国执政者对他的不信任反而对他有利。他想改变自己状况的努力没有获得成效;他去投靠俄罗斯军队,遭到拒绝;想去土耳其当兵,也未果;在意大利作战,多次绝处逢生,与死神擦肩而过。俄罗斯军队进攻欧洲时,他正好离开了欧洲。等到他从意大利回到法国,发现巴黎政府四分五裂,一批又一批人遭到清洗和消灭。这时他又莫名其妙地被派往非洲作战,从而脱离了危险的处境。后来又有一

些偶然的机会:他下令攻打马耳他岛,本来是无法取胜的,对方却
自动投降了;对方海军历来是严防死守,却让拿破仑全军顺利通
过;在非洲,他对当地几乎是赤手空拳的老百姓血腥屠杀,他和他
的部下却以罗马皇帝恺撒和马其顿王亚历山大自诩,引以为荣。
一时间,拿破仑似乎无论做什么都能获得成功,甚至连瘟疫都不
会传染他。人们并没有把屠杀俘虏的罪行归咎于他;他撇下处于
危难之中的战友而逃走,溜出非洲,人们把这也算成他的丰功伟
绩;敌方的海军再次为他放行。他为自己一系列的成功所鼓舞,再
次回到巴黎。

这时共和国政府比起一年前来更为腐败无能,于是他这个处
于各党派之外的新来者很自然地成了各派拉拢的对象。其实这时
他没有任何计划,对巴黎满怀恐惧之心,然而那个位置已经为他
留在那里。因此,尽管他并不情愿,犹豫不决,十分盲目,错误不
断,还是被拉去参加夺取权力的阴谋活动并且获得成功。在被人
们拉去参加政府会议时他以为自己要完蛋了,一心想逃跑;他还
假装昏过去,嘴里胡说八道。这些言行举止本来可以要了他的命,
然而那些原本精明强干的法国统治者感到自己已经没戏了,说话
办事更是朝秦暮楚、颠三倒四,表现得比他更加不如,因此他们既
不能保守住自己的权力,又无法置拿破仑于死地。正是多得难以
计数的机会给了拿破仑以权力,而所有的人就像是商量好了似的
来帮助他获得这一权力。正是机会让当时的法国统治者心甘情愿
地把权力拱手相送;正是机会让保罗一世心甘情愿地承认他的权
力;正是机会让那些反对他的阴谋活动不仅没有伤害他,反而让
他的权力得到巩固;正是机会让他抓住安吉公爵并将其处死。所
有这一切机会造成的事件让人民群众相信他是最有权势的人。正
是机会让他突然改变主意,由征讨英国改为进攻奥地利,获得不
战而使对方投降的功绩;如果按原计划攻打英国,必败无疑。正是
机会和天才让他获得奥斯特里茨战役的胜利。正是由于偶然的机

会,不仅法国人,而且所有的欧洲人(英国人除外)尽管以前对其罪行深恶痛绝,现在却都承认其权力的合法性,承认他自封为帝,承认他的理想,即把暴力和罪行视为荣耀和伟大,是合理的。

西方各国通过 1805、1806、1807 和 1809 年的数次向东进攻,变得强大起来,仿佛是要借此掂量一下自己的力量,为更大的行动做准备。1811 年由法国组建的联军将这些国家的力量汇聚在一起,形成一个巨大的军事集团。此前 10 年,拿破仑召集了欧洲各国的君王,他们在拿破仑面前奴颜婢膝,承认他的暴力和罪行是荣耀和伟大。普鲁士国王让自己的妻子在拿破仑面前讨好献媚;奥地利皇帝觉得能把公主嫁给他是莫大的荣幸;教皇也用宗教来宣扬拿破仑是君权神授。由此看来,拿破仑所扮演的角色与其说是他自己准备好的,还不如说是他周围的人替他打理下来的。无论他做的事情是多么微不足道,都立即被周围的人说成是了不起的榜样。日耳曼人在耶拿和奥尔斯泰特为他举行的庆典活动,不仅把他说成是伟人,还把他的先辈、弟兄、养子和妹夫都说成是伟人。这一切都是要让他丧失最后一点理智,去扮演那个最可怕的角色。他做好了准备,兵力也为他备齐了。侵略者向东挺进,并且到达最终目的地莫斯科。俄罗斯首都沦陷,俄军的损失比对方以前从奥斯特里茨到瓦格拉姆瓦姆历次战役遭受的损失还要惨重。然而突然之间,导致拿破仑从胜利走向胜利的偶然机会消失不见了,代之而起的是情况相反的偶然性:从他在博罗季诺患感冒开始,到气候酷寒以及焚毁莫斯科的大火;同时他的天才也消失不见了,代之而起的无比的愚蠢和卑劣。他率领的法军逃跑了,一路狂奔,不停地往回跑,现在所有的机会和偶然性都不再帮助他而是与他为敌了。

反向的由东向西的军事行动开始了,在此之前它也有过 1805 年、1807 年和 1809 年尝试性的准备活动,也组建了巨大的军事同盟;也有欧洲各国的参加,也是行动过程中犹豫不决,也是越到后来行动的速度越快。同盟军到达了这次行动的最终目的地巴黎，拿破仑的军队战败、政府下台。拿破仑本人已经毫无价值，他显得既可怜又可嫌。同盟国对他充满仇恨，视之为罪魁祸首，本来应该完全剥夺其权力，充分揭露其罪行，认定他为无视任何法律的窃国大盗，就像 10 年前或 1 年后做的那样，然而由于说不清道不明的偶然性，谁都没有这样做，只是把他遣送到离法国只有两天航程的一个小岛上，让他管辖这个岛，还给他配备了卫队，还送给他数百万的金钱。将近一年后，这个让法国饱受浩劫的人未动用任何阴谋手段，孤身一人回到法国。任何一个卫兵都可以抓住他，然而由于奇特的偶然机会，没有任何人抓他，人们反而十分热烈地欢迎他，尽管前一天他们还在诅咒他，而且一个月后他们还会对他予以诅咒。他还得为一个集体行动做最后一次辩护。戏终于收场了，他的最后一个角色也演完了，卸装后洗尽铅华，他也就毫无用处了。数年过去了，这个在小岛上孤身独处的人还在自恋地回放自己上演的戏剧；本来已经不必再为自己辩护了，他还在装神弄鬼、大撒其谎来为自己辩护，从而向全世界表明，所谓的权力只不过是一只引导他行动的无形之手。当这场戏终于收场，演员已经卸装后，舞台总监指着这个演员对观众说："看吧，你们这么相信的就是这样一个人！其实真正激发你们感情的并不是他，而是我。现在你们明白了吧？"然而他们很长时间都不明白这一点。

至于亚历山大一世，他是反向的由东向西的军事行动领导者；观其一生，更加具有连续性和必然性。作为这样一个领导者，需要他具备什么条件呢？他应该富于正义感，对欧洲事务十分关注，这种关注不是只顾眼前利益，而是着眼于长远；他在人格上应该温文尔雅、富有魅力；他跟拿破仑之间应该有着个人恩怨需要了结。这些亚历山大一世全都具备，也是他遇到的难以计数的偶然机会造成的，例如受到的教育、自由主义的举措、身边的顾问们以及奥斯特里茨战役、迪尔希特会晤和埃尔夫特会议。在全民战争期间他没有什么特别的作为,因为那时还用不上他;然而到了欧洲进行全面战争时期,他就开始大显身手,一展宏图,把欧洲各国联合在一起,奔向既定的目标。他的目的达到了。1815年最后一场战争结束了,亚历山大一世处于他可能达到的权力巅峰。他是怎样对待这种权力的呢?在很年轻时他就立志为自己的民族谋求幸福,最先在自己的祖国实行自由主义改革,现在他平定了欧洲,似乎拥有更大的权力,能够为民族谋求更多的幸福;而此时拿破仑在流放之中,还在继续吹嘘自己虚幻的宏伟计划可以造福于人类。在完成自己的使命后,亚历山大一世感受到有一只上帝的手在支配着他,顿悟自己手中权力之虚假和微不足道,于是把它交给自己所鄙视的佞臣们。他对上帝说:"权力的荣耀不属于我们,只能归之于您的名下!"他还对臣民说:"我也是一个人,跟你们一样;让我像一个普通人那样生活吧,让我时时想起上帝和自己灵魂的纯洁!"

一只蜜蜂落在花上。它蜇了一个靠近的小孩,小孩害怕蜜蜂,就说蜜蜂活着的目的是蜇人;一位诗人十分喜欢这只采花的蜜蜂,就说蜜蜂活着的目的是吮吸花的香味;一个养蜂者看到它采花酿蜜,就说蜜蜂活着的目的是采蜜;还有一个养蜂者仔细观察了蜂群,就说蜜蜂采花酿蜜是为了供养幼蜂和蜂王,活着的目的是传宗接代;一个植物学家观察到蜜蜂在花中飞来飞去,就说活着的目的是传播花粉;而另一个植物学家观察到蜜蜂的活动有助于植物的迁移,就说蜜蜂活着的目的是迁移植物;等等。然而上述人们揭示的,都不是蜜蜂的最终目的;人类越是用自己的智慧去揭示蜜蜂的目的, 他们就越是难以搞清楚蜜蜂的最终目的是什么;人类能够搞清楚的,只是通过观察而了解的蜜蜂生活跟其他生活现象的相应关系而已。我们对于历史人物以及各国人民活动的目的之了解,情况也是一样的。

——《战争与和平》

九、我的文学艺术观

1.我写《战争与和平》

我说不清楚有多少次开始写 1812 年这段历史，它在我头脑中变得越来越清晰，使我迫不及待地要把它形象化地表达在纸上，然而我又多次放下手中的笔。这是因为我发现，原先采用的方法是毫无价值的；或者我无法把自己所认识和感受的那个时代完全表达出来；或者长篇小说这一体裁因其语言和技巧之简陋平常，不适合那些严肃深刻而无所不包的内容；或者我对自己那些虚构的形象感到不满意。我多次废弃了自己写下的东西，感到失望，感到无法说出自己想说的一切。而我的时间越来越少，我的精力也越来越差，如果我说不出想说的东西，就没有任何人可以说出它，这倒不是我要说的东西对人类特别重要，而是它可能对于他人没有什么意义，但由于我的文化素养和个性，它对于我是至关重要的。我写作的难点既有形式方面，也涉及内容。我心中没底的是，我的写法没有按照传统来，既不是长篇小说，也不是中篇小说；既不是叙事诗，也不是历史；似乎不是任何既定的形式。还有让我担心的是，由于要描写 1812 年的那些重要人物，我不得不去依靠历史文献，而不是根据事实的真相。由于有这些担心，时间不断流逝，而写作却几乎没有什么进展，我创作的热情也慢慢冷却下来。在经受了这么长的时间折磨后，现在我下定了决心，抛掉所有担心，一心一意去写自己想说的东西，毫不考虑这样会产生的后果，也不去想自己的工作合乎什么名分。

在本书部分发表时，我并没有保证自己会继续写下去或一定完成它。欧洲人所说的那种长篇小说，我们俄罗斯人通常是不擅长的。本书不是一部中篇小说，因为它并没有个统一的思想，也不是为了说明某个道理，也不是描述某个事件。本书也不能说是长篇小说，因为通常的长篇小说有开头，有结尾，随着情节的展开越来越复杂，最后的结局要么是皆大欢喜，要么是一场悲剧。为了说明本书到底是什么，最简便的办法就是向读者说说我写作它的经过。

1856年我开始写一部中篇小说，主人公是一个十二月党人，他正带着家人回到祖国。在写作过程中，我不知不觉间将主要注意力放到主人公较早时期多灾多难的生活，那是在1825年，而把有关1856年的内容放到一边。然而1825年时主人公已经成年，并且结婚生子了。为了加深对他的了解，我还得把时间上溯到他的青年时代，而这就到了1812年，也即所谓俄罗斯的光荣时代。于是我再一次放下已写的东西，从1812年开始写起。尽管1812年的时代气息我们还能依稀感到，但毕竟它离现在已经很遥远，我们完全可以静下心来对它进行反思。然而我不得不再一次扔掉自己所写的东西，但这不是因为需要继续往前上溯到主人公更早的时代，而是由于在写作过程中，我的主人公显得越来越不重要，而跟他同时代的那些具有伟大人格的人开始凸现出来，引发我的兴趣，处于越来越重要的位置。在他们当中，有些是实有其人，有些是我虚构的。之所以这样，是因为有一种感情开始在我身上产生，也许一般读者很难理解它，但我希望我所倚重的那些人能够明白我的意思。这种感情难以言说，有点类似于羞愧。如果我只去描写同拿破仑的法国作战获得的胜利，而不去写我们遭受的失败和屈辱，我就会感到羞愧。只要认真阅读那些关于1812年的充满爱国主义精神的作品,就会体会到其中隐含的羞愧之情。如果我们的获胜并非偶然,而是由于俄罗斯人民和军队的特性使然,那么在我们遭受挫折和失败的时候,这一特性应该表现得更为鲜明。

这样,我从 1856 年上溯到 1805 年,不是让一个人,而是让许多男人和女人去经历 1805 年、1807 年、1812 年、1825 年和 1856 年的历史事件。在其中任何一个时期我都无法预料这些人物关系的结局。尽管我想在一开始就确定小说的开头和结尾,最后仍然不得不承认,这是我无法做到的。我决定顺其自然地写下去,只是尽可能地让小说每一部分保持相对的独立性。

在读到小说中有关历史特别是哲学议论时,多数读者会摇头说:"嗨,又来了,太烦人了。"他们会跳过这些议论再往下读。我很重视这些读者的意见,很在意他们的评价,我的小说是否成功有赖于他们的认可。

他们会说,这里写得好,那里写得不好。为什么是好的?他们说,就因为它好呗。因此,他们不愿去读那些需要论证自己观点的部分。他们这样做并没有错。他们是懂得艺术的读者,我很珍视他们的评价。尽管他们不喜欢看小说的议论部分,却能够在其他部分读出我想议论的一切。如果所有读者都能做到这一点,我也就不用在小说中发议论了。我对这些读者抱有歉意,因为那些议论确实对整部小说有损害。不过这里我要解释一下为什么要插进这些议论。

我要写的是一部关于过去比较久远的历史的书。在写作过程中,我发现这段历史人们不仅是不知晓,他们从历史记载中获得的认识是完全违背事实的。因此我感到有必要论证自己的话,表明作为我写作根据的观点。也许有些人会建议我不要在小说中加入这些议论。我的回应是,如果没有这些议论,也就没有随后的那些叙述。

本书的另一些读者特别在意小说的历史意义方面的东西。他们许多人认为我在书中没有将应有的光荣赋予罗斯托普金和维特波格亲王,并认为这也是俄罗斯人民的光荣。我的回答仍然是我经常说的那句话:我竭尽心力写的是人民的历史。如果真正了不起的是人民,那个说"我要把莫斯科烧为灰烬"的罗斯托普金和那个说"我要惩罚我的子民"的拿破仑就不是什么伟大人物。人们质问我:以你的才能为什么不去描写英雄人物呢? 这就像一个瘦得皮包骨头的老太太对我说,既然你这么富于才华,为什么把我的侄女描写得那么美,而不愿意写我呢? 我的回答是,太太,正因为我是一个艺术家,除了把你写成一幅漫画外,我不能把你描画成别的什么;我这样说不是为了冒犯你,只因为我是一个艺术家;作为一个艺术家,我始终不渝地追求美,如果你能够向我展示这一点,我会向你顶礼膜拜。有不少人会说,正因为你是一个艺术家,你可以通过乔装打扮来把她变成一个美女。在他们看来,艺术家就像一片片金箔,只要想给什么贴金就可以把它们用上去。然而艺术有它自身的规则。如果我是一个艺术家,如果我把库图佐夫描写得很好,这并不是由于我想这样做(我想不想这样做在这里都不起作用),而是他本身具有被美化的条件,而其他的人没有。不管我怎样努力,都不可能把罗斯托普金或米罗拉多维奇描写成一个很美的人物,他们的形象只能是滑稽可笑的。尽管崇拜拿破仑的人数不胜数,却没有一个诗人能够把他塑造成美的形象,而且永远也不会有人能做到这一点。

——《战争与和平》初稿

2.我看莎士比亚

在最初读莎士比亚作品时,我感到十分惊讶,因为我曾经期待着能获得极大的美的享受，然而我读了那些人们公认的杰作《李尔王》《罗密欧与朱丽叶》《哈姆莱特》和《麦克白》后，不仅没有获得任何美的享受，反而有一种情不自禁地厌恶感。我对自己的看法还缺乏自信，50 年来，我尽一切可能来检验这一点，通读了莎士比亚作品的俄译本、英文本、德文本，包括他的悲剧、喜剧和历史剧，而且不止一遍，获得的感受却是一样的：满怀厌恶和疑惑。现在我已经 75 岁了，为了写作本文，我再次读了莎士比亚的全部作品，包括《李尔王》《哈姆莱特》《奥赛罗》、关于亨利的历史剧、《特洛伊罗斯与克瑞西达》《暴风雨》和《辛白林》，仍然强烈地体验到厌恶之情，不过不再有疑惑，而是坚信其作品根本就没有人们普遍说的那些优点，是有害无益的。这些所谓的优点，只不过是由于莎士比亚所具有的天才作家的声誉使得现代作家纷纷向他仿效，使得广大公众扭曲了自己的审美和道德观，在其作品中寻找根本就不存在的东西。

我很清楚，尽管我在这里发表了自己的观点，大多数相信莎士比亚的人仍然会认为我的评价是不公正的，甚至会毫不理会我说的话。然而我还是要竭尽所能来说明，为什么我不能认定莎士比亚是伟大的天才作家；他甚至还够不上一般作家的水平。

莎士比亚的所有戏剧都具有一个特点：剧中人物的生活方式、想法、说话和举止都跟他们所生活的时间、地点不相符合。例如《李尔王》的剧情是发生在基督诞生前 800 年，然而其中的人物却只有在中世纪才可能存在，如国王、公爵、军队、私生子、侍从、朝臣、医生、农民、军官、士兵、带甲骑士等。如果说在 16 世纪和 17 世纪初，莎士比亚的这种错误还不会破坏人们对其作品产生的幻觉，那么到了今天，人们已经不可能完全无视于这种虚假性了。

在莎士比亚的戏剧中，不仅事件的进展跟时间、地点不相符合，而且人物的行为也不符合他们应有的性格，具有很大的随意性。人们普遍认为，莎士比亚对戏剧人物性格的塑造是特别成功的，这些人物形象鲜明、丰富多彩，既有共性又有个性。对此人们几乎是众口一词，毫无疑义。然而我在莎士比亚作品中看到的却是完全相反的东西。莎士比亚的所有戏剧都有一个通病：即缺乏"语言"这种塑造人物性格的主要手段，也就是不能让每个人物用符合其性格的语言来说话。莎士比亚剧中的人物说的都不是自己的语言，而是莎士比亚式的语言，千口一腔，矫揉造作；这种语言本来是任何剧中人物都不可能说的，而且是任何人在任何场合都不可能说的。所有的人说的话都差不多。李尔王的胡言乱语跟埃德加说的几乎一样，其他人说的也是这样的。我们无法根据一个人的说话来把他同其他人物区别开来。如果说这些人物说话也有区别，那只是莎士比亚在替不同的人物说着不同的话，而不是不同的人物自己在说话。

　　莎士比亚的戏剧《奥赛罗》是取材于意大利的一个短篇小说，《哈姆莱特》也是一样。像安东尼、普罗多斯、克里奥佩特拉、夏洛克、理查等人物也都是来自前人的作品之中。然而莎士比亚在利用这些作品时，不但没有把这些人物塑造得真实鲜活，反而让他们丧失本色，去干一些不合乎性格的事情。例如《奥赛罗》，尽管可以算是莎士比亚写得最好、毛病最少的戏剧，其中奥赛罗、伊阿古、凯西奥和艾米利亚的性格要比其原本小说描写的差远了，显得既不生动也不自然。那么莎士比亚为什么被人们认为是塑造人物性格的大师呢？这是因为他确实有过人之处，那就是十分善于安排表现情感的场景。尽管他安排的场景并不自然，人物的语言也不符合其本性，人物的形象缺乏个性，这些人物的情感活动仍然可以在某些场景中得到体现，并通过那些优秀演员的表演而获得观众的同情，虽然这样的时间十分短暂。

　　莎士比亚自己就是演员，他的脑子十分灵活，在表现人物情感时，不仅使用了语言，还运用了感叹、手势、重复话语等手段。在许多场景中，莎士比亚的人物根本不用说话，只是通过感叹、哭泣或在独白中使用手势来表达自己沉重的心情，或者像奥赛罗、迈克杜夫、克里奥佩特拉等人那样，反复提问并让他人重复那些令人震撼的词句来表达自己强烈的感情。这样造成的效果往往被评论者看成是莎士比亚塑造人物性格的才能之体现，实际上这样的表演尽管在某些场景可以表达人物的强烈感情，但接下来却是大段大段的道白，既无必要又不符合人物性格，而是作者随意安排的，这样并不能真正塑造出人物性格来。

文艺作品特别是戏剧首先要做到的，是在读者或观众心中造成一种幻觉，即让他们感受到作品中人物的情感。为此，剧作家不仅要知道自己的人物应该说什么和做什么，还要知道他们不说什么和不做什么，为的是避免干扰读者和观众的幻觉。剧中人物的话语，即使十分生动、寓意深远，只要它们是多余的，与境况和人物性格不符，就会干扰观众的幻觉，观众正是在这种幻觉的作用下才能够入戏。有时剧中人物少说话反而能够增强观众的想象力，这时观众自己会去继续剧中人物的话语。而那些多余的话就像击碎了由许多小块物品堆砌而成的雕像，或者像从幻灯机里取走了灯光，让观众失去了幻觉，只看到剧作家和演员，而这种幻觉的丧失有时是无法恢复。因此，对于艺术家特别是剧作家而言，把握分寸是十分重要的，而莎士比亚所缺乏的就是分寸感。

莎士比亚作品中的人物所说所为，不符合其性格，也是没有必要的。无论人们给莎士比亚加上怎样的光环，无论他们怎样称赞他的作品，毋庸置疑的是，莎士比亚不是一个艺术家，其作品也不是艺术品。就像没有节奏感的音乐家不是真正的音乐家一样，缺乏分寸感的艺术家也不是真正的艺术家。莎士比亚的作品大都是拼凑的抄袭的肤浅之作，根本就说不上是什么艺术和诗。

我们知道，一部文艺作品是否优秀，取决于三个方面：(1)其内容是否有意义；(2)其形式是否优美；(3)作者态度是否真诚。莎士比亚作品在这三个方面的情况如何呢？从内容上说，莎士比亚作品体现了一种庸俗低下的世界观,崇尚贵族外在的高贵,鄙视劳动人民,反对改变现有的一切制度,包括宗教和人文方面的东西。从形式上说,莎士比亚作品除了个别场景外,没有任何合情合理的地方,人物没有自己的语言,也就是缺乏分寸感,算不上是艺术品。从作者态度看,莎士比亚的所有作品都是矫揉造作的,他的态度不是认真的,而是在逢场作戏。

既然莎士比亚作品根本就不符合任何一种艺术要求,那么为什么一百多年来它们会享有如此巨大的声誉呢?这一问题确实难以简单回答,因为一方面是其艺术作品鄙俗不堪、毫无价值,另一方面又被人狂热吹捧、视为极品,两者的反差是如此巨大。怎样来解释这一现象呢?

我曾多次同莎士比亚的崇拜者谈到这个问题,从他们的回答中我找到了问题之症结:他们不是通过理性来评判莎士比亚,而是出于一种对他的盲目信仰。换言之,这些人都是受到一种流行观念的蛊惑。这种缺乏理性的蛊惑,在人类生活的各个领域都出现过,而且现在仍然存在。只有彻底摆脱这些蛊惑,才会发现其荒谬性,而在此之前是将其视为无可争辩的真理,不必加以任何讨论。报刊的大量发行又进一步扩大了这种错误观点的流行。

在 18 世纪以前,莎士比亚在英国并没有特别的名声,受到的评价甚至还低于同时代的其他戏剧家。他声名鹊起是开始于德国,然后再转回英国。18 世纪末,德国本土并没有像样的剧作家,人们大都崇尚法国戏剧,然而有一个由作家和诗人组成的小团体开始厌弃虚假平庸的法国戏剧,将目光转向英国,并且看中了莎士比亚戏剧。歌德是这个小团体的首领,他的看法对公众的影响极大。他称莎士比亚是伟大的诗人,而那些根本不懂艺术为何物的评论者则随声附和,在莎士比亚作品中寻找根本就不存在的美。他们的做法就像一群盲人在一堆石头里寻找钻石,经过多次反复摸索,最后得出结论说,这些石头都是钻石,特别是那些摸起来十分光滑的石头尤其珍贵。为了让自己对莎士比亚戏剧的赞美显得有说服力，他们还编造了一套所谓的美学理论，即所有的艺术作品特别是戏剧，根本就不需要有什么明确的世界观和宗教观，只需描写人的情欲和性格就可以了，而且这种描写是完全客观的，不应加以善恶评价。这样一来，莎士比亚作品就完全符合这种理论要求，成为十全十美的东西。

因此，莎士比亚作品获得巨大名声的原因有三个：首先是德国人厌倦了虚假平庸的法国戏剧，转而寻求更有生气的戏剧；其次，德国的年轻作家在写作戏剧时需要找到一个可以仿效的典型；最后也是最主要的，德国那些缺乏审美意识的评论家对莎士比亚的狂热吹捧。与这些外在原因相对应的，是莎士比亚作品获得巨大名声的内在原因：它们完全符合当时社会上等阶层那种厌弃宗教和道德的情感要求。

如果我们只是说，莎士比亚是一个比较优秀的作家，有诗歌方面的特长，作为演员和导演也还不错，那么尽管这种评价仍有过誉之嫌，却会让许多年轻人免受其害。然而实际的说法是，莎士比亚是最伟大的诗人和道德方面的导师，这就无法不让年轻人受其有害影响。因此我认为应该尽快摆脱对于莎士比亚的盲目崇拜。在这之后，我们就会认识到，戏剧如果不以宗教原则为基础，就是成为鄙俗不堪的东西；接下来我们就会去寻求一种新的戏剧形式，它可以唤醒我们心中的宗教意识。

——《莎士比亚与戏剧》

3.我看莫泊桑

我们说一个作家有才华，是指他有一种天赋，就是能够把精力专注于自己感兴趣的事物之上，因此能够发现一些新东西，是其他人看不到的。莫泊桑显然就是这样一位作家。不过在读过他的作品后，我不得不遗憾地说，他还缺乏创造一个真正艺术品所必需的主要条件。创造艺术作品需要三个条件：一是作者对事物的正确态度，也就是道德；二是表达清晰，也就是形式优美；三是艺术家对其描述的事物有真诚的爱憎之情。莫泊桑只具备后两个条件，而缺乏第一个条件，也就是说，他对所描写的事物没有正确的态度，没有道德。他的作品，从我读过的来看，我相信他是有才华的，即在生活中能够发现他人之所不能见。他还能简洁明了地表达自己想要说的一切，即具有优美的形式。他的态度是真诚的，从不假装爱或憎，是真心实意地爱着或恨着他所描写的事物。而这是一部作品具有艺术价值的必备条件。然而令人遗憾的是，他还缺乏艺术作品所必备的第一个条件，而且还是最主要的条件，也就是缺乏对他所描写的事物正确的道德态度，缺乏辨别善恶的能力，因此他喜爱并描写了那些不应该喜爱和描写的东西，却不爱那些应该喜爱和描写的东西。在他的作品中，不厌其详地描写了女人和男人之间怎样相互勾引，甚至包括一些污秽行为的描写。在描写农村的劳动人民时，他的态度就像是对牲口一样充满蔑视。

包括莫泊桑在内的多数法国新作家都有一个通病：完全不理解劳动人民的生活和利益诉求，把他们看成是行事蛮横、被私欲所控制的畜生。莫泊桑描写的人民都是行为粗野、表情愚笨、并遭人嘲弄的。尽管法国作家或许比我更了解他们的人民，我仍然相信，他们这样来描写人民总是不对的，法国人民不可能是他们描写的那个样子。如果法兰西真的像我们所了解的那样伟大，产生了那么多对科学、艺术、文化、道德做出巨大贡献的人物，那么，以其结实的双肩扛起这些伟大人物的法国劳动人民就不可能是畜生。因此，如果一个作家像莫泊桑那样带着厌恶和嘲弄的态度去描写劳动人民的生活，他在艺术上就犯了一个最大的错误：他只是从毫无意义的肉体方面来描写他们,却完全忽视了构成其内在本质的精神方面的东西。

不过在读了莫泊桑的《一生》之后,我开始改变对他的看法。这一作品不仅是莫泊桑最好的作品,还应该说是自雨果《悲惨世界》以来法国最优秀的作品。在这部长篇小说中,作者几乎同等程度地具备了构成一部真正艺术作品的三个条件:(1) 对待事物正确的道德态度;(2)形式优美;(3)态度真诚,即对所描写的事物充满爱。小说作者不再把生活的意义归之为男男女女之间各种放荡和堕落的行为。小说描写了一个可爱的女性,她十分纯朴,愿意献身于所有美好的事物,却遭到侮辱和伤害。作者对她也就是对善充满了同情。这里莫泊桑的写作技巧十分完美,在我看来,还没有其他法国作家能达到如此高度。更重要的是,他是真正强烈地深爱着这个所描写的善良之家,真正强烈地憎恶着破坏这个家庭、伤害小说主人公的恶棍。尽管小说还有一些瑕疵,例如对这个少女皮肤的细致描画,她听信了神父劝告怀孕当了母亲(这一情节既不可能又无必要,减弱了女主人公纯洁的感染力),还有受到羞辱的丈夫复仇的情节(它显得极不自然);尽管有这些不足,我仍然认为这是一部杰作。莫泊桑开始认真地审视人生,并进行了深入研究。

在这以后我读了莫泊桑的长篇小说《俊友》。这本书充满了污浊的东西,作者好像写得十分随意,有时竟然忘记了自己对主人公基本否定的态度。不过总体来说,它跟《一生》一样,创作态度还是严肃认真的。在《一生》中,作者因那个被伤害的美丽女子的悲惨生活而感到困惑不解;在《俊友》中,他对那个充满粗野情欲的恶棍则不但感到困惑,还产生了愤怒之情。这个恶棍正是靠着这种情欲而爬上社会的高位,因此,作者在这里也对其所代表的整个阶层的荒淫无耻产生了愤怒之情。如果说在《一生》中作者是在提问:为什么这样一个美丽的女性会遭受如此的伤害,那么在《俊友》中他就是在回答这一问题：所有纯洁善良的东西之所以遭到毁灭，是因为这个社会是如此疯狂、堕落和可怕。

在以后的作品中，莫泊桑对生活的道德态度变得混乱起来，相应的评价模糊不清，到最后几部长篇小说，他的态度完全颠倒过来了。在获得时髦作家的桂冠后，莫泊桑抵御不了随之而来的诱惑，报纸的颂扬、社会公众特别是女人的赞美、不断增长的稿酬、编辑们不问作品质量只看名声的约稿和吹捧，都使得他飘飘然。他屈从于这种诱惑，尽管在小说的形式上他还是讲究的，也还喜爱自己描写的东西，却随心所欲地去写一些东西，完全不问它们是善是恶、是美好还是丑恶。从《俊友》开始，莫泊桑的长篇小说就有随意而为、主观臆造的痕迹。在这以后，他更是不以道德的态度来要求自己，而只考虑小说的人物及其活动是否生动有趣、能否吸引读者的眼球。因此，除了第一部作品，莫泊桑所有的长篇小说都是写得不好的。不过好在他还写了许多短篇小说，在这些作品中，他没有受到那种虚伪的文学理论的影响，写的不仅是他感到优美的东西，更是激发起他道德感的东西。从他的短篇小说(不是全部，而是其中最优秀的部分)中可以看出他的道德感是怎样发展的。

最让莫泊桑痛苦的是人的孤独，精神上的孤独，他多次谈到这种现象。人与人在肉体上的联系越是紧密，他们之间的隔阂就越让人感到痛苦。那么他希望的是什么呢？怎样才能打破这种隔阂？怎样才能结束这种孤独状态？只有爱，但不是那种女性的爱(他已经对之感到厌恶)，而是一种纯洁神圣的精神上的爱。他在追求这种爱，向往这种爱，要冲破精神上的桎梏来奔向这种爱。莫泊桑的一生是一场悲剧，这是因为，尽管处在行为丑恶、道德堕落的人群之中，他以其杰出的天才力求摆脱这些人的影响，力求获得解放和自由。然而这种抗争耗尽了他最后一点气力，还未能获得解放就被毁灭了。

那些口渴难耐的人们到处寻找水源,唯独不会到那个脚下踩着泥浆的人那里去寻求,因为他们没有看到清水,只看到泥浆。其实清水就在泥浆的下面不断地流淌着。莫泊桑的情况就是这样的:他就是那个脚踩泥浆的人,他不知道其实自己寻求的真理就在泥浆下面不远处。莫泊桑的悲剧在于,他生命中虚假的东西同他开始意识到的真实产生了冲突,而他也开始了精神上的重生。他那些优秀作品,特别是他的短篇小说,就是这种重生的痛苦之表现。如果他不是在重生的痛苦中死去,那么他会给我们创作出更多了不起的富有教育意义的作品;不过就他已经给我们的而言,就足够多了。为此我们要感谢这位勇敢而正直的人。

——《莫泊桑文集》序言

4.我看屠格涅夫

普通人的生活充满了劳作和困苦,要比我们这样的人高尚得多;因此,如果我们在写作中再去专拣他们的毛病写,就太不对头了。他们身上确实有不少毛病,但我们在描写他们时应该尽量说他们好的地方,就像对待那些已经去世的人一样。屠格涅夫在这一点上做得很好,而格利戈维奇写的《渔夫》就做得很不好。这些阶层既可怜,又值得我们尊重,他们身上的善要比恶多得多;我们不应该把兴趣专注于他们的毛病上,探求他们善的缘由要比对其吹毛求疵更为自然和高尚。

(1853 年 10 月 26 日)
——《日记》

如果屠格涅夫在彼得堡，请你代我征求他的意见，允许我在自己的小说《一个士官生的故事》上题词"献给伊·屠格涅夫"。这是因为，我在重读这篇小说时发现，其中有不少地方模仿了屠格涅夫的写法，尽管这种模仿是无意的。

（1855 年 6 月 14 日）

——《给帕纳耶夫的信》

幸亏我没有听屠格涅夫的；他多次对我说，一个文学家只应该搞文学。我做不到这一点。记得好像是司各特说的：我们不可能用文学来制造拐棍和鞭子。现在我们这里"拐棍"已被折断，我应该怎么办呢？我们的文学如果不说是不合理的，最起码也是不正常的，因此不可能把我们的全部生活建立在它上面。我想屠格涅夫应该同你在一起，你可以把这封信念给他听。亲爱的伊凡·谢尔盖也维奇（屠格涅夫），听说你要留在罗马，这让朋友们很失望，也让你的对头们一面表明是爱你的，另一面又责备你是懦怯的和轻率的。我碰见的每一个人几乎都是这样来说你的。现在大家都需要你：我本人，整个文学家团体，还有你的庄园；听说你的庄园已经乱作一团。我回顾了一下过去，似乎也指责过你，不过说得很少，我只是在跟妹妹谈话时才无所顾忌地议论过你。其实我的主要想法是，知人知面难知心。任何一种在别人看起来有些古怪的生活方式，都有它的理由，都可以得到解释。你的生活方式也是可以解释的。如果你要写的书已完成，请寄给我。那些能够理解你的人都期待着这本书，看到它一切都可以明白。如果相信我们之间的友谊，请在信中坦率告诉我，你现在干些什么，想些什么，为什么要留在罗马。这些问题一个月来让我寝食不安，十分苦恼。

（1857 年 11 月 1 日）

——《给波特金和屠格涅夫的信》

　　我刚读完屠格涅夫的《前夜》。下面是我的看法:写小说是一件费力不讨好的事情,如果是写给那些神情忧郁、无所适从的人看的,就更是如此。不过它比《贵族之家》要好得多,里面的反面人物(画家和父亲)刻画得不错。但其他人物的刻画则很不成功,不仅没有典型性,一个个都鄙俗不堪。这是屠格涅夫作品的一个通病,不只是存在于这一部作品中。特别是对那个姑娘的描写,实在是太糟糕了:例如"我是多么爱你啊""她那长长的眼睫毛"……我不能理解的是,像屠格涅夫这么有头脑的人,有着诗人般的灵感,在写法上却总是老一套。特别是对反面人物,写法尤其老套,就像果戈理一样,对人物毫无同情,只是凸现其丑陋的一面,没有丝毫的怜悯之心。这跟整部作品的基调以及自由主义思想是相矛盾的。也许在过去,在果戈理时代这么写没有什么不好。不过即使这样,也应该对这些卑劣的人物直截了当地痛骂一顿,或者把他们挖苦得无地自容,而不应该像屠格涅夫这样,表现出一种忧郁和消化不良的状态。尽管《前夜》不受欢迎,现在其他的人还写不出来这样的小说。而奥斯特洛夫斯基的《大雷雨》在我看来是很糟糕的作品,却大受欢迎。这不是奥斯特洛夫斯基和屠格涅夫的错,而是我们的时代出了问题。

(1860 年 2 月 23 日)
——《给菲特的信》

　　屠格涅夫的小说《父与子》读起来也还有趣,不过远远低于我的预期。我认为它的主要缺点是态度冷淡,十分冷淡,按照屠格涅夫的才华,本不应该如此。你所说该书的优点确实存在,布局严密周详,语言考究精致,技巧娴熟,然而该书没有一个地方是在激情的驱使下一气呵成的,因此无法打动人心。跟你的看法不同,我深感抱歉;为了避免误会,我还得告诉你的是,现在我跟屠格涅夫之间已经断绝了一切个人往来。

（1862 年 5 月 1 日）

——《给普里特沃夫的信》

　　这些天我一直在回忆屠格涅夫，比以前更加爱他，痛惜他的逝世，并且不断地阅读他的作品，就好像我仍然同他生活在一起。我一定会在纪念大会上致辞，或者写好后由别人代念。你就这样对尤利也夫讲吧，不过时间最好在 15 日。我正在读屠格涅夫的《满足》。你也可以读一读，写得很好。

（1883 年 9 月 30 日）

——《给托尔斯泰夫人的信》

　　我妹妹曾同屠格涅夫有很好的关系。屠格涅夫看到我写给她的信，对我产生好感。在认识我之前他就同我妹妹相识，并常常通信。你可以去问问她，我想除了这一封，她那里应该还有一些有意思的信。

　　我认为你的工作很有意义，我也很感兴趣，但目前我还不打算写关于屠格涅夫的任何东西，尽管想写的很多。我一直喜爱屠格涅夫，但直到他去世后才真正认识到他的价值。我相信你对屠格涅夫的看法跟我是相同的，因此我十分赞许你的工作。这里我再谈谈自己对他的看法。他的最大特点就是真诚。我认为，任何文字作品包括文学创作都包含三个要素：(1) 什么样的人在写作；(2)他写得怎样；(3)他写的是不是真心话。这三个要素的不同组合，决定着一部作品的好坏。屠格涅夫是一个很好的人，他不很深刻，比较软弱，却是一个善良的好人，他能够很好地写出自己所思所感的东西；这三个要素完美地结合在一起，不可能做得比这更好的了。因此,屠格涅夫对我国的文学产生了良好的影响。他在生活中探索,并写下自己探索到的一切。他不像有些人那样,运用手中的笔把自己的想法掩饰起来,而是用它来袒露自己的所有想法,没有任何疑虑。在我看来,屠格涅夫的生活和创作有三个阶段:(1)信仰美,信仰女性的爱情和艺术,这在许多作品中都有表现;(2)怀疑美和一切东西,《满足》一书生动地表现了这一点;(3)信仰善,也就是信仰爱和自我牺牲,这一点他没有用文字来表达,似乎是有意这样做的。他说过,他作品中最有分量和感人的东西都是无意识的。这一信仰是他生活和写作的动力,在他作品中所有具有自我牺牲精神的人身上都有体现,而以《哈姆莱特和堂吉诃德》一文表现得最为突出。在该文中,由于采用了一种奇特荒诞的形式,屠格涅夫在宣传善的信仰时显得十分从容自如。关于屠格涅夫我还有许多话要说,可惜由于种种原因我未能在纪念大会上发言谈谈他。

(1884 年 1 月 10 日)

——《给培平的信》

5.由伯伦茨的《农民》所想到的

一位熟识的朋友向我推荐德国作家冯·伯伦茨的长篇小说《农民》,这位朋友对文学的鉴赏能力是我深为佩服的。读完该书后,我感到惊讶的是,这么好的作品出版两年了,竟然很少有人知道它的存在。

跟现在那些大量充斥于市场的假艺术作品不同,这是一部真正的艺术作品。它不像有些小说,作者对所描写的人和事毫无兴趣,只是为了学习写作技巧而勉强把这些东西捏合在一起;它也不像有些小说或戏剧,徒具艺术作品之名,实际上只是有着确定主题的论文,以此来蒙骗读者大众;它也不像有些颓废派小说,满纸荒唐言,或者故弄玄虚地玩弄文字游戏,却自命不凡。它是真正的艺术作品,作者说的是他不得不说的话,因为他热爱自己所说的事物;他既不发议论,也不用稀奇古怪的比喻,而是采用诗的语言,这是唯一可以传达艺术内容的手段;他如实地描写那些平凡普通的人,而他们是以某种必然性联系在一起的。

这部小说不仅是一部真正的艺术作品,它还满足了一部杰出作品应该具有的三个条件:(1)内容十分重要,关涉农民即大多数人的生活,而他们构成了所有社会的基础,在当代,不仅在德国,整个欧洲都发生了制度的重大变化;(2)技巧和语言优美,作品中的人物使用劳动者强劲有力的语言说话,特别富于感染力;(3)整部作品充满了作者对所描写对象的爱。例如书中有一处是这样描写的:丈夫整夜酗酒后清晨回家敲门,妻子不仅不开门,还恶狠狠地骂他。最后她还是开了门,丈夫冲进来想到里屋去,而妻子拦住他不让进,把他往外推,为的是怕孩子们看到他那副醉汉的样子。但他抓住门框并同她打起来。平时他是很和善的,现在却处于狂怒之中。他向妻子扑去,抓住她的头发,要她把前一天从他口袋里拿走的钱还给他。她不肯还。他更加愤怒,往她身上一顿猛揍,她还是不还。他把她推倒在地,自己也倒下去了,继续逼她交钱,在没有得到回答后还想掐死她。然而他看到血从她头发中渗透出来,顺着额头和鼻子流下来,他为自己的行为感到害怕,就放开了她,摇晃着身子走到床边,倒在上面。

这一情境十分真实而且可怕。而作者对他的主人公充满热爱,表现在一个细节上;这一细节使得读者眼前为之一亮,尽管这些人行为粗暴,仍然对他们充满同情和热爱。遭到毒打的妻子醒过来后,爬了起来,用衣襟擦了擦额头上的血迹,揉着疼痛的手脚,推开门去安慰那些哭喊着的孩子,同时眼光在寻找丈夫。这男人躺在床上一动也不动,头却倒挂在床边,脸上因充血而通红。妻子上去小心翼翼地托起他的头搁在枕头上,然后才整理自己的衣服,那上面有一小把被丈夫拔下来的头发。即使花费几十页的议论也无法说清楚这一细节所表达的一切。它向读者显示了传统习俗造成的夫妻之间具有的义务,以及不愿交出家庭生活所必需的金钱的决心。这其中既有委曲求全,也有对殴打者的宽恕;既有怜悯心,也有对丈夫即孩子父亲的爱。不仅如此,这一细节还向读者显示了千百万跟这对夫妻一样的男男女女的内心生活,让读者去尊重和热爱这些遭受折磨的人们,还让读者去思考,为什么这些本来可以过着美好爱情生活的人却不得不过那种忍气吞声、遭人唾弃和愚昧无知的生活。在小说的许多地方都可以看到这种反映作者热爱自己书中的人和事的细节。

凡是读过这部小说的人都承认,它是一部杰作。然而该书出版3年以来,尽管还被翻译刊载在《欧洲导报》上,在俄罗斯和德国却都没有引起任何注意。最近我问过几位德国文学家,他们只听说过伯伦茨这个人,却没有读过他的小说,然而他们却读过左拉、吉普林、易卜生、邓南遮甚至美特林克的作品。

马匹和车辆作为交通工具是有用的,衣服和房屋作为御寒的物品是有用的,好的食物作为维持体力的东西是有用的,然而人们一旦开始把这些手段当作目的,认为最好的事情就是尽可能多地拥有马匹、衣服、房屋和食物,那么这些东西就成了有害无益之物了。现在书刊出版业也发生了这种情况。对于那些富裕阶层来说,它不再是传播文明的工具,传播的是愚昧无知。这是因为,现在书刊、报纸成了十分富有的大型企业,它们要获得利润就必须有最大量的顾客,而顾客的量越大,其趣味就越低下。为了让出版物受到最为广泛的欢迎,就必须迎合大多数顾客的要求,也就是他们低下的趣味。现在书刊、报纸正可以满足这种需要,因为它们的工作人员大都是具有这种低下趣味的人。这些人由于他们编排和推销的出版物畅销而获得很高的报酬。这就更进一步激发他们出版这类东西的积极性,这样的东西已经泛滥成灾,对广大读者造成越来越大的精神伤害。

如果一个普通百姓出身的年轻人去自己选择书籍阅读,即使他十分聪明好学,在 10 年间天天勤奋阅读,也不可能读到一本好书,读的全是那些愚不可及、毫无道德可言的书籍。而且更糟糕的是,由于长期接触这些书籍,他的理解和欣赏的能力也越来越差,以至于偶尔碰到一本好书,他也无法认识其真正价值。就我记忆所及,近半个世纪以来,读者的欣赏能力是越来越差。我只以自己熟悉的文学领域来说明这种情况。例如俄罗斯的诗歌,在普希金、莱蒙托夫之后,是麦可夫、伯伦斯基、菲特,然后是并无才华的涅克拉索夫,随后是矫揉造作、平庸无奇的阿·托尔斯泰,接着是单调乏味的纳德森,随后是更为平庸的艾帕金,再往后就更为混乱,假冒伪劣的诗人难以计数,他们根本就不知道什么是诗,也不明白自己写的是什么,是为什么而写。还有一个例子是英国的情况。英国小说一开始是伟大的狄更斯,然后下降到乔治·艾略特,再下来是萨克雷。再往后就是吉普林、霍尔·肯恩、莱特·哈德这些本不值一提的人。美国的例子更让人吃惊:在爱默生、索罗、洛维·惠德这些杰出作家之后竟然是一片空白,只有那些让人不忍卒读的劣质小说充斥于市,尽管它们的装帧和插图十分漂亮。

现在那些所谓有教养的文化人愚昧到如此地步,竟认为古代以及 19 世纪那些伟大的思想家、诗人、小说家都已经过时,不能适应他们较为高级的要求了。他们带着蔑视或宽容的态度来对待这些作品。现在是尼采那种反道德的、粗野狂傲的、自相矛盾的妄言被当成最高哲学成果;颓废派诗人那些只讲韵律、毫无意义、矫揉造作的东西被当成第一流的诗歌;那些连作者都不知晓其意义的戏剧在各个剧场上演;那些既无思想又无艺术性的假冒伪劣小说成为畅销数百万册的产品。

我们习惯于把作家分为三六九等，分为天才的或第一流的、颇有才华或第二流的、稍有才华或第三流的，等等。然而这种区别并不能帮助我们找到那些真正有价值的书籍，反而更加坏事。这是因为，这种区分自身就极不可靠，它能沿袭下来只是由于大家习惯了而已。而且所谓第一流的作家也有极坏的作品，而那些被看成不入流的作家也有极好的作品。如果一个人相信这种区分，他就会失去许多真正有价值的东西。能够给予那些寻求好作品的年轻人或普通老百姓帮助的，只有那种真正的评论，它是出于公心，不属于任何小团体，能够理解和热爱艺术。应该让这样的评论具有权威性，使之胜过那些以金钱为依托的广告。伯伦茨的这部小说就像其他许多杰作一样，被淹没在难以计数的伪劣作品的大海之中，不被社会公众所知；而那些毫无价值、微不足道甚至极其有害的作品却被人广为评论和赞扬，动辄畅销数百万册。因此，我很想借这个机会把自己的一些想法说出来，哪怕是简要地说一下也是好的，因为这样的机会也许再难找到了。

——《关于伯伦茨〈农民〉的序言》

6.我看瓦格纳的音乐

今年我首次有机会听到人们所说的瓦格纳最出色的作品。演奏水平也是很出色的。然而我没有听完就退场了，原本是想等到演奏结束，以便可以做全面评价；这倒不仅是因为该作品枯燥无味，而是它的矫揉造作，让我实在难以忍受，第二幕还没有演完我就离开了。据我所知，《尼伯龙根的指环》本来是民间叙事诗中最缺乏诗意、最为拙劣的一部，而瓦格纳作为一个十分平庸的作曲家，又想标新立异，于是就改写了它，加进一些德国式的哲学色彩,构造了一些类似音乐的音符,并由一些化了装的人极不自然地大声喊出来,表演了这个以戏剧来表现的故事。

其实每一种艺术都有它自己的任务和范围,例如风景画只能是描绘流水、树林、田地、远景、天空,而任何诗歌或音乐都无法表达画家想告诉我们的东西。音乐尤其是这样,因为它是最感动人的,要比其他艺术形式更能激发人的情感。真正的音乐只能表达音乐才能表达的东西。而音乐的表达有其自身的规律,有开头、中间部分和结尾。音乐家要用艺术表现什么东西时,就应该遵循这些规律。而瓦格纳是怎样做的呢?如果你看了他写的总谱,就会发现这只是一些堆积在一起的音符,没有任何音乐内容,没有内在联系。我们可以随意倒换这些音符和乐句的位置,而不会有任何区别。因此,这里并没有真正的音乐作品。为了让这些音符具有意义,就必须在表演中去听它们。即使这样,我们也无法获得对音乐的艺术感受,只能听到一种图解那种极其差劲的叙事诗的音乐模仿品。瓦格纳的其他类似作品都有这一特点。

瓦格纳不仅是一位音乐家,也是一位诗人;要评价其作品,还得熟悉他所写的歌词。这一主要作品是《尼伯龙根的指环》,它对当代艺术有着重大影响,以至于每一个艺术家都必须对此做出反应。我仔细阅读了这部作品,并且作了摘要。我希望读者去读一读它,至少读读这个摘要。于是你就会发现,这是一部多么拙劣甚至可笑的诗歌赝品。然而有人说,如果没有看过舞台上表演的瓦格纳作品,那就不可能对它做出正确评价。今年冬天我在莫斯科看了《尼伯龙根的指环》第二幕(人们说它是最为精彩的一幕)的演出。这个剧最初是在拜洛特演出,人们从世界各地来到这里,每人要花1000卢布来看表演。那些附庸风雅的人连续4天看这种虚假荒诞的演出,每天要在剧场坐6个小时。人们为什么要这样不辞辛劳地来看这种演出,并且众口一词地称赞它?我们应该怎样看待瓦格纳作品的这种成功?

　　我的解释是：由于他的地位特殊，拥有十分巨大的资源，通过长期尝试极为熟练地掌握了制造伪劣艺术品的方法，就能够制造出以《尼伯龙根的指环》为代表的一大批仿制艺术品来。在这些作品的舞台表演中，瓦格纳为了显示其诗意而无所不用其极：各种古代传说的东西如睡美人、仙女、小矮人、战争、宝剑、爱情、血缘、婚姻、妖魔、鸣叫的小鸟……应有尽有。瓦格纳以其独特的天才将这些达到最完美的水平，对观众起了强烈的催眠作用。人们说，如果你没有在拜洛特看过瓦格纳作品的表演，就不可能对它做出判断。这恰好说明，这里展现出来的根本不是什么艺术，而是催眠术。那些迷信招魂术的人也说过类似的话：为了让你相信他们的幻觉是真实的，他们总是说，你必须去体验一下，参加几次神灵降临会，才能做出正确判断。也就是说，如果你跟这些半癫狂的人一起在黑暗中坐等几个小时，多来这么几次，就可以看到他们所能看到的一切。

　　这样一来，当然会看到。一个人处在那种情况下，想要看到什么就能看到什么。其实要做到这一点，还有一个更为简便的方法：那就是喝得醉醺醺的，或者抽足了鸦片烟。听瓦格纳的歌剧就类似于这种情况。如果你跟一伙神经不正常的人在黑暗中坐上 4天，耳边一直响着那种最能刺激大脑的声音，那么你肯定会变得不太正常，对任何荒谬的东西都会赞不绝口。其实要做到这一点并不需要 4 天，只要 1 天，听上 5 个小时就足够了。而且对某些人来说，1 个小时就够了；这些人根本不知道艺术为何物，而且预先就假定自己看到的东西一定是最好的；如果感到这些东西有问题或者不满意，那就表明自己缺乏教养和水平。当时我对在场的观众作了观察，他们都处于催眠状态，变得不正常，对这种表演赞不绝口："啊！多美的诗歌！太让人吃惊了！看那些小鸟！哦，我完全被它迷住了！"其实他们说的这些话是从另一些人那里听来的，并认为后者说得十分可信。如果其中有些人对表演感到怀疑和失望,他们也不敢表现出来,这就像一个头脑清醒的人在一群醉汉中由于恐惧而不敢说话一样。于是那些伪劣艺术就这样泛滥到全世界,而且要花费数以百万计的金钱,其后果是极大地损害了人们的审美能力和艺术观。

由此看来,我们的艺术已经步入穷途末路了。我在这里谈到瓦格纳音乐,在其他所有的艺术领域都有类似的情况,如绘画、诗歌、小说和戏剧等。

在绘画领域,画家们已经不屑于创作宗教画、历史画和风俗画,尽管他们不但没有超越前人,甚至就没有达到前人的水平。他们胡乱编造一些东西,以离奇、古怪、笨拙、稚嫩为荣,据说这样才有象征意义和深刻性。这些画家及其作品是越来越平庸。

在诗歌方面,人们已经对歌德、普希金、雨果的东西普遍感到厌倦,于是诗人们开始求新,以至于到了后来,连波德莱尔、威尔兰等平庸之辈也被当成重要诗人,而其继承者马拉美等也是一样,他们写的东西自以为很美,却无人能懂。我国的一些所谓诗人也是如此。

在小说和戏剧方面也是一样,狄更斯、萨克雷、雨果都去世了,模仿他们的作品也让读者厌倦了,于是就出现了易卜生、吉普林、莱特·哈德、小都德、美特林克等作家,他们追求新奇而不管人们是否能够读懂。这样的作品越来越多,越来越矫揉造作、让人费解,而有才能的作家越来越少。

在音乐领域里这一点看得更为清楚,作者的矫揉造作达到极点,因此我是从音乐入手谈这个问题。其他艺术总还有可能讲个明白,而音乐却无法做到这一点。一幅画或一首诗,观众或读者可以对之做出评论,指出其存在的毛病。只有音乐,听众难以说出其好坏的理由。因此,音乐在错误的道路上要比其他艺术走得更远。音乐作为一门艺术,是直接对人的情感起作用,同时它又是转瞬即逝的,演奏过去也就完了。听众不能像对待绘画、诗歌或小说那样,可以通过延长时间来加深印象和理解。实际上现代音乐家大多数作品只是一些音符堆积在一起,并不能对听众的情感产生作用。然而这些音乐家却没有任何不安,反而责怪听众不懂音乐。一个有着一定文化艺术修养的人,完全能够对经典音乐作品做出正确评价,却无法听懂当代的音乐作品;如果他表现出这一点,就会遭到这些音乐家的嘲笑,责怪他艺术水平太低。实际上,任何艺术作品,特别是音乐作品,首先要做到的就是让人容易弄懂;只有让人弄懂了,才可能感动人,对他们的情感起作用。而这些音乐家却连这最基本的一条都没有做到。

——《论艺术》《什么是艺术》

7.艺术家的社会分工是否合理

对于人类社会来说,分工是一直存在并且以后还会继续存在下去;问题不在于此,而是我们怎样才能让这种分工合理,判定合理的标准是什么。如果把已存在的社会现象看成是判断的标准,那就等于没有任何标准。其结果就是,认为现有的任何分工都是合理的,而目前社会上占统治地位的观点正是这样的。

那些搞脑力活动的人说,一些人从事脑力的精神劳动,另一些人从事体力的物质劳动,这样的分工太合理了。你们供给我们吃和穿,干所有那些能满足我们需要的粗笨工作,而我们为你们提供自己所擅长的脑力劳动成果。这看起来似乎十分合理,然而这里有一个问题;这种交换或互惠是否是完全自由的?看起来不是。因为脑力劳动者提出要求说,你们先给我们吃的和穿的,替我们干那些粗活,然后我们才能给你们精神食粮;而体力劳动者却没有提出同样的要求,就把自己生产的物质食粮提供给对方。如果这种交换是真正自由的，体力劳动者就应该说，在我们给你提供物质食粮之前，你们得先给我们精神食粮，否则我们就难以进行工作。你们会说，为了生产精神食粮，你们需要农民、铁匠、鞋匠、木匠、石匠、金匠等为你们工作。那么他们也可以说，在我们去生产物质食粮之前，也需要精神食粮：为了有干劲工作，我们需要宗教教义、公共生活和秩序、有关劳动的知识、诗歌、雕塑和音乐，这些东西我们都没有时间去创造，却是我们工作和生活必不可少的，因此要请你们给我们；你们说没有我们供奉的物质食粮就无法从事为我们所需要的工作，那么我们也要说，如果没有宗教的指导、科技知识的点拨和艺术作品的愉悦，我们也不可能从事同样重要的工作；然而你们提供给我们的那些所谓精神食粮是完全没有用处的。假如生产物质食粮的劳动者说了以上的话，我们怎么办？说实在的，他们的话更有道理，因为体力劳动者的产品更为人们所必需，而且这些产品他们自己也是缺乏的。

我们是用什么东西来满足这些体力劳动者的艺术需求呢？用普希金、陀思妥耶夫斯基和列夫·托尔斯泰的作品吗？用法国沙龙的绘画和我国那些画裸体女人、丝绸、天鹅绒、风景、习俗的画家作品吗？用瓦格纳或新近音乐家的作品吗？这些都是没有用的，也不可能有用，因为我们在制造这些食粮时，压根就不知道劳动人民需要什么，忘记了他们的生活方式、他们的语言、他们对事物的看法，甚至忘记了劳动人民本身。这样，我们为了得到物质食粮，就承担提供精神食粮的责任。这种假设的分工使得我们不仅可以先满足物质需要再去制作产品，还可以永远不干体力劳动而吃喝不愁。我们为此制作的产品，只是一些在我们自己看来有益于艺术的东西，其实只是有益于自己，而对那些供养我们的体力劳动者来说，这些东西是没有用的，无法理解，让人厌恶。我们忘记了根本，忘记了自己的责任，忘记了为什么而工作，甚至把我们本应为之服务的劳动人民也当成艺术活动的对象。我们描写他们，其实只是为了自己消遣而已。在我们这样自得其乐的时候，我们本该做的事情已经被别人干了。那些在艺术殿堂里郁郁不得志的人，为了发财致富，正在为人民提供种种精神食粮；欧洲四十多年来，我国近十年来，已经出版发行了数以百万计的书籍、绘画和歌曲集，开办了许多游艺场所，老百姓在其中获得娱乐和享受，然而这些精神食粮不是由我们提供的，于是我们为自己不劳而获的最后辩解理由也都不存在了。我们有专长和专门职业，自诩为人民的大脑，他们供养我们，我们负责教育他们，因此我们可以不劳而获。然而我们教给了他们什么呢？几百年来，他们一直在等待着我们，然而我们却一直无所作为，只是互相指摘或吹捧，把人民忘记得干干净净，以至于在别人去教育和愉悦他们时，我们就根本没有注意到这种事情。在这种情况下，我们大谈特谈分工的必要性，就显得特别轻率和无耻。

　　我们让许多人被称为伟大作家，对他们的评论多如牛毛，还有关于评论的评论，等等；我们办了许多画廊，不厌其烦地研究各种流派；我们还有难以计数的交响乐和歌剧。然而我们没有为民间的勇士歌、传说、童话、民谣等贡献过任何力量；没有为老百姓创作过任何图画和音乐。在莫斯科尼古拉大街上有人为人民印刷书籍和图画，在图拉有人为人民制作手风琴，但那都不是我们干的。如果说科学家还可借口科研是为了科学，开始并不是直接为了人民的运用，而将他们的工作与人民的需要分离开来，那么艺术家就连这一拙劣的借口也不存在，艺术就应该为所有的人享用，然而我们的艺术家却做不到这一点。

　　一位画家为了进行绘画活动需要很大的画室，其空间至少相当于40个木工或鞋匠在一起干活的场所，而这些工匠却在贫民窟住着挨冻受饿；而且画家还需要模特、服装以及外出旅行写生。艺术研究院发给获奖作品数以百万计的奖金，这些钱都是从老百姓那里搜刮来的。这些作品挂在展厅里，老百姓既不理解也不需要它们。一位音乐家要演出自己的一部歌剧，需要召集二百多人，打领带，穿礼服，演奏和演唱，得耗资数十万。然而老百姓不要说没有欣赏的资格，即使有条件去听，也无法理解，感到索然无味。作家不像画家和音乐家那样需要这种花费，但他们也需要舒适的生活条件，需要去旅行、欣赏音乐和歌剧、泡温泉等，这也得花费大把的钱，然而他们的作品对老百姓来说仍然是废纸一堆。因此我认为，如果体力劳动者可以做出选择，他们宁可不看任何绘画，不听任何交响乐，不读任何诗歌和小说，也不愿意去供养这些所谓的艺术家。

这些艺术家为什么不能真正做到为人民服务呢？在每个农民家中都有神像和图画，每个农民都会唱歌，许多人会拉手风琴，人人都会讲故事、念诗歌，许多人会读书。然而艺术家却对这些活动没有任何贡献或帮助。如果你要一个画家离开自己的画室和模特，去给农民画一些价值为 5 戈比的小图片，他一定会断然拒绝，并认为这就等于是抛弃了他的艺术。如果你要音乐家去拉手风琴，教农民唱歌，要诗人和作家不去创作什么叙事诗和长篇小说，而去写一些文盲也能懂得的诗歌、故事和童话，他们一定会说你肯定是疯了。然而到底是谁疯了？这些艺术家本来有责任为那些供养他们的人提供合格的精神食粮，却完全忘记了这一点，还把这种遗忘当成自己的优长之处，这还不是疯狂的表现吗？

如果只允许一部分人生产我们吃的食粮，而其余的人被禁止生产，那么食物的质量就会大大降低；如果只允许俄罗斯农民生产粮食粮，那么我们就只能吃他们所喜爱的黑面包和白菜汤。在艺术领域也是一样，区别只在于：黑面包和白菜汤尽管不是十分可口，毕竟还可以吃，吃了还是对人有益的；而那些很差的精神食粮却可能是精神上的鸦片，对人有害无益。而我们现在的情况正是少数人垄断了艺术领域，提供给老百姓的就是这种有害无益的东西。

这些艺术家不能完成自己的使命,是因为他们把自己应尽的义务当成了应享受的权利。一个人要是真正想为人类贡献出有价值的艺术作品,就应该在自己的工作中只看到义务,不辞辛劳地去完成它。他会与人民同甘苦,共患难,并且总是战战兢兢,感到责任重大,害怕辜负了人民的重托。那种以享受为目的、以自我为中心、自以为是的人是不可能成为真正的艺术家的。真正为人民所需要的精神活动是极其艰苦的,要求从事者具有献身精神,为了他人而牺牲自己。真正的艺术具有两个特征:一是从事者不贪图个人利益,而是以奉献精神来完成自己的使命;二是他的作品能够为所有的人理解。

——《那么我们应该怎么办》

8.老百姓需要怎样的出版物

最近三十多年来,有些人是专为粗通文字的普通老百姓写作、翻译和出版一些讲道理的书籍,这些老百姓识字不多,家境贫寒,无法对书籍做出选择,是有什么书就读什么。这样的作者和出版者以前就很多,在农奴解放后更是大量出现,并随着识字者的增加而相应增多,现在已经具有相当规模了。但他们同那些贫穷的读者之间并没有建立起一种正确的关系。我总感到这里有点什么不对劲的地方:这些出版物似乎不该是这样的;那些作者和出版者的目的并没有达到,而老百姓也没有得到自己想要的书籍。

我觉得这里的问题在于,那些满腹经纶的有钱人想把自己的知识传授给那些知识缺乏者,而后者似乎只是被动地张开嘴,等着吞下别人喂给他们的一切。这看起来似乎不错,其实传授知识的真正过程根本不是这样。现在的情况就像是一些吃得饱饱的人似乎并不知道该给饥肠辘辘的人吃些什么,而这些饿肚皮的人似乎也不接受别人给他吃的东西。为什么会出现这种情况?在我看来,原因有三个:或者是那些吃得饱的人并不真正想给饥饿者什么东西吃,只是想对他们造成于己有利的影响;或者前者给后者的是他们吃剩下的东西,是连狗也不会吃的;或者是前者自己也没有吃饱或吃得并不好,并没有什么东西可以给后者的。民间出版物至今没有什么大的起色,其原因也是类似的。

第一种情况,有些人出版这些书不是为了向老百姓传授知识,只是为了在老百姓身上激发一些他们希望产生的情绪。例如那些教会出版的普及读物。这些书籍并没有传授任何知识,读者也不会产生任何兴趣,因为其作者在书中并没有表达任何道理,只是表达了某种情绪。其实这种情绪本该通过艺术作品来表达的,而不能在理论书籍中直接表达;理论书籍只能论述一些知识和传达一些信息。这样,这些书就成了似是而非的东西,对于那些饿肚子的人来说,这样的食物不是正经粮食,而是一种怪怪的代用品,他们吃不惯也不愿意吃这种东西。

第二种情况是为数最多的,就是把自己吃剩下不要的东西扔给老百姓吃。常常听到一些人说,我别的干不了,那就试着给老百姓写点东西吧。这样的东西大都是有意识地针对老百姓写的,也就是说,是那些对我们没用、却被认为对老百姓有用的人写的。这一类书包括许多故事和短篇小说,大都是由这样的人写的。我们不想吃的东西老百姓可以吃,这种想法是许多人都有的,包括我在内,一点都不觉得其荒谬。对于我们几万人来说是多余的、无用的,倒适合于嗷嗷待哺的千百万人,这还不荒谬吗?问题还不在于数量:我们是在吃饱喝足的情况下扔掉这些吃剩下的东西,也就是说,我们上过学,留过洋,能说多门外语,有许多书籍供我们选择阅读,偶尔吃下一点有毒害的东西,我们的身体也能抵抗得了。然而那些老百姓腹中空空如也,吃下任何一点有毒的东西都会被充分吸收,后果不堪设想。如果往一大桶蜂蜜中加进哪怕一小勺柏油,就会把整桶食物给毁了;那么在精神食粮中,情况更是如此。艾维巴赫说得好:我们应该把世上最好的东西给老百姓。这正像对于孩子来说,最好的食物才适合他们一样。

第三种情况是我们自己吃的那些东西并不是让我们吃饱,而是让我们发胖。即使我们把它们提供给老百姓,他们也不会要。我是指普希金、茹科夫斯基、果戈理、莱蒙托夫、涅克拉索夫、屠格涅夫、托尔斯泰等人的书,还有近五十年来历史学家和宗教界作家写的一些东西。我们认为这是些好东西,然而老百姓却不感兴趣。对此,我还得多说几句。

我们这些有教养的人有一种本领,就是不懂装懂,不学无术却表现出满肚子学问的样子。我们只关心上个月欧洲某些学者或作家写了些什么,或者至多是二三十年前有人写了什么,再早的时期我们就弃之不顾了,因为我们没有那么多时间。我们就像一个行为古怪的地理学家,只考察本地的那些小河和山丘,对亚马孙河和勃朗峰却一无所知,却自诩通晓世界上的所有河流和山脉。我们变得十分无知,我们不了解几千年来人类智慧的伟大成果,就像井底之蛙,只知道近些天来几百个欧洲人头脑里的东西。如果我们确实是这样无知,就难怪老百姓不愿接受我们提供的这些无知的产物。老百姓本能地具有辨别是非的能力。

我们提供给老百姓的是普希金、果戈理,德国人提供的是歌德、席勒,法国人提供的是拉辛、高乃依、布洛瓦,好像这都是无价之珍宝,然而老百姓不需要他们,因为这些人不是正经粮食,至多是饭后的甜点,靠他们不能维持生命。老百姓需要的是人类智慧的全部成果,而普希金、高乃依、歌德都是靠这些成果长大的。

针对这三种情况,我们应该做的是,首先,不再去做那些有害无益的事情。应该认识到,通过理论书籍来直接传达人民的情绪是不可能的;这样的情绪只能通过文艺作品来传达;那些充满说教的书,既缺乏理性和科学,又不具有艺术水平,是对老百姓有害无益的东西,会引起他们对书籍的反感。

其次,应该承认老百姓是跟我们一样的人,不过人数比我们多得多,对真理的要求比我们更严,也更为敏感。因此,如果说某些东西对我们是不够好的,那么对于老百姓就是百分之百有害的。

最后,也是最主要的,就是应该承认,由于我们的无知,我们本不应该去教育老百姓,而是应该同他们一起去学习。老百姓不喜欢我们给他们的食物如茹科夫斯基、普希金和屠格涅夫,这表明它们不是老百姓所必需的。我们应该把那些真正好的,能让我们吃饱的食物给老百姓;如果没有这样的粮食,那就让我们去创造。我们和老百姓之间的区别其实并不存在。我们跟他们在知识方面都很欠缺,只是欠多欠少的问题。

应该去寻找人们最必需的食物。然而我们自己已经吃得比较饱了,很难确定哪些是必需的,而那些饿着肚子的老百姓最有选择权,他们能够接受的就一定是真正的食物。但这种东西我们自己也很缺乏,我们只是靠餐后的甜点来填饱肚子。我们应该去寻找这种食物。如果我们承认自己也是无知的,就不应该去教导老百姓,而应该同他们一起学习。大家一起向古代以来所有伟大的导师学习。我们每个人都可以讲授自己熟悉的这些导师的著作,并且把它们搜集在一起,分门别类加以出版。

——《关于民间出版物的演讲》

9.什么是真正的艺术品

一部艺术作品的好坏取决于其作者说了些什么,是怎样说的,有多少东西是发自内心的。为了让艺术作品完美,艺术家必须有所创新，所说的东西对所有人来说都很重要，表达形式优美，而且发自内心，因此是完全真实的。为了创新和具有重要性，艺术家就应该具有深厚的道德修养，不是孤身独处，而是参与到人类共同生活之中。为了表达形式优美，艺术家就应该熟练运用写作技巧，熟练到写作时根本不考虑技巧的法则，就像我们走路时不须考虑力学法则一样。为此，艺术家不应该孤芳自赏，不应该反复把玩自己的作品，不把技巧的运用当成目的，就像我们走路时不会考虑自己的姿势并去欣赏它一样。

一个艺术家为了表达自己内心需要，说出发自内心的东西，他应该心无旁骛，专心致志于自己真正关注的东西；应该用自己的心去爱这些东西，而不是假借别人的心去爱它们。为此，艺术家应该像巴兰那样，在接见众臣之后，独自一人去向上帝祈祷，领会它的意旨。而巴兰做的另一件事却是艺术家不应仿效的：巴兰受到礼物的诱惑，违背上帝的意旨去见摩押王，连他的驴都看见了阻止他前行的耶和华使者，他却因利欲熏心视而不见。

有这样三类作品：(1)有重大意义，文笔优美，但态度不太真实；(2)有重大意义，文笔不太优美，态度不太真实；(3)没有重大意义，但文笔优美，态度真实。当然，还会有其他一些组合。这三类作品都有其长处，但还不能算是完美的艺术作品。完美的艺术作品应该是意义重大，形式优美，艺术家对作品的态度真诚，作品具有真实性；然而这样的作品是极为少见的。有些作品或者内容具有重大意义，或者形式十分优美，或者具有真实性，而在另外两个方面则较差。一般说来，年轻艺术家的作品态度比较真诚，然而内容却较为空泛，形式上较为优美；年纪大的艺术家情况正好相反。那些职业艺术家的作品大都形式较为优美，却内容较为空泛，态度不够真诚。

从艺术的三个方面看，又产生相应的三种错误艺术理论；它们认为，不具备这三个条件的作品不但不是有缺陷的作品，反而是艺术的典型。一种理论认为，一部作品是否优秀主要看它的内容如何，而不必考虑其形式是否优美以及态度是否真诚。这就是倾向性理论。另一种理论认为，艺术作品是否优秀仅仅看它的形式是否优美，而不必考虑其内容以及艺术家对作品的态度。这是为艺术而艺术的理论。第三种理论则认为，艺术作品是否优秀只需看它是否真实，即使其内容空洞、形式不美。这就是现实主义理论。

　　由于这些错误理论，有这样或那样缺陷的艺术作品越来越多产生出来，遍及俄罗斯各地。在今天，搞艺术的人不再等待自己心中产生真正喜爱的重要内容，并由于喜爱而赋予它优美形式后才开始艺术创作活动。他们或者按照第一种理论，采用时髦流行的内容，再加上艺术形式而形成作品；或者按照第二种理论，去选择最能表现出其技巧的对象来创造作品；或者按照第三种理论，去选取那些他喜欢的东西为对象来创作；认为这些就是艺术作品。这样，所谓艺术作品多如牛毛，它们就像工匠制造产品那样，流水线似的不断涌现出来，因为社会上时髦流行的玩意儿层出不穷，而任何技艺都可以通过熟练运用而得到提高，这样写出来的东西总会有人愿意看的。

　　由此产生当今世界的一大奇观：被标榜为艺术作品的东西充斥了整个社会，其泛滥程度足以跟工匠的产品相媲美，两者唯一的区别是：工匠的产品再多也有用处，而这些所谓的艺术作品却是有害无益的。于是又产生一种十分奇怪的现象：几乎对于任何一部所谓的文艺作品都会有两种截然相反的评价，而这些评价都来自那些所谓有教养的权威人士。社会上大多数人都沉迷于这种极其愚蠢、毫无益处和很不道德的活动，制造出大量书籍、绘画、音乐和戏剧，去阅读、观看和欣赏，并且自以为干的事情是十分明智、有益和高尚的。

　　实际上同时具备这三个条件的作品才是真正的艺术品，而它是不可能定做的，因为艺术作品只能来自艺术家的精神境界，也就是他的最高知识体现和人生奥秘启示。因此，舍此不可能有其他知识可以指导艺术家的活动。

——《谈谈艺术》

10.艺术是人们交往的手段

为了准确地给艺术下一个定义，我们首先要排除艺术是享受的工具的看法，而应该把它看成一个人类生活的条件。这样，我们就会得出定义：艺术是人们交往的一种手段。任何一部艺术作品都可以把接受它的人同其创作者联系在一起，同其他接受者联系在一起。人们通过艺术而互相传达自己的感情。所谓艺术活动的一个基本事实就是，一个人通过听和看，能够接受另一个人所表达的感情，并且体验到与之相同的感情。举一个简单的例子，一个人笑了，另一个人听到他笑，自己也会高兴得笑起来；同样的，听见他人哭，自己也会难过；看到他人发怒，自己也会受到感染而生气。人们各种各样的感情都可以通过这种方式传给他人，而艺术活动就是建立在这种感情传达的基础上。

如果一个人在体验到某种感情时直接把它传递给他人，例如自己犯困打哈欠也引起他人打哈欠，自己为了某事或哭或笑也引起他人的哭或笑，自己遭受痛苦也引起他人对痛苦的感受，这还不是艺术。如果这个人为了把自己体验过的感情传递给他人，就让自己重新激发起这种感情，并以一种外在的形式表现出来，这就构成了艺术的萌芽。举一个简单的例子：如果一个男孩同狼遭遇并受到惊吓，为了让别人也跟他一样体验到这样的事情，他对自己的遭遇作了描述，包括遇到狼之前的环境、树林和他的轻松心情,狼的形象、动作和他与狼之间的距离;在这种描述中他再次体验到当时的感情,并将它转达给听众,让他们也体验到这一切,这就是艺术。如果这男孩其实并没有遭遇到狼,只是对狼有害怕的感情,他想让别人也跟自己一样对狼感到害怕,于是就编造了一个遭遇狼的故事,把它描述得跟真的发生过一样,在听众中引起了同样的感情,那么这也是艺术。如果一个人把自己在现实或想象中所体验到的种种感情在画纸上或被雕刻的石头上表达出来,让他人感受到,这同样是艺术。如果一个人通过声音表达出这样的感情,并让听众获得同样的体验,那么这同样是艺术。

人们的感情,无论是强烈还是微弱,是好还是坏,是富有意义还是无关宏旨,只要能够感动他人,都可以成为艺术的对象。在戏剧中可能表达一种自我牺牲或服从上帝旨意的感情,在小说中可能描写一种恋人狂喜的感情,在进行曲中可能表达一种刚强果决的感情,在舞蹈中可能表达一种欢快的感情,在笑话中可能表达一种幽默的感情,在风景画或催眠曲中可能表达一种宁静的感情,所有这一切都是艺术。读者或观众只要感受到作品的创造者体验过的感情,这就成了艺术。所谓艺术活动,就是在自己心中激发起曾经体验过的感情后,通过动作、线条、色彩、声响和语言造成的形象传递出这种感情,让他人也体验到它。艺术不是某种神秘观念、美或上帝的表现,不是人们为消耗多余精力的游戏,不是令人愉悦的东西作用的结果,也不是一种享乐,而是人们互相交往的一种手段,它把他们相同的感情联系在一起,从而迈向幸福之路。

从广义说,艺术能够渗透到我们的全部生活,然而我们只把其中一部分称为艺术,这就是狭义的艺术。我们通常认为,所谓艺术就是我们从书中读到的,在剧场、音乐会和画展上听到或看到的东西,如建筑、雕塑、诗歌、小说等;但这些不过是我们生活中用来相互交往的艺术中之一小部分而已。我们的生活充满了多种多样的艺术品,如摇篮曲、讲笑话、扮怪相、对住房服装和器具的装饰、教堂礼拜、凯旋仪式等。所有这一切都是艺术活动。因此,我们通常所说的艺术,并不是指人类传达感情的所有活动,而只指其中那些被我们赋予特别意义的部分。

有一种说法是,艺术是可以不被人民大众所理解的,由此得出结论是,艺术可以只为极少数被挑选出来的人所理解,甚至可以只为一两个人或者只为自己所理解。现在的艺术家确实是这样说的:"我进行艺术创作,我是理解自己的;如果有谁不理解我,那是他自己的事。"这样的说法是太荒谬了,而且流传甚广,造成的后果极其严重,难以详述。

常常可以听到这样的说法:这件作品很不错,只是很难懂。人们已经听惯了这样的说法,觉得十分平常;实际上这是一个不通的说法:说一件艺术品很好同时却难以理解,这就等于说一种食物很好同时却不能吃一样荒谬。人民不能理解的是那些不正常的艺术品,就像已经腐败的奶酪、已经发霉的松鸡一样,但对于好的艺术品总是可以理解的。艺术跟科学的区别就在于,艺术能够对任何人起作用,无论他的文明程度或受教育水平是怎样的;图画、声音和形象是可以感染每一个人的。如果艺术是表达由人们的宗教意识中产生的感情,那么人民怎么可能不理解这种感情呢?这样的艺术应该是所有的人都可以理解的,因为每一个人跟上帝的关系都是相同的。只有极少数反常的缺乏宗教信仰的人才不理解这种世界性的伟大的宗教艺术,而大多数人是不可能不理解它的。有些艺术家说,广大人民群众不理解某些艺术是因为它们太优美了。这话说得不对。实际情况是,它们之所以不被广大人民群众所理解,是因为它们太坏,甚至根本就不是艺术。上等阶层的艺术由于脱离人民而变得缺乏内容、粗陋不堪,越来越不可理解,到后来甚至不再是艺术,而成了假艺术。

区别真假艺术有一个明确的标准,就是艺术的感染力。如果一个人在读、听或看了另一个人的作品后,在不改变自己境况的情况下,很自然地体验到一种感情,从而跟这个人联系在一起,也跟其他有这样体验的人联系在一起,那么这个激发起这种感情的作品就是艺术。如果一部作品做不到这一点,无论它看起来多么富有诗意、趣味盎然,多么像是一件艺术品,它都算不上是艺术。艺术引起的感觉就是,有此感受者跟艺术的创造者的联系是那样紧密,以至于他感到这一艺术作品并不是其他人创造的,而是他自己创造的,其中表达的一切正是他早就想要表达的。真正的艺术品消除了这个感受者同艺术创造者之间在意识中的界限,也消除了他同其他感受者之间的界限。这样,通过艺术,他就从离群索居的孤寂状态中解脱出来,同其他人融合在一起。

这种感染力不仅是判别真假艺术的标准,而且一部作品感染力的程度也是衡量艺术价值的标准。一部作品的感染力越强,它就越是优秀。(我们这里不是就艺术品的内容而言,也就是暂且不谈其所表达的感情价值。)艺术感染力之强弱取决于三个方面:(1)被传达的感情之独特性;(2)这种感情表达的清晰度;(3)艺术家的真诚度,即他对所传达的感情之强烈程度。被传达的感情越是独特,对感受者的影响就越大,他享受到的快乐也就越大,因此也就越容易融合在这种感情之中。这种感情表达得越是清晰,感受者就越容易跟创作者产生共鸣,从而更好地融合到这种感情中去。艺术创作者的真诚态度对感染力的影响是最大的。那些感受者一旦感受到创作者自己也被作品所感染,他写作、歌唱或演奏是为了他自己,不仅是为了影响他人,这种心情就会极大地感染感受者。如果情况相反,感受者感到创作者不是为了让本人获得满足,而是为了取悦于他人,其实他自己并未体验到那种想要表达的感情,他们就会产生一种逆反心理,不会受到感染。因此,这第三个方面是最为重要的。民间艺术普遍具备这第三个条件,因此它们往往能打动人心。而在上层阶层的艺术,由于艺术家自私和虚荣的目的,这一条件几乎是完全不存在的。

从内容上说,艺术好坏的标准又是什么呢?艺术跟语言一样,都是人们交往的手段,因此也就是要求进步的手段,使人类臻于至善的手段。语言使得活着的人能够了解过去和现在那些优秀人物所思考的一切,而艺术则使人们可以体验到古今那些优秀人物所体验的一切感情。知识在发展过程中,不断地由那些真正的必要的知识逐渐取代错误的无用的知识;同样的,艺术在发展过程中,不断地由那些善良的为人类幸福所必需的感情逐渐取代不太善良、不被人类幸福所需要的感情。这就是艺术的使命。因此,就内容而言,艺术越是能够完成这一使命,它就越是优秀,反之就是低劣的。

艺术不是享受或娱乐,它是一项伟大的事业,在人类生活中把人们的理性意识转化为感情。在当代,人类的团结友爱和幸福生活是建立在共同的宗教意识之上,艺术应该把它转化为感情。这就是当代艺术的使命。

——《那么我们应该怎么办》

托尔斯泰年表(俄历)

1828 年
    8 月 28 日   列夫·尼古拉耶维奇·托尔斯泰诞生于图拉省亚斯纳亚·波良纳庄园。

1830 年
    8 月 7 日   母亲玛利亚·尼古拉耶夫娜去世。

1837 年
    6 月 21 日   父亲尼古拉·伊里奇去世。

1841 年
    8 月 30 日   监护人姑母亚·伊·奥斯特-萨肯去世。
    9 月   全家迁往喀山，住在新的监护人姑母彼·伊·尤什科娃家里。

1844 年
    9 月   考入喀山大学东方语文系，攻读土耳其-阿拉伯语文专业。

1845 年
    8 月   转入喀山大学法律系学习。

1846 年
    秋   托尔斯泰兄弟搬离姑母家单独居住。

1847 年
    4 月   辍学回到亚斯纳亚·波良纳庄园。

　　初夏　分家,得到亚斯纳亚·波良纳庄园。

1848 年

　　10 月　到莫斯科,进入当地社交界。

1849 年

　　年初　到彼得堡,准备参加彼得堡大学法律系学士学位考试。

　　4 月　通过民法和刑法两门课的考试。

　　为亚斯纳亚农民的孩子开办学校。

1850—1851 年

　　大多数时间住在莫斯科,为的是"玩纸牌、结婚和担任文职"。

1851 年

　　4 月　随大哥尼古拉前往高加索。

　　8 月　以志愿兵身份参加进攻车臣部落的战役。

　　11 月　撰写《童年》。

　　12 月　通过士官生考试。

1852 年

　　2 月 13 日　加入军队。

　　2 月 17—18 日　在战斗中几乎丧命。

　　9 月　发表《童年》。

1853 年

　　3 月　发表《袭击》。

1854 年

　　1 月　获少尉军衔。

　　9 月　晋升为中尉。

　　10 月　发表《少年》。

　　11 月　到达塞瓦斯托波尔。

1855 年

　　1 月　发表《弹子房记分员手记》。

　　4 月 13 日—5 月 27 日　在塞瓦斯托波尔第四棱堡服役。

5月　发表《12月的塞瓦斯托波尔》。

9月　发表《5月的塞瓦斯托波尔》。

11月　回到彼得堡。

1856年

1月　发表《8月的塞瓦斯托波尔》。

1月底　三哥德米特里去世。

3月　发表《暴风雪》。

5月　发表《两个骠骑兵》。

5月28日　同亚斯纳亚·波良纳庄园的农民商谈解放农奴的办法。

11月20日　退伍。

12月　发表《一个地主的早晨》。

1857年

1月底　到巴黎。

4月　在瑞士旅游。

7月　在卢塞恩。

1858年

3月　去彼得堡,协助创办莫斯科音乐协会。

1859年

4月　发表《家庭幸福》。

2月4日　在莫斯科参加俄罗斯文学之友协会，第一次作公开演讲。

冬季　在亚斯纳亚开办学校。

1860年

7月　去柏林。

9月20日　大哥尼古拉去世。

1861年

1月　再游巴黎。

2—3 月　在伦敦旅游。

4 月　回到俄罗斯。

6 月　担任调解人一职。

1861 年年末—1862 年年初

专心开办学校。

1862 年

2 月　创办《亚斯纳亚·波良纳》杂志。

5 月　辞去调解人职务。

7 月 6 日　警察搜查亚斯纳亚·波良纳庄园。

9 月 23 日　同索菲亚·安·别尔斯结婚。

1863 年

1 月　发表《哥萨克》。

6 月 28 日　儿子谢尔盖诞生。

秋季　开始写《战争与和平》。

1864 年

10 月 4 日　女儿塔吉安娜诞生。

1865 年

2 月　发表《战争与和平》第一部。

1866 年

5 月 22 日　儿子伊利亚诞生。

7 月 16 日　在军事法庭上为一个士兵辩护。

1867 年

夏季　继续发表《战争与和平》。

1869 年

5 月 20 日　儿子列夫诞生。

11 月　完成《战争与和平》。

1871 年

2 月 12 日　女儿玛利亚诞生。

9 月　编写《初级课本》。

1872 年

1 月　重新开办学校，发表《高加索的俘虏》。

6 月 13 日　儿子彼得诞生。

9 月　被软禁于亚斯纳亚·波良纳庄园。

11 月 12 日　出版《初级课本》。

1873 年

6 月　全家去萨马拉。

11 月 9 日　儿子彼得去世。

1874 年

6 月 21 日　姑母塔吉安娜去世。

9 月　发表《论人民教育》。

1875 年

1—4 月　发表《安娜·卡列尼娜》开头几章。

5 月　出版新的《初级课本》。

11 月 1 日　女儿瓦娜诞生，随即去世。

12 月　姑母彼·伊·尤什科娃去世。

1876 年

1—4 月、12 月　继续出版《安娜·卡列尼娜》。

9 月　访问萨马拉和奥伦堡。

1877 年

1—4 月　出版《安娜·卡列尼娜》后半部。

12 月 6 日　儿子安德烈诞生。

1878 年

3 月　参观彼得洛巴甫洛夫要塞。

8 月 7 日　屠格涅夫来亚斯纳亚·波良纳庄园。

1878—1879 年

撰写《忏悔录》。(1882 年加以补充)

1879 年

    12 月 20 日　儿子米卡耶尔诞生。

1881 年

    10 月 31 日　儿子阿列克塞诞生。

1882 年

    在莫斯科访问贫民区。

    秋季　在莫斯科购买住宅。

    冬季　学习希伯来文,放弃伯爵称号,从事体力劳动。

1883 年

    1 月　撰写《我信仰什么》。

    9 月　拒绝担任陪审员。

1884 年

    出版《十二月党人》。

    6 月 18 日　女儿阿列克山德拉诞生。

1885 年

    访问克里米亚。

    撰写《哪里有爱哪里就有上帝》。

    秋季　成为素食主义者。

    放弃打猎,戒烟。

1886 年

    1 月 18 日　儿子阿列克塞去世。

    2 月 14 日　完成《那么我们应该怎么办》。

    夏季　收割干草,盖房屋。

    撰写《傻子伊凡》。

    出版《伊凡·伊里奇之死》。

1887 年

    夏季　撰写《论生命》。

    秋季　撰写《空鼓》。

1888 年

2 月 22 日　《黑暗的力量》在巴黎演出。

3 月 31 日　儿子伊凡诞生。

1889 年

12 月　完成《克莱采奏鸣曲》。

1891 年

1 月 24 日　《教育的结果》在莫斯科首场演出。

9 月 19 日　放弃版权,把财产分给家人。

9 月　去饥荒地区。

1892 年

从事赈灾工作。

1893 年

完成《天国就在你心中》。

1894 年

撰写《基督教与爱国主义》。

为莫泊桑的作品作序。

11 月 26 日　完成《理性与宗教》。

12 月 28 日　完成《宗教与道德》。

1895 年

儿子伊凡去世。

1896 年

撰写《爱国主义与和平》。

1898 年

撰写《什么是艺术》。

1899 年

完成《复活》。

1900 年

春季　撰写《当代奴隶制度》。

1901 年

　　2 月 22 日　被革除教籍。

1902 年

　　完成《什么是宗教》。

1903 年

　　4 月　抗议对犹太人的迫害。

1904 年

　　2 月　撰写《莎士比亚与戏剧》。

　　5 月　完成《想想你们自己吧》，抗议日俄战争。

1905 年

　　12 月 4 日　给中国留学生张庆桐回信。

1906 年

　　撰写《论俄罗斯革命的意义》。

1907 年

　　1 月 30 日　作品被警察没收。

1908 年

　　5—6 月　撰写《我不能沉默》。

　　8—9 月　俄罗斯各地自发庆贺托尔斯泰 80 岁生日。

1909 年

　　9 月 18 日　立遗嘱。

　　12 月　同印度圣雄甘地通信。

1910 年

　　7 月 22 日　在最后的遗嘱上签字。

　　10 月 28 日　离家出走。

　　10 月 31 日　因患肺炎在阿斯塔波沃停留。

　　11 月 7 日　在阿斯塔波沃逝世。

　　11 月 9 日　被安葬于亚斯纳亚·波良纳庄园。